高等院校经济、管理类专业"十二五"规划教材

技术经济学

（第4版）

JISHUJINGJIXUE

GAODENGYUANXIAOJINGJIGUANLIFIZHUANYESHIERWUGUIHUAJIAOCAI

中南大学出版社
www.csupress.com.cn

U0642286

贾春霖 李 晨 编著

内容提要

　　本书内容可分为两大部分：前一部分是介绍投资项目评价必备的基础知识。包括技术经济基本原理、复利计算及投资项目评价指标的计算方法及其经济涵义。第二部分介绍投资项目的具体评价方法，分为长期投资项目评价方法和短期决策。在长期评价方法中介绍了静态评价法和动态评价法，适用于评价初建和改扩建的投资项目的评价。在短期决策中介绍的各种方法适用于公司或企业日常管理方面的经济决策。书中还专门介绍了在风险和不确定条件下投资项目的评价方法。

　　本书可作为经济、管理类本科生的教学用书。

图书在版编目（CIP）数据

技术经济学/贾春霖，李晨编著 . —长沙：中南大学出版社，2011. 12
ISBN 978-7-5487-0377-8

Ⅰ. 技... 　Ⅱ. ①贾... ②李... 　Ⅲ. 技术经济学 – 高等学校 – 教材 　Ⅳ. F062. 4

中国版本图书馆 CIP 数据核字（2011）第 170610 号

技术经济学
（第4版）

贾春霖　李　晨　编著

□责任编辑	秦瑞卿	
□责任印制	周　颖	
□出版发行	中南大学出版社	
	社址：长沙市麓山南路	邮编：410083
	发行科电话：0731-88876770	传真：0731-88710482
□印　　装	长沙市华中印刷厂	

□开　　本	787×1092 1/16 　□印张 17. 25 　□字数 427 千字 　□插页	
□版　　次	2011 年 12 月第 4 版 　□2011 年 12 月第 1 次印刷	
□书　　号	ISBN 978-7-5487-0377-8	
□定　　价	30. 00 元	

高等院校经济、管理类专业"十二五"规划教材

编审委员会

前　　言

本书在教学实践的基础上于 1987 年出版。至 2004 年进行过两次修订。近年来我国技术经济评价方法的运用得到了极大的普及，对技术经济学的研究也从引进方法为主过渡到对方法的深入探讨和改进方面，对各评价指标的理解日益深化。加之，计算机技术和数学理论、模型的运用，使得评价方法和参数的获得建立在更加科学的基础之上。近十年来我国金融市场的发展，导致资金的运用更加灵活多样。这一切都极大地丰富了技术经济评价的内容。

编写《技术经济学》的基本意图在于通过对技术经济学的介绍，能帮助读者在进行问题分析时确立经济观点，并培养用技术经济分析方法解决问题的能力，而不是方法的简单介绍。评价指标虽然是固定的，因为很难找到两个完全相同的投资项目，故针对项目特点对指标的选择、运用及分析为评价者留有很大发展空间。同时，对项目进行评价实际上也是一个创新过程，需要具有经济观点和经济分析能力的人发挥其智慧才能创造性地完成评价工作。

在内容处理上，本书注重概念清楚，并力求分析全面，配有大量的实例，使读者对每个问题的认识达到一定的深度，达到准确运用的要求。在理论与实际的安排上，偏重于实际应用，也介绍了与评价密切相关的理论或知识（如项目筹资）。

从培养评价能力的宗旨出发，对于某些不同的观点或学派进行了简单介绍，目的在于不禁锢读者的思维，给读者自我理解、运用、改进和创新的机会，有利于培养灵活的思维方式。

从扩展知识面出发，除重点介绍常用的评价方法以外，对其他方法也作了介绍。尽量提供较全面的资料以期读者掌握技术经济评价指标的全貌，有利于开阔视野。

为方便读者使用，本书设有多个附录供参考，并提供了复利计算系数表供查阅。

采用本书作为教材的课内教学建议为 40 ~ 50 学时。有些内容可作自学处理。每章后附有思考题和练习题。

由于水平有限，书中一定还有不少缺点、错误或欠完善之处，敬请广大读者不吝指正。

贾春霖　李　晨

2011 年 3 月

目　　录

第 9 章　短期决策

第 1 章　技术经济学基本原理

1.1　技术经济学概述

1.1.1　什么是技术经济学

技术经济学是一门介乎技术和经济之间的交叉学科,是研究人类社会生产过程中有关技术的经济问题的科学。具体来说,技术经济学是对为达到某种预定的目的而可能被采用的各项不同的技术政策、技术方案、技术措施的经济效果进行计算、分析、比较和评价,从而选择技术上先进、经济上合理的最优方案的科学。在技术与经济这对矛盾统一体中,经济是处于支配地位的,故技术经济学的学科性质应属经济科学。从技术经济学的概念不难看出,技术经济学的研究对象具有以下特点:①它研究的是技术与经济的关系,技术的经济效果,而不是研究技术本身;②它不是笼统地研究经济效果,也不是研究影响经济效果的一切因素,而是研究所采用的技术方案、技术措施和技术政策的经济效果。

1.1.2　技术经济学的任务和内容

技术经济学研究的范围和内容,大体上可分为宏观和微观两大类。宏观技术经济问题涉及国民经济整体发展、生产力布局、经济结构特别是产业结构、经济政策及技术政策、资源优化配置等。微观的技术经济问题牵涉到具体的工程建设项目、科研项目的比较评价,企业经营中的产品开发方案、生产工艺装备选择、工艺参数的确定等。由此可见,它不限于研究具体技术的经济效果,而应扩展到研究与技术相联系的各种经济问题,即研究广义的技术与广义的经济之间的关系。

1.1.3　技术与经济的关系

从技术发展的各个阶段来考察,许多先进的技术往往同时带来很好的经济效果。然而在特定的地区和环境里,先进技术由于种种因素制约,并不一定都有好的经济效果。可见技术与经济之间存在着一种互相依赖和互相制约的辩证关系,故有必要对两者的关系做进一步的分析。

技术是生产力的重要组成部分,其作用特点是渗透到生产力的各要素中,通过改善被渗透要素的质来发挥自己的作用,从而大大促进生产力的发展。但科学技术要成为生产力必须通过生产力三要素的转化或传递。因此必须十分重视科学技术成果向生产转化。

什么是经济?经济泛指社会生产、再生产和节约。经济关系即是生产关系。

技术与经济的关系即为生产力与生产关系的问题。工程技术的先进性应表现在两个方面:一方面它能创造出落后技术所不能创造的产品和劳务;另一方面它能够用较少的物力和人力创造出相同的产品和劳务。因此,脱离了经济效果的标准,技术的先进与否无从加以判断,而要发展经济又必须依靠技术。技术与经济的关系具体体现在以下几方面:

第一,经济发展的需要是推动技术进步的动力。国内外的经济发展史都证明了任何技术的产生和发展都取决于经济建设的需要,经济是技术发展的起因和归宿。

第二,技术进步是推动经济发展的必要条件和手段。技术是一种潜在的生产力。它一旦物化和作用于生产过程时就成为直接生产力,成为推动经济发展最为重要的物质基础。因此技术是社会经济发展的内因,是社会生产中最活跃的因素。经济发展必须依靠科学技术进步,科学技术工作也必须满足经济发展的需要。

第三,技术进步受到经济的制约。技术进步不仅取决于经济发展上的需要,而且决定于是否具备广泛使用的可能性。因为在实际生产中采用技术时不能不凭借当时当地的具体自然条件和社会条件,而条件不同,技术所带来的效果也不同。这正是为什么在相同生产力的发展阶段中,不同的社会形态会创造出极为悬殊的劳动生产率的原因之一。可见脱离当时、当地条件的技术是得不到发展的。

第四,经济效果好的技术才能获得应有的发展。经济效益是衡量技术效益的尺度,也是推动技术效益不断发展的动力。有不少技术虽然反映了先进的技术水平,但其经济效果不如另外的技术,它将得不到发展。但应看到,随着事物的发展和条件的变化,经济效果好与坏是可以互相转化的。正因为这种转化关系的存在,才使技术不断进步,促进社会生产力的不断发展。

由此可见,技术与经济虽属两个不同的范畴,但它们在生产中又是密切结合的。任何技术的发展都包含经济因素,而经济是否合理总是要立足于技术可能的基础上。技术与经济两者息息相关,是一个问题的两个方面,而效果总是由技术因素和经济因素共同决定的。因此对方案进行技术经济分析时,必须对技术方案进行综合分析,研究其经济效果;或者根据经济效果的约束条件研究技术方案的正确与否。

1.1.4 选择技术的标准

为了使我国技术装备逐步达到经济发达国家的水平,我国应采用适用先进技术。这种提法包含两层含义:一是该适用技术应经济合理,适合国情;二是指我国目前适用技术的主体部分应是先进技术。据以上分析可给适用先进技术下这样的定义:它是在一定社会经济条件下,为了达到一定的目的而可能采取的多种先进技术中经济效果最好的一种技术。

1.1.5 技术经济学科现状

根据技术经济分析的内容划分,技术经济评价的历史可分为三个阶段:财务分析(FA)、经济分析(EA)和社会分析(SA),如图 1-1 所示。

在西方直到 20 世纪 50 年代后期还是用静态方法评价项目,而且其静态指标一直延用至今。60 年代开始考虑项目整个寿命期的时间因素并确定了一整套动态评价方法。近年来在原来进行企业经济评价的基础上,开始注重对项目从整个国民经济的角度进行经济效果分析,致使技术经济分析的内容更加全面。由于技术经济分析是对未来事物进行评价,故含有较多的不确定因素。而项目的决策又受决策者素质的影响。为保证项目的决策进一步吻合客观现实,评价的方法还在不断完善。采用更高级的数学知识和把人在决策中的作用

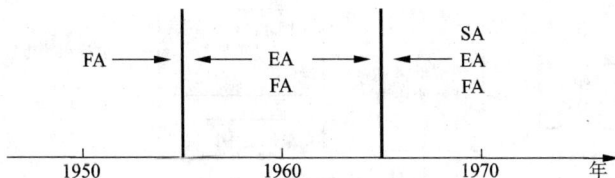

图 1 - 1　项目评价的发展阶段

纳入科学轨道是当前两个主要研究方向。

我国自 1962 后开始创建"技术经济学"学科,但受多种因素制约,发展缓慢。党的十一届三中全会以来,技术经济学在我国发展较快。在市场经济条件下,市场调节作用迫使企业面临着激烈的竞争,各利益主体分散决策的作用增强。这在一定程度上提高了微观技术经济分析的重要性。

1.2　技术经济分析的特点和步骤

1.2.1　财务分析、经济分析和社会分析

在对项目进行技术经济分析时,应对项目的经济性(盈亏得失比较)、无形因素(如安全、环境保护等)以及限制条件(如资金等)等各种因素进行综合考虑。在分析过程中必须回答以下问题:对某一个项目值不值得花这笔钱? 这笔钱从哪来? 这个项目会给社会带来怎样的结果? 为回答以上问题需要对项目进行经济分析、财务分析和社会分析。

财务分析　也称企业经济评价,属微观技术经济评价范畴。它是从企业的角度,按照现行市场价格,来确定项目的可行性,并对项目的资金筹措进行分析。财务分析计算的是一个项目的企业利润,使用的是现行市场价格。工程项目的财务分析体系见图 1 - 2。

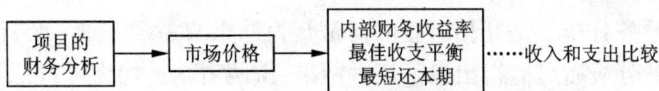

图 1 - 2　工程项目的财务分析体系

经济分析　属宏观评价,把国家作为一个整体来确定项目的可行性。所计算的是一个项目对国民收入的贡献大小,表现为全社会的利益。在进行经济分析时,其收益除包括企业利润外,还应包括职工工资、税收、固定资产占用费和流动资金占用费、支付银行的利息等。工程项目的经济分析体系见图 1 - 3。

经济分析是从国民经济整体利益出发,计算可比较方案的费用和效益,为选择最优方案提供经济方面的依据。财务分析则是从厂矿企业或经营管理单位的角度出发,目的是衡量该工程项目的财务效果,并据以评价工程的财务可行性。人们之所以把财务分析与经济分析分别开来,是因为现实的经济生活、经济关系、经济政策并没有与理想的经济生活、经济关

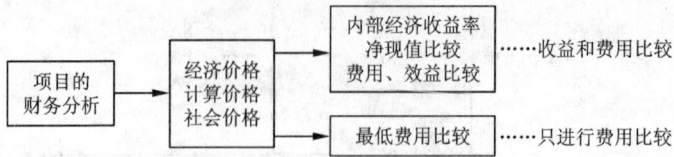

图1-3 工程项目的经济评价体系

系、经济政策完全统一起来。为追求项目实现上的合理性,便产生了财务分析方法;为追求项目理想上的经济合理性,便产生了经济分析方法。实质上财务分析只不过是经济分析的一个特例而已。必须注意,经济分析和财务分析在投资、价格、效益、年运行费用等方面的含义都各不相同,其主要区别见表1-1。

表1-1 经济分析与财务分析的区别

		经 济 分 析	财 务 分 析
	目 的	提高对社会的投资效益	经济评价的最优方案,其在财务上的生存能力
	出 发 点	国 家	实施工程项目的企业
	价 格	计算价格或影子价格	市场价格
	一般的通货膨胀	不 考 虑	考 虑
	间接费用和收益	计 入	不 计
费用数据	税收和补贴	不 考 虑	考 虑
	沉没费用	不 计	计 入
	折 旧*	不 考 虑	考 虑
	贷款和归还	不 考 虑	考 虑

*是否考虑折旧,观点有分歧

　　经济分析与财务分析不是互相对立的而是互为补充的关系。对一个具体项目的评价进行经济分析和财务分析后可能得出以下四种结果:①两者结论均为可行;②两者结论均不可行;③经济分析是否定的,财务分析却是肯定的;④经济分析是肯定的,财务分析却是否定的。应如何进行决策? 显然①应肯定,②应否定,对于③一般应优先考虑经济分析的结果。④的情况比较复杂,这里有一个政策问题,若确实是国家急需,可以采纳,但对企业应采取补贴政策。

　　社会分析 投资项目的社会分析就是对投资项目给社会所带来的各种社会效应进行全面系统的分析,分析投资项目对社会的影响因素,确定各种效应及影响因素的量与质,从而判别投资项目优劣的一种方法。所谓社会效应,其内涵是非常广泛的,它不仅包括经济性的(如收入效率、费用等),也包括非经济性的(如生态、环境、技术进步、国防、社会安全、人的福利和精神状态等)。社会效应也有正负和大小之分。

　　人类的经济活动,不能脱离与他人的合作、组织、交换、竞争、支配关系等社会过程和社会关系,因此人类的经济行为也总是社会行为。但是用经济理论建立起来的观点,无法认识到经济行为是社会行为的一个侧面。为了对一个投资项目作出全面合理的评价,不仅要从经济领域内选择描述投资项目所产生的经济因素及非经济因素的指标,而且要从经济领域之外选择能说明项目所产生的各种影响因素的指标,以对投资项目所产生的各种影响因素进行全面的、系统的分析与评价。这才是我们进行社会分析所应采取的方法。从以上分析不难看出,社会分析不仅包括经济分析,而且还包括一些非经济性的分析。

目前西方国家在对各种可能的方案进行评价、比较和选择时,除根据决策目标进行选择外,还要对方案执行后可能产生的后果和副作用进行估计,并研究防止措施,这种方法称为**防范分析**,其目的是寻求经济可行的、防患于未然的措施,故也属于社会分析的范畴。

综上所述,技术经济分析和决策是一项细致而复杂的工作。在理论上,要对一个项目作出全面、系统的评价,不仅要有衡量其经济效益的评价方法,而且要有衡量其非经济效益的评价方法。本书重点介绍微观分析方法。

1.2.2　技术经济分析的特点

技术经济学是一门应用科学。在对方案进行分析评价的过程中只有真实地反映客观现实,才能对实践起指导作用。而客观条件是错综复杂的,技术经济分析工作面对着一个非常广阔的世界。对方案的取舍不能单纯地用微分的极大和极小值予以解决,必须考虑到多种因素的影响。这就决定了技术经济学具有综合性、现实性和科学性的特点。

1. 综合性

在进行技术经济评价时应处理好以下几个问题。

目标函数与局部函数的问题　为了更有效地利用有限资源,取得最大的经济效果,对项目或方案进行评价时,除要达到项目利润最大化外,对于生产要素利用程度的一系列指标,如劳动生产率、资金消耗率、材料消耗率等,也会有一定的要求,可把利润最大化视为目标函数,把后面各种指标视为局部函数。经济系统工程论的基本原理指出、各种经济量同时达到最大限度是不可能的。实际上,在取得目标函数极大值的条件下,局部函数一般只能保持令人满意的状态,而不一定是最高或最低值。

技术观点与经济观点相结合的问题　所谓技术经济相结合的观点是指在选择技术方案时,同时考虑到其经济合理性;在确定某一经济目标时应考虑到技术的可行性。选择不同的技术标准会带来不同的经济效果。若以最大限度的生产和就业为目标时,则选择能增加就业的劳动密集型技术(属低级技术)。这种选择一般着眼于近期的需要。若以投资盈利系数为目标,则应采用降低就业人数和单位产品生产费用的劳动节约型技术(属高级技术)。这种劳动节约型技术一般是着眼于长期的需要,而且经过一定的时期以后,高级技术往往能比低级技术提供更高的生产水平。但是高级技术的投资大,当生产资料及资金有限时,往往会受到限制。在选择方案时应综合进行考虑。

有形因素和无形因素的问题　有形因素一般指可用货币表现的因素,经过计算可得出一目了然的结论。无形因素是指在进行技术经济分析时,难以用货币表现,而对方案的经济效果又有明显影响而不能忽视的因素。无形因素的内容广泛,随各方案的特点不同而不同。例如,从产品特点考虑,若有甲乙两种产品可供选择,甲产品利润高,工艺成熟可靠。但该产品已处于产品生命周期的成熟期,发展余地较小。而乙产品目前的利润低于甲,但处于生命周期的成长期,有广阔的市场。两者相比应选目前利润较低的乙产品。从产品质量考虑,一般企业都追求生产质量高的产品,但有时市场需要的是质量一般而价格低廉的产品。若只追求高质量高利润而不考虑产销对路,则方案的经济效果不能实现。有些项目还必须从社会因素考虑,如三废的治理问题。如某项目因增加了三废治理系统而使项目的经济效果降低,但也必须采纳;又如一个理想的厂址若影响生态平衡则不能采纳。因此在技术经济分析中考虑无形因素是很重要的。

宏观经济效果和微观经济效果　一般宏观经济效果好,要建立在具体项目微观经济效果好的基础上。但是,微观经济效果好却不一定宏观经济效果也好。因为全社会的宏观效益不是各微观效益的简单加总,而是全部国民经济在纵横交错,千变万化的运动中抵消一切成败盈亏而最终体现出来的经济效果。微观评价从项目的局部利益考虑不能反映总体需求及重复建设等问题,所以项目本身的利润最大值或资金最小值指标不能作为选择方案的唯一标准。它没考虑项目要求由国家负担的各种公共设施费。因此一个财务分析可行的方案,从整个国民经济角度上考虑并不一定可行。重大项目的决策应以宏观效益为主要指标。

宏观效益和微观效益在概念和考虑的范围方面是有很大区别的。宏观经济效益的评价不仅注意投产后的经济效果,而且注意建设期间的宏观经济效果。微观分析认为建设期间是消耗资金和物质,投产后才能创收。宏观的状况只是给项目可行性分析提供了一组约束条件。而宏观分析认为建设期也包含着创造财力和物力,故也产生效益,其主要表现是提高财政收入,增加劳动就业等。在进行宏观分析时,不能只看到资金的第一层运动,而忽视了货币价值进一步深入转移的多层运动过程。例如,某项投资增加一笔设备订货,不仅看到设备厂商向社会增交的利税,还要看到该厂向各中间产品厂及原料厂增加订货等增交的利税。但在具体项目比较时,对其效益不应无限制扩大计算范围,而应首先确定一个合理的计算范围,并保证各方案的计算范围相同,以保证项目的可比性。在进行宏观评价时还应考虑物质的稀缺性及其合理分配等问题。

技术经济分析和决策过程是矛盾平衡的过程。应体现几个方面的辩证统一:①费用与效益的统一;②宏观与微观的统一;③技术效益与经济效益的统一;④经济效益与社会效益的统一;⑤价值与使用价值的统一;⑥内部条件与外部条件的统一;⑦静态效益与动态效益的统一;⑧生产技术效益与管理效益的统一;⑨主观因素与客观因素的统一。

2. 现实性

技术经济分析有理论问题,而且这些理论在不断发展。但技术经济分析工作首先着重于实际决策中的应用。在做技术经济方案的比较,做技术经济论证,制定技术经济政策时都具有很强的针对性和现实性。它要明确地回答决策中各种技术经济问题,如:为什么要上这个项目?资金从哪来?带来什么效益?何时投建最好?是不是最佳方案?是否还有其他可行方案等等,以便对决策提供充足的依据和信息。因此进行技术经济分析时应从实际出发,进行周密的调查研究,注意时间性和历史条件,坚持客观真实性。对技术方案的各种优缺点进行全面的实事求是的理论联系实际的综合分析、评价。只有这样才能得到正确的研究结果。

由于技术经济分析是对未来的事物进行研究,而人们对未来总是不能全部确知的。从现实性考虑,诺贝尔奖金获得者西蒙在决策问题上提出"以令人满意的准则"代替"最优化"的原则是恰当的。

3. 科学性

所谓科学性即客观性。技术经济是一门科学的学科。在技术经济分析时,为保证客观性,首先应保证供分析用的基础资料能真正反映客观的实际情况;其次作为技术经济分析工作者应具有实事求是的行业道德,不能凭主观想象,不能假账真算,不应受他人意志的影响,以客观的资料作为判断的凭据。

在保证技术经济分析的客观性的同时,不应忽视人的主观因素在技术经济决策过程中的重要作用。虽然目前用现代化手段决策较过去的直观判断有较大改进,但人的主观判断力仍是一切决策的基础。这是因为,第一,几乎所有决策都是基于对未来事态的"预测性判断",这种判断以对现有事实的理解为基础,是决策过程中最初的也是最关键的一步。第二,现代生活中各种因素的相互依赖性和错综复杂性日益增加,要求人们在多变环境中做出判断和重大选择,所以主观判断在决策过程中仍处于举足轻重的地位。通过研究发现,质量不高的决策大多是由于决策者的判断失误造成的。为了进行正确的决策,一方面要注意研究如何把人的因素纳入科学决策的轨道,另一方面也要注意提高决策者的素质。

1.2.3　技术经济分析与财务计算的区别

技术经济分析与财务计算的区别主要有以下三方面:

第一,企业进行财务计算时必须严格按照各种财务规定,从头到尾把每一年的费用都进行详尽的计算。而技术经济分析则不同,它只需要计算和比较在项目评价内容相关的范围内,各项目之间费用的差异。在项目相关范围之外发生的费用或在项目相关范围之内而各项目间发生的共同性费用均不需计算。这样便于把技术经济分析人员的主要精力引导到去思考、设想及设计更好的方案,并分析其主要差别以便于选择。

第二,财务会计计算的任务主要是总结过去,进行事后算账。而技术经济分析与评价的任务是要预测项目未来的效果。例如新建一个工厂,需要预测产品的销售量,燃料费用的升降,产品寿命的长短等等。对于这些问题不能说是一无所知,但确实存在许多不确定的因素,这就需要采用技术经济学的各种方法来解决上述问题。由于不确定因素的存在,要使技术经济分析判断正确,则应有定量分析,但是定量分析的精度远不像财务会计计算那样严格。

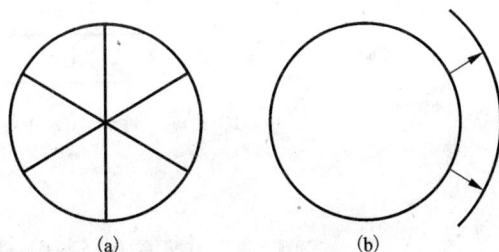

图 1-4　财务计算与技术经济分析的区别
(a)财务计算　(b)技术经济分析

第三,财务会计的任务是对已经发生的费用或已经取得的效益进行分摊或分配。例如设备折旧费的分摊,税金和利润的分配。而技术经济分析与评价的任务是研究如何扩大经济效益的问题。两者的区别如图 1-4 所示。

1.2.4 技术经济分析和决策的基本步骤

合理的决策过程包含着下列八个基本步骤：这八个步骤可用决策流程图表示出来，如图 1 - 5 所示。

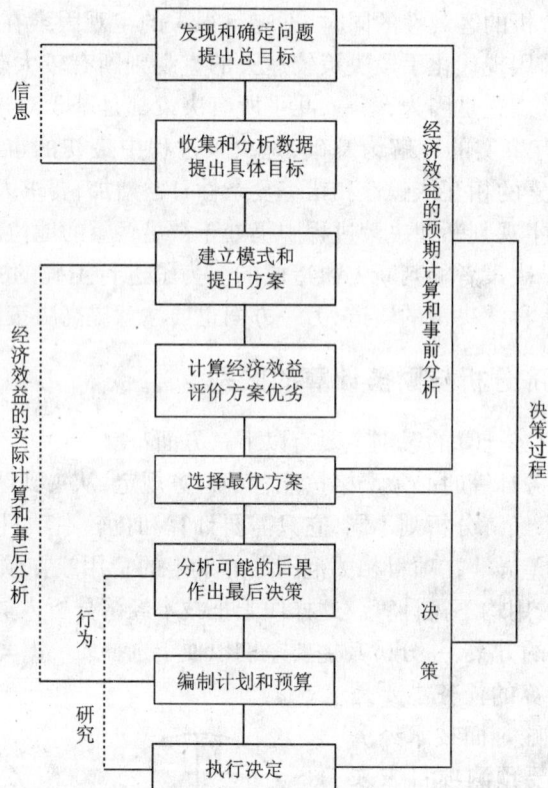

图 1 - 5　技术经济分析和决策的基本步骤

1.3　技术经济分析的可比性原则

技术经济学的主要任务是：①对各种技术方案或投资项目进行技术经济的分析比较，从中选出经济效果最佳的方案。②分析比较时，应有明确的目标。③指出达到该目标的多种可行途径以及研究问题的范围。这是进行技术经济分析比较的三个前提条件。为了选出最佳方案，根据技术经济比较原理，须对两个以上的方案进行经济效果的比较，并遵循以下四个可比条件：①满足需要上的可比性；②消耗费用上的可比性；③价格指标方面的可比性；④时间方面的可比性。

1.3.1 满足需要的可比条件

任何技术方案的主要目的就是要满足一定的需要。从技术经济观点来看，需要是多种多样的,比较时必须具备满足相同需要上的条件。例如:铜与铝具有不同的金属特性,当满足不同的材料需要时,两者不可比,但是,都用于制作导线时,在满足输送电能这一共同需要方面,两者是可比的。对满足相同需要的不同技术方案进行比较时,首先要求不同方案的产品数量、品种、质量等指标具有可比性。

对不同方案的产量进行比较时,应注意以下几种情况。

不同方案的产品产量是否可比,应以它们的净产量,即可供社会需要的产量为标准。例如铜线输电方案与铝线输电方案不能相比,因为铜与铝的电阻不同,同样直径的导线,同样长的距离,所输送的电能不同。但若从满足社会需要考虑,为输送同样的电量,计算用铜导线与铝导线的经济效果时,两者是可比的。因为它们满足社会需要的净产量是一样的,有共同的比较基础。

某些技术方案,除了影响本单位的产量或经济效益外,有时还间接给外单位或社会带来效益。例如,某选矿厂采用一项改造措施,在金属回收率不变的情况下,提高了精矿品位;采用措施后精矿成本有所增加,精矿产量有所下降;而精矿品位提高的结果,增加了冶金炉的单位产量,从而降低了冶炼成本。如果单独把选厂在改造前后的情况进行比较,则此项措施不可取。但是这样比较是不恰当的,因为两者没有比较的基础。在这种情况下,应将选矿和冶金组成联合方案,统一比较改造前后的经济效果。

在以上的讨论中存在一个暗含的假设条件,即产品的质量是基本相同的。在实际工作中,不同技术方案的产品质量常是有差别的。在这种情况下即使两方案的产量已符合可比条件,方案仍不可比。例如,某厂拟生产矿山用硬质合金钎头,有两个方案可以选择。甲方案的投资费及经营费都高于乙方案,但钎头质量好,每个钎头平均进尺有 60 米,乙方案生产的钎头平均进尺只有 20 米。这种不同质量的产品是不能直接比较的。按照质量可比性原则,对于不同产品的质量也应该根据满足相同的社会需要进行考虑。由于产品质量不同而造成满足社会需要不同的方案,在技术经济比较计算中要做相应的校正,使它们都具有相同的使用价值,满足相同的社会需要。

由以上分析可以看出,产品的产量和质量的可比性都应严格按照满足相同社会需要的原则进行考虑。

1.3.2　消耗费用的可比条件

经济效果是投入与产出之比,应从满足需要和费用消耗两方面进行考核,所以在进行方案比较时还应注意在满足消耗费用方面的可比条件。

由于不同方案的技术特性不同,因此不同的技术方案在各方面所消耗的劳动或费用也不相同。在比较技术方案的消耗费用时,不能只从方案的个别部门、个别环节中的消耗去比较。必须从整个社会和整个国民经济观点出发,从总的消耗观点,即系统的观点出发进行综合考虑。如单独的冶炼厂方案及采、选、冶联合企业的方案,尽管两方案的最终产品产量及质量相同,两者也不可比。因为价格因素的影响,单独计算冶炼厂的投资及经营费用,不能真正反映全部社会消耗量。为了与联合企业进行比较,应把由矿石到精矿的消耗费用也估算进去。若精矿靠进口,则应对动用国家外汇的价值及国际市场产品价格及外汇牌价的变动带来的风险损失等,全面加以考虑。

总之,为了使技术方案具有消耗方面的可比性,应该从社会总消耗的角度进行计算。只有从全社会的角度来评价消耗的合理性才能促使有限资源的合理利用,使有限的资源创造更多的财富,并且在计算消耗费用时,须采取统一的计算原则和方法。

1.3.3　价格指标的可比条件

在计算比较方案的经济效果时,必须用到价格指标。价格指标可从两方面影响技术分析工作的正确性。一是价格水平本身的合理性;二是所选用的价格的恰当性(如采用国内市场价格、国际市场价格还是其他理论价格)。由于价格体系不合理或某些价格的变动,常给经济评价带来假象,从而导致错误的结论。例如由于煤的价格过低,用这种价格进行水电站和火电站的方案比较时,会得出火电站优于水电站;由于废钢等的价格不合理,有可能得出平炉炼钢比转炉炼钢的经济效果好。这都是由于价格不合理造成的。

以上的例证充分证明当价格背离价值太大或各物品间比价不合理时,采用国家统一价格进行方案分析评价,常常带来错误的结论。为了避免这种错误,必须建立价格指标可比的条件。首先,从项目的特点出发选择适当的价格。例如,在进行经济评价时应采用理论价格,进行财务评价时一般采用现实国内市场价格,当其产品主要用于出口时也可考虑采用国际市场价格进行评价。

其次,随着科学技术进步,各种技术方案的消耗费用也随着减少。因此对不同技术方案进行比较时,必须采用相应时期的价格指标。

1.3.4　时间的可比条件

技术方案的经济效果还具有时间的概念。例如,有两个技术方案,它们的产品产量、质量、投资、成本等各方面都相同,但在时间上有差别,即一个投产早,一个投产迟;或者一个投资早,一个投资迟,这两个方案的经济效果就不会相同。

时间的可比性对于不同技术方案的经济比较具有很重要的意义。不同技术方案的经济比较应该采用相等的计算期作为比较基础,即要在同一时间段内考虑各种方案的经济效益,这就是时间方案第一个可比条件。

另一方面,各种技术方案由于受到外界的技术、经济等各种条件的限制,在投入的人力、物力、资源和发挥效益的时间上有所差别。例如,有的技术方案建设年限短,有的建设年限长;有的投入运行生产早,有的迟;有的服务年限长,有的短等等。可见,当对不同技术方案进行经济比较时,不仅要考虑技术方案所产生的社会产品数量和产值的大小,所消耗和占用的人力、物力和资源数量及其费用的大小,而且还必须考虑这些社会产品和产值以及人力、物力和资源数量及其费用是在什么时间产生、占用和消耗的,以及总共生产、占用和消耗了多长时间。众所周知,相同数量的产品和产值或相同数量的人力、物力、资源和财力,早生产就能早发挥效益,创造的财富比迟生产的多;早占用、早消耗的经济损失要比迟占用、迟消耗大;服务年限越长,所创造的产品就越多,反之就越少。所以当不同技术方案在进行经济比较时,我们必须考虑它们由于在人力、物力和资源的投入以及发挥效益的时间不同,对整个国民经济影响的大小,也就是要考虑时间因素。考虑资金的时间价值及各比较方案寿命期的一致性,这就是不同技术方案在时间可比性方面的第二个可比条件。

1.4　技术经济分析中常用的成本概念

1.4.1　机会成本

机会成本(opportunity cost)是 19 世纪新古典主义者首先引入经济学的一个概念。西方经济学家认为,经济学探讨的核心问题是选择和决策,决策的核心问题是机会成本问题。机会成本的概念是从有效利用现有资源的角度上提出来的,因此在机会成本理论的指导下,可使有限的生产要素带来最大的收益。

机会成本,就是对现有的某种有限资源,将它用于某一用途,就不可能用于其他用途,这种不能用于其他用途所受的损失(即另一种用途的收益),即为所选用途的机会成本。

例如,一个农民土地有限,若在地上种植小麦可得年收入 6 千元,若种植大豆则可收入 7 千元。这个农民若选择了小麦,则其机会成本为 7 千元(即没种大豆造成的损失),因此可判断,他在这块土地上种小麦的方案不是最优方案,因为机会成本大于实际收益。这说明有限的资源(土地)没有得到最优的利用。可见,机会成本的概念可以帮助我们寻找出利用有限资源的最佳方案。

机会成本的概念在西方应用得十分广泛,既用于生产领域,也用于消费领域;既用于个人和厂商的经济活动中,也用于对社会的经济活动分析。机会成本的概念用于技术经济分析时可这样定义:在进行方案选择时,常把已放弃的次优方案的可估量的价值,作为所选最优方案的机会成本。

【例 1-1】　某厂有 1 万元资金。若用于开发新产品可使年利润比原来增加 2 万元;若把资金用于现有工艺过程的技术改造,提高老产品的产量和质量,每年可增加利润 3 万元;若用于为其他厂进行来料加工每年可增加收入 25 000 元。从中不难看出该厂应选利润增额最大的技术改造方案,其机会成本为 25 000 元(即为次优方案的收益)。

在用动态指标进行项目的技术经济分析时,通常把项目要求达到的基准收益率(贴现率)视为所选项目的机会成本。

仔细分析机会成本的定义不难发现,机会成本的存在是有条件的,即资源是有限的。因为只有资源有限时才会出现资源应当用于哪一个方向的抉择问题。若资源很多或无限(如空气)利用后还有许多剩余时,则机会成本为零。

应用机会成本的概念对方案进行选择时,常需要计算内在成本。

　　　　　　内在成本 = 方案的实际收入 - 机会成本

当内在成本为正值时,说明方案选择正确。

【例 1-2】　某厂有两个产品方案:(1)直接出售 A 产品,收入 16 000 元;(2)将 A 进行深度加工得到 B 产品,收入 24 500 元,但要支付加工费 6 000 元,应选哪个方案?

若选方案(2),即深度加工方案,则其内在成本为:

B 产品的收入	24 500 元
B 产品加工费	- 6 000 元
B 产品净收入	18 500 元
深度加工方案的机会成本	- 16 000 元
内在成本	2 500 元

计算说明,B 产品的收入补偿了深度加工的成本和不出售 A 产品的机会成本后,还余 2 500元,即内在成本为正值,方案(2)选择正确。

机会成本的概念是市场经济中任何一个资金持有者所必备的概念,它与通常会计学中的成本概念完全不同。重点不在于精确计算机会成本的数值,而是从机会成本的概念出发,建立起一种比较选优的思路。确立一种科学的决策思维方法,帮助我们在现有条件下做出最优决策。

1.4.2　沉没成本

沉没成本(sunk cost)是指已支付的与未来决策无关的成本。广义地讲,凡是过去发生的,不是目前决策所能改变的成本,都是沉没成本。

狭义地讲,沉没成本是指过去发生的,在一定情况下无法补偿的成本,即指因某种原因而未能回收的已投入的的资金。

【例1-3】　三年前买了一辆卡车值120 000元,估计寿命为8年,残值为16 000元,按直线折旧法进行折旧。现在企业决定用以旧换新的方式买一辆价值110 000元的新车,原旧车折价75 000元。请问沉没成本为多少元?

用广义定义进行分析:120 000元是过去已经发生现在所不能改变的成本,故沉没成本为120 000元。在进行决策时这笔钱不再考虑,只考虑它现在的实际价值75 000元。

用狭义的定义进行分析:

使用三年后旧车的账面价值为:

$$120\ 000 - 3 \times \frac{120\ 000 - 16\ 000}{8} = 81\ 000\ 元$$

故沉没成本为:$81\ 000 - 75\ 000 = 6\ 000$元

即6 000元属过去发生的而现在不能补偿的部分,即为狭义的沉没成本。

沉没成本是西方经济学中的概念,提出这个概念的目的是提醒人们,在进行一项新的决策要向前看,不要总想着已花费而不能收回的费用,从而影响未来决策的正确性。作为一种思想方法去理解沉没成本,按广义还是按狭义去理解显然均可。在对方案进行经济分析时,不考虑沉没成本是经济分析的一项原则,在进行财务分析时有时用到狭义的沉没成本概念。

在经济分析中不考虑沉没成本可从两方面来理解。不考虑沉没成本与技术经济分析的出发点有关。在技术经济分析时,决策者的目的在于选择一个将来达到最好效果的方案。只有未来的行动才会受今天所选方案的影响,而沉没成本是过去发生的,目前决策不能改变的,因而与方案的技术经济决策无关。不考虑沉没成本并不影响决策的正确性。

【例1-4】　某厂以25 000元购入一辆汽车,但变速器有毛病,要花4 000元修理费。若不进行修理而将原车出售可得18 000元。若将车修好再卖可得23 000元。做出该厂应否修车的决策。

(1)不考虑沉没成本进行决策

	以原车出售(元)	修好再售(元)	差　　额(元)
预期收入	18 000	23 000	5 000
修理成本	0	4 000	4 000
净　额	18 000	19 000	1 000

结论： 差额为净收入 1 000 元，即修理好再卖有利。

（2）考虑广义的沉没成本进行决策

	以原车出售(元)	修好再售(元)	差　　额(元)
预期收入	18 000	23 000	5 000
修理成本	0	4 000	4 000
购入成本	25 000	25 000	0
净　额	−7 000	−6 000	1 000

结论： 应修后出售可少亏损 1 000 元。

从以上两种计算方法不难看出，决策的结果是一致的，故不考虑沉没成本不影响决策的正确性。但两种不同的思路却给人们不同的印象。不考虑沉没成本的计算方法着眼于 2 500 元已经花掉了，车子是坏的这一事实已改变不了，在承认既定现实的情况下寻找一条好的出路，使今后少吃一点亏。而考虑沉没成本的计算方法则提醒人们，别忘了已经花掉的 25 000 元。计算所得的结果使你感觉到这样做是亏损，那样做还是亏损。在决策时促使人向后看，从而犹豫不决。

与机会成本一样，沉没成本也是一般会计账簿中找不到的项目，但是这种概念的建立对培养技术经济分析与决策人员科学的思想方法是十分重要的。因为只掌握技术经济分析的计算技巧而缺乏科学经济头脑的决策人是很难做出好的决策的。

【例 1-5】 有 A、B 两个出租汽车公司，其出租费用如下：

	一天的固定租金(预定金)	里程费
A 公司	9 000 元	30 元/公里
B 公司	3 000 元	80 元/公里

（1）某人预计租用一天汽车行程未定，你对租哪个公司的汽车有何建议？

（2）若事先已预定了两辆车，每个公司预定一辆，但最后决定只需一辆车，行程 100 公里，按规定定金不能退回，应当租哪个公司的汽车？

（3）某人如在 A、B 两公司各预订一辆汽车，A 公司规定若取消预定可退定金 1 000 元，某人决定退掉 A 公司的汽车，租用 B 公司汽车，行程为 100 公里，此决策是否正确？

（4）某人事先预定了 B 公司的汽车，并交纳了定金，后来考虑到行程较远决定退掉 B 公司的汽车，并可退回 1 000 元的定金，而改租 A 公司的汽车。请问最小行程为多少，此决策才是正确的？

$$\begin{cases} C_A = 9\ 000 + 30x \\ C_B = 3\ 000 + 80x \end{cases}$$

（1）**解：** 计算两方案的优劣平衡点以便决策：

当 $C_A = C_B$ 时，$x = 120$ 公里

结论： 行程小于 120 公里时租 B 公司汽车，大于 120 公里时租 A 公司汽车，见图 1−6。

(2) 解： 解题思路见图 1−7。支付汽车定金 12 000 元(3 000 + 9 000)已发生在 N 时刻，目前已不能改变。当前应解决的问题是从 P 点到 Q 点采用哪个方案合理。

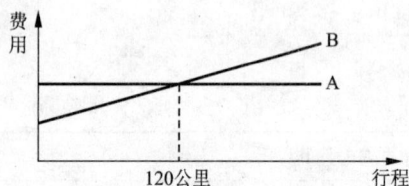

图 1−6　两方案的优劣平衡点

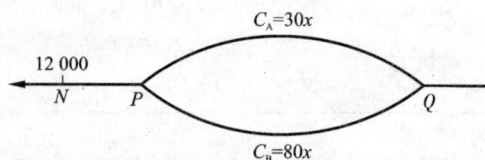

图 1−7　方案选择示意图

结论： 应将已支付的预定费用视为沉没成本，行程 100 公里，A 汽车的行程费总额为 3 000 元，B 汽车的行程费用总额为 8 000 元，故应选 A 汽车，见图 1−7。

(3) 解： 解题思路见图 1−8。

计算两方案优劣平衡点：

$$\begin{cases} C_A = 30x \\ C_B = -1000 + 80x \end{cases}$$

$$C_A = C_B \qquad x = 20 \text{ 公里}$$

结论： 小于 20 公里的行程可租 B 公司汽车，而目前的行程为 100 公里，故租 B 公司汽车的决策是错误的。

(4) 解： 解题思路见图 1−9。

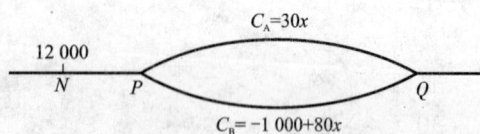

图 1−8　方案选择示意图

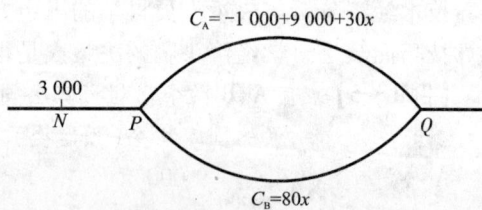

图 1−9　方案选择示意图

计算两方案优劣平衡点：

$$\begin{cases} C_A = -1000 + 9000 + 30x \\ C_B = 80x \end{cases}$$

$$C_A = C_B \qquad x = 160 \text{ 公里}$$

结论： 行程小于 160 公里时应租用 B 公司的汽车，只有行程大于 160 公里时，退掉 B 公司的汽车改为租用 A 公司的汽车才是正确的。

分析： ①过去已发生的费用(此例中为预定金)，作为沉没成本，决策时不应考虑，否则会造成决策上的失误。②技术经济分析与财务的计算范围不同，财务计算考察的范围是 $N \rightarrow Q$，而技术经济分析考察范围选取 $P \rightarrow Q$ 即可。

思 考 题

1. 什么是技术经济学,其研究的范围是什么?

2. 试举例说明技术经济学的特点。

3. 什么是技术? 什么是经济? 两者间的关系如何? 技术经济学为什么十分注意技术与经济的关系?

4. 经济分析、财务分析和社会分析的内容、区别和联系是什么? 应用范围是什么?

5. 为什么在技术经济评价时要强调可比性原则? 应注意哪些可比条件?

6. 举出一个机会成本不为零的实例,再举出一个机会成本零的实例。

7. 在决策时为什么不考虑沉没成本?

8. 机会成本和沉没成本的概念是针对什么目的提出来的?

9. 从技术与经济互相促进又互相制约两方面各举一个实例证明。

第2章　投资过程的描述

2.1　现金流量

2.1.1　现金流量及其计算

对项目进行技术经济分析时,一般不用会计利润的概念,而要计算项目的**现金流量**(cash flow)。在技术经济分析中把项目所有的资金支出统称为**现金流出**,所有的资金流入统称为**现金流入**。现金流量是在将投资项目视为一个独立系统的条件下,项目系统中现金流入和流出的活动。具体而言,现金流量是指投资项目从筹划、设计、施工、投产直至报废(或者转让)为止的整个期间各年现金流入量与现金流出量的总称。这里的"现金"是广义的现金,它不仅包括各种货币资金,还包括项目需要投入的非货币资源的变现价值(或者重置成本)。例如,一个投资项目需要使用原有的厂房、设备、材料等,则相关的现金流量是指它们的变现价值,而不是它们的账面成本。现金流量包括现金流入量、现金流出量和净现金流量三个基本概念,净现金流量是现金流入量与现金流出量之间的差额。

备选方案的现金流量会发生两种类型的差异。一是投入及产出**数量**上的差异,也就是现金流量大小的差异;二是投入及产出时间上的差异,也就是现金流量时间分布的差异。现金流量的差异是决定方案优劣的重要因素之一。

为了全面地考察新建项目的经济性,必须对项目在整个寿命期内的收入和支出进行研究。根据各阶段现金流动的特点,可把一个项目分为四个期间:建设期、投产期、稳产期和回收处理期,如图2-1所示。

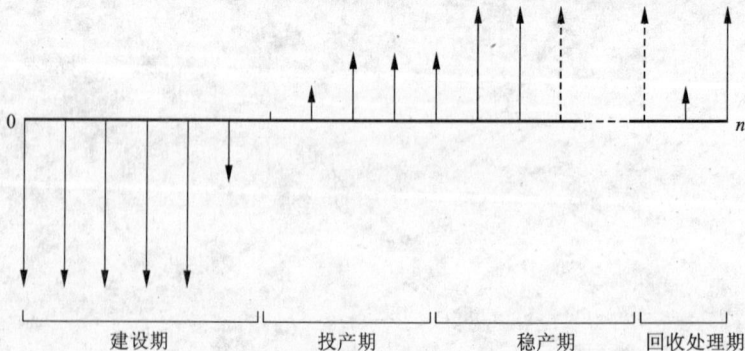

图2-1　新建工业项目的现金流量

建设期是指项目开始投资至项目开始投产获得收益之间的一段时间;投产期是指项目投产开始至项目达到预定的生产能力的时间;稳产期是指项目达到生产能力后持续发挥生产能力的阶段;回收处理期是指项目完成预计的寿命周期后停产并进行善后处理的时期。

在计算项目的现金流量时,首先要计算项目各年的现金流量,再根据各年的现金流量计算出寿命期内的现金流量。由于税收种类及计算税金的基数不同,年现金流量的计算方法也有所不同,但总体的计算格式有其共性。年现金流量计算的基本格式为:

	销售收入
−	年经营成本
	付税前现金流(毛利)
−	折旧费
−	银行利息
	付税前利润(应付税现金流)
−	税金
	付税后利润
+	折旧费
	企业年净利
+	银行利息
	付税后现金流(每年)

【例 2 − 1】 某项工程投资额为 130 万元,使用寿命为 6 年,残值 10 万元,每年折旧费 20 万元,每年的销售收入及年经营成本分别为 100 万元和 50 万元,税率 50%,计算该项目每年的现金流量(见表 2 − 1)。

年销收入		100 万元
年经营成本	−	50 万元
付税前现金流		50 万元
折旧费	−	20 万元
付税前利润		30 万元
税金:30 万元 × 50%	−	15 万元
付税后利润		15 万元
折旧费	+	20 万元
付税后现金流		35 万元(每年)

表 2 − 1 项目整个寿命期的现金流量

年	现金流出(万元)	现金流入(万元)	年	现金流出(万元)	现金流入(万元)
0	130	—	4	—	35
1	—	35	5	—	35
2	—	35	6	—	35 + 10
3	—	35	合计	130	220

结论:全寿命期的净现金流量 = 220 − 130 = 90 万元。

当项目各年的现金流量不相同时,为了计算上的方便,可列表计算。把各年的现金流量及整个寿命期的现金流量在同一表上计算出来。

【例2-2】 某企业进行技术改造投资20 000元,第一年末开始收益,每年付税前现金流量分别为:9 000元、8 000元、7 000元、6 000元和5 000元。寿命期为5年。计算该方案在整个寿命期内的净现金流量。已知税率为40%。

解: 计算结果列于表2-2中。

表2-2　净现金流量计算　　　　　　　　　　单位:元

年	现金流出	付税前现金流	折旧费	付税前利润	税金($\tau=40\%$)	付税后利润	付税后现金流
(0)	(1)	(2)	(3)	(4)=(2)-(3)	(5)=(4)×0.4	(6)=(4)-(5)	(7)=(6)+(3)
0	20 000	—	—	—	—	—	-20 000
1	—	9 000	4 000	5 000	2 000	3 000	7 000
2	—	8 000	4 000	4 000	1 600	2 400	6 400
3	—	7 000	4 000	3 000	1 200	1 800	5 800
4	—	6 000	4 000	2 000	800	1 200	5 200
5	—	5 000	4 000	1 000	400	600	4 600
净现金流量							9 000元

2.1.2　现金流量图

为了直观地反映项目计算期内现金流量的发生情况,在进行现金流量分析时,可以绘制现金流量图。现金流量图上,要标明现金流量的性质(流入或流出)、发生时间及数量大小。典型的现金流量图如图2-2所示。

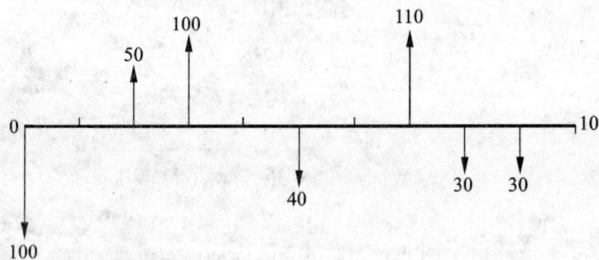

图2-2　现金流量图

绘制现金流量图时应遵循以下规则:

(1)以水平线为时间标度,时间的推移是自左向右,利息期(通常以年为单位)标记系指**时距**,而不是指时间标度上的各时点。第一期的终点与第二期的起点相重合,以此类推。

(2)箭头表示现金流动方向,向下箭头表示现金支出(现金流出);向上箭头表示现金收入(现金流入)。

(3)现金流量图与评价者的观点有关。例如,卖一批货物价值 P 元。对买者而言 P 元为支出,对卖者而言 P 元为收入。

【例 2 - 3】　借款 100 元,年利率 5%,每年按复利计算,求第三年终值,见图 2 - 3。

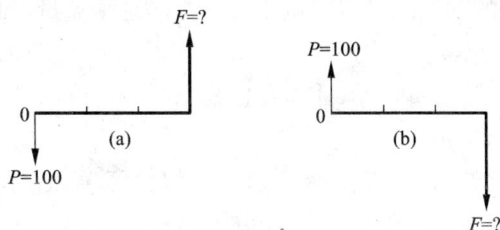

图 2 - 3　现金流量图与评价者的观点

(a)以出借者观点视为支出　(b)以借入者观点视为收入

由现金流量图可以看出,任一投资过程的现金流包含三个要素,即投资过程的有效期(也就是现金流的时间域)、发生在各个时刻的现金流值(由该时刻的各种费用组成)以及贴现不同时刻现金流值选用的投资收益率,或利率。这三个要素缺一不可,否则不能称为现金流。

不同的投资方案具有不同的现金流,通过研究某一投资方案的现金流,可以了解该投资方案的一些最本质的东西,因此,投资评价的质量只能取决于现金流数据预测的质量。虽然精确的销售预测需要进行详细的市场研究,费用很高,但也必须避免使用基于财务管理的现金流量。

2.1.3　关于现金流量的几点说明

1. 税前收益率与税后收益率的关系

由现金流的基本结构可以看出,对于一个投资过程可能有两种不同的现金流(税前现金流和税后现金流),与之相应的也应有两种收益率(税前收益率 $BTRR$ 及税后收益率 $MARR$)。当税率为 τ 时税前收益率与税后收益率间存在以下关系:

$$MARR = (1 - \tau)(BTRR) \tag{2-1}①$$

2. 会计原理与现金流量之间的差别

(1)收入与支出的概念不同　按照会计原理收入总额是根据交易现状原则确认,只要与收入有关的交易行为已经发生或者商品的所有权已经转移给客户,而且赚取收入的过程实质上已经完成或者已获得在将来收取货款的法定权利,如应收或应付款项,则不论是否收到现金,均应确认为收入。

现金流量的分析都建立在货币具有资金的时间价值的基础上,故计算现金流量时均按

---

① 公式推导:

| | 税前利润 - 税金 = 税后利润 | (a) |

或　　税前利润 = 投资(P) × 税前收益率($BTRR$)　　　　　　　　　　(b)

　　　税后利润 = 投资(P) × 税后收益率($MARR$)　　　　　　　　　　(c)

　　　税金 = 税前利润($P \times BTRR$) × 税率 τ　　　　　　　　　　(d)

将(d)、(b)、(c)式代入(a)式,得:

$$P \times BTRR - P \times BTRR \times \tau = P \times MARR \tag{e}$$

将(e)式整理可得: $MARR = (1 - \tau)(BTRR)$

实际收入和付出的现金数计算。在会计中的收入和费用与现金流入和现金流出是两种截然不同的概念,会计概念中的利润或者亏损也不等同于净现金流量。具体而言,应付和应收款项要计入会计账目中,而现金流量则不予计入,因它尚未发生。例如,全年销售收入 1 000 元,其中收入现款 600 元,赊销 400 元,计算会计利润时销售收入计为 1 000 元;而计算现金流量时销售收入只计为 600 元。

(2)投资项目的经济效益评价要求将**资金的时间价值**考虑在内,因而必须以实际发生的现金流入和现金流出作为评价依据。**不太重视会计中关于费用的类别的划分**。例如会计根据受益原则,将所有的支出区分为资本支出和收益支出两大类。而计算现金流量时,都计入现金流出项目中,但费用发生的时间要准确区别。

(3)折旧费的处理:在计算会计利润时,折旧费应从收入中扣除;在计算现金流量时,由于折旧费已通过销售收入收回了现金,故应计为现金流入项目中。另外,财务会计在计算利润时,未能明确地将投资于新增资产的折旧费、流动资金借款的利息费用等(可以用于抵免应税收益,从而少纳所得税)考虑在内,而税金节约额恰恰是衡量投资项目经济效益的重要组成部分,要作为现金流出量一个减项,或者被当作一项独立的现金流入。

(4)现金流量并非指企业的流动资金。企业在生产过程中占用的流动资金可以一定的形式进入现金流,但它不等同于投资过程的现金流量。

(5)现金流量只表示资金在本系统(投资过程所定义的系统)与系统外发生的输入和输出情况,并不包括资金在本系统内部的流通。

3. 折旧费对项目评价的影响

在技术经济分析工作中为什么要把折旧列入年净利中?这样做是否合理?这是一个值得研究的问题。对一个项目而言,折旧和利润是密切相关的,折旧费用的高低直接影响企业利润的大小。在销售价格一定的情况下,折旧费高则成本提高利润减少。而折旧的年限和采用的折旧方法是人为决定的。如果现金流入中只计入纯利润而不计入折旧,则现金流入量的多少将在很大的程度上受人的主观因素的影响。甚至可能由于折旧方法不合理而导致错误的决策。若把利润与折旧费同时视为现金流入量进行项目的分析决策时,常可避免主观因素的影响,保证决策正确性。

【例 2-4】 有甲乙两方案,其基本数据如表 2-3 所示。

表 2-3 例 2-4 的基本数据　　　　单位:万元

	投　资	折旧年限(年)	年销售收入	折旧费	经营成本	年纯利润
甲	10 000	10	20 000	1 000	18 000	1 000
乙	10 000	20	20 000	500	18 200	1 300

$$甲方案投资利润率 = \frac{1\ 000}{10\ 000} \times 100\% = 10\%$$

$$乙方案投资利润率 = \frac{1\ 300}{10\ 000} \times 100\% = 13\%$$

结论:乙方案优于甲方案。

分析：两方案投资及销售收入相同，而乙方案的经营成本高于甲，直观即可判断甲方案好。由于人为地确定了不同的折旧年限，致使甲的折旧费高，从而降低了年纯利润额，得出了乙方案优的错误结论。

若采用纯利润与折旧费之和作为现金流入进行评价时，则可以避免以上错误。

甲方案现金流量：1 000 + 1 000 = 2 000 元

乙方案现金流量：1 300 + 500 = 1 800 元

甲方案投资偿还率：$\dfrac{2\ 000}{10\ 000} \times 100\% = 20\%$

乙方案投资偿还率：$\dfrac{1\ 800}{10\ 000} \times 100\% = 18\%$

结论：甲方案优于乙方案。

2.2　资金的时间价值

2.2.1　资金是具有时间价值的

资金的时间价值（或货币的时间价值）是指资金随时间推移而发生的增值。这个增值总是通过生产过程实现的，且在不同的生产项目中增值的数量是不同的。资金时间价值的决定因素，有资金的使用时间、资金数量的大小、资金投入和回收的特点、资金周转的速度以及资金的筹集和使用有关的价值率指标等。

由于一个项目的生命周期要经历数年甚至数十年的时间，因此，在投资决策中，考虑资金的时间价值是十分重要的。利息是资金时间价值最直观的表现。例如一笔资金若投资于某工程，就放弃了将其存入银行和贷给他人的机会。若现有资金100万元，银行年利率为10%，贷给他人年利率为12%，这笔资金贷给他人的时间价值应为资本金的12%，其机会成本为10%。

有一种说法是："钱是能够生钱的，钱是应该生钱的。"值得指出的是"钱能生钱"应具备两个条件：第一，应经历一定的时间；第二，这个钱应参加生产过程的周转。只要资金随着时间的变迁在不断地周转和循环，并不断地实现生产过程，那么作为资金的这笔"钱"是可以生钱的。

我们研究资金的时间因素问题，就是研究在资金运动条件下的资金和时间的动态关系。研究在一定量的生产资金条件下，经济效果与时间的关系。

货币的时间价值存在的条件有两个，一是商品货币关系的存在和发展，劳动产品在维持劳动费用后形成剩余。二是货币借贷关系的存在，货币的所有权及使用权的分离，我国当前的市场经济完全满足上述条件。

马克思是从两个方面来分析资本及其运动的。一方面从资本所体现的经济关系，即阶级关系来把握资本的本质；另一方面从资本作为垫支的价值，即一种价值运动来把握资本的特征及其实质。就垫支于再生产过程的价值及其运动来说，社会主义条件下的资金也具有增值的职能，也应具有时间价值。作为社会主义资金的"钱"也应当能够生"钱"。社会主义和资本主义的货币时间价值尽管在名称上和形式上相似，但它们所反映的经济关系却是不完全相同的。

2.2.2　资金时间价值的形成过程

西方经济学者分析货币的时间价值时观点不完全一致,提出流动偏好说和时间偏好说两种理论。所谓流动偏好说是认为支付利息(代表货币的时间价值)是使用资金的报酬;而时间偏好说则认为利息是补偿时间的损失。为什么货币经过一定的时间会发生损失呢? 认为人们对当前一定质量、数量的财物与以后同样质量、数量的财物的估价是有差异的,对前者的估价大于后者,从而产生了资金的时间价值。形成时间偏好的原因主要有,在市场经济中,资金在生产和周转过程中存在通货膨胀因素、风险因素和现实消费因素。所谓现实消费因素是指货币持有者若将货币借给他人使用,则把自己的现实使用权推迟到将来。资金时间价值是这种推迟的报酬。

马克思提出的货币资本、生产资本和商品资本三个循环清楚地阐述了资金增值过程。

从企业资金相继通过购买、生产和销售三个阶段不断反复地运动,划分出了资金三种职能的形成,即货币资金、生产资金和商品资金,并且在生产过程中各自都进行不断的循环(图2-4)。

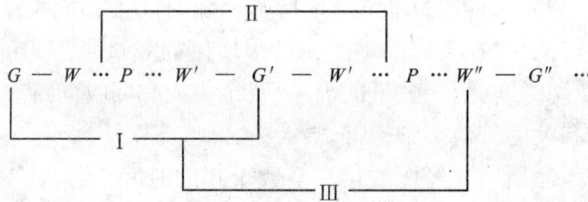

图2-4　资金的循环

G——资金　W——商品(生产资料)　P——生产过程

W'——新商品(或第二次生产循环的生产资料)　G'——收回货币(或第二次生产循环的资金)

Ⅰ——货币资金的循环　Ⅱ——生产资金的循环　Ⅲ——产品资金的循环

在企业资金的循环中,这三个职能形式实际上在空间上是并存的、在时间上是连续的。这三个循环都有一个共同之点,一方面它们都以满足劳动者的物质和文化的需要为直接的目的;另一方面它又是实现资金积累的过程。

由资金循环过程(图2-4)可以看出,它们不仅在时间上是连续的,而且在价值上是不断增值的,即 $G' > G, G'' > G'\cdots$;$W' > W, W'' > W'$等等。资金经过一次货币资金循环后由 G 增加到 G',两者间的差值 $G' - G = \Delta G$ 即为资金的时间价值。

资金的时间价值具有以下三个特点:

(1)在一定生产条件下,这个增量的大小是时间的函数(图2-5):

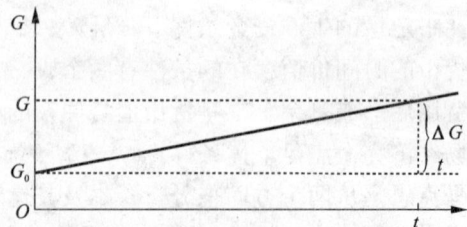

图2-5　资金的时间价值

$$\Delta G = f(t)$$

其中　t——时间;

　　　ΔG——资金的增量(货币的时间价值)。

(2)ΔG 可能是正值也可能是负值。正值表示经营有效,负值表示发生亏损。

(3)ΔG 值的大小反映出效率的高低。

同样数量的资金,经过同样的时间,因投资去向不同,ΔG 的值可能很不相同。这里反映了单位时间内资金利用的效率,所谓效率就是单位时间内资金的利用价值。效率高表示单位时间内资金的利用价值的增大。

【例 2 - 5】　某项目需投资 8 000 万元,有三个建设方案:Ⅰ——20 年建成;Ⅱ——10 年建成;Ⅲ——5 年建成。资金按每年均匀投入计算,资金收益率为 10%,结果见表 2 - 4。

表 2 - 4　例 2 - 5 计算结果

方　案	每年投资	建成年数	建成时的本利和
Ⅰ	400 万元	20 年	2.5 亿元
Ⅱ	800 万元	10 年	1.4 亿元
Ⅲ	1 600 万元	5 年	1.07 亿元

由以上计算不难看出五年建成的效果最好。我们可以得到两点启示:①建设速度快(效率高)则效益大;②所选项目提高效率或减少资金的需要,意味着货币时间价值增加(ΔG 增加)。

对于 ΔG 的分配,在资本主义条件下,ΔG 除付一部分工资外就构成了资本家剥削工人剩余价值部分——利润;在社会主义条件下,增值(ΔG)的一部分以税收或利润的形式归国家全体劳动人民所有,用于扩大再生产的投资等,另一部分留给企业用于本企业的扩大再生产及职工福利,还有一部分以利息的形式交给资金的供应者——国家银行。

在现实生活中,由于货币借贷的方式多种多样,货币的时间价值也有多种表现形式。国家财政向企业征收资金占用税,银行收取利息,投资者分享红利(股息)等,都是货币时间价值的具体表现形式。

2.2.3　资金的增值规律

只有了解资金增值规律才能正确计算资金的时间价值。

社会的生产不是简单再生产,而是扩大再生产,也就是说,资金增值部分 ΔG 并不是全部消费了,其主要部分(即税收、利润、利息及企业留成中的生产基金)是用于再投资即扩大再生产,只有一小部分作为福利基金消费掉了。因此 ΔG 的主要部分是作为扩大再生产的资金重新投入生产循环,并产生新的资金增值,如此循环不已。这种增值过程只有用复利计算法才能较准确的描述。可以说,资金的时间价值是金钱数额对时间的变化关系,应按复利进行计算。

由以上分析可以得到两条结论:

第一,社会资金的增长是时间的函数。因资金的增长是资金周转次数的函数,当资金每一循环周转时间一定时,时间越长,则周转次数越多,ΔG 也越大,所以在资金运作方式一定的条件下,时间越长,累计的经济效果也就越大。

第二,所增值的资金主要用于扩大再生产,因此资金增值规律可用复利公式表示。故此,货币时间价值的含义是货币作为资本投入生产,和其他生产要素相结合,经过一段时间发生增值,使其价值大于原投入的价值,这种货币数额对时间指数的变化关系称为货币时间价值。

资金时间价值的大小,受以下三个因素影响:资金投入量、资金投入方式(一次性投入或分期投入)和利息计算方式(单利或复利)。资金的时间价值是客观存在的。忽视它的价值就会给社会带来不可弥补的损失。我们必须最大限度的讲究资金的时间价值,使国民经济的增长速度提到新的高度。

2.2.4 资金时间价值的具体运用

正因为资金与时间存在上述动态关系,所以在技术经济分析评价中一定要研究时间因素。注意解决不同时间发生资金的可比性及正确评价由时间因素带来的经济效果。具体应注意以下几个问题。

第一,资金时间价值的产生,只有当货币转化为资金并投入到生产过程中进行周转时才能实现。因此在生产过程中应积极做好货币向资金的转化工作。例如,应把企业的闲置资金尽快投入生产过程,或运用金融工具增值或存入银行,尽量减少物资的积压等等。否则将把资金的时间价值全部损失掉。

第二,只有认真的考虑货币的时间价值才能把投资效果的分析和评价建立在科学的、可比的基础上。盈亏不能只从资金自身的价值(票面额)来核算,若不计算资金时间价值,则不能确切说明盈亏情况。因为同样数量的资金由于使用、周转、投放和收回的时间不同,资金的时间价值也不同。

【例2-6】 某项投资需1 000万元,有甲、乙两个方案,收益(净现金流量)如表2-5所示,试问哪个方案合理?

表2-5 例2-6的基本数据

方　案	净 现 金 流 量 (万元)		
	第一年	第二年	第三年
甲	500	300	200
乙	200	300	500

分析:两方案在三年内净现金流量的总和均为1 000万元,似乎效益相当。若考虑到资金时间价值,早收回的资金可重新投资,可再次创造资金时间价值。因此甲方案比乙方案好。

考虑到资金的时间价值,西方经济学家把"早收晚付"视为商品经济条件下企业经营的黄金原则。

第三,资金时间价值既是绝对的,又是相对的。任何资金都具有时间价值,这是它的绝对性。其相对性则表现在多方面,不同的时期,不同的地方,资金的时间价值不同。经济发达的社会劳动生产率高,资金的时间价值也高。可见,资金时间价值大小与生产力发展水平、部门的特点以及主观努力有关。为了使有限的资金获得尽量大的时间价值,首先要注意资金的合理投向,其次要加强资金的管理,加速资金在各生产环节的周转速度。

第四,用资金时间价值的观点对一些问题进行再认识。传统的资金定义是"资金是物质的货币表现"。这种定义没有反映出资金动态过程,也没有反映出资金会增值的实质,这样定义资金对有效地利用资金不利。若定义为"资金是社会再生产过程中能够增值的价值"则较为恰当。

第五,为了确切体现资金的时间价值,促进资金周转,在货币闲置不用的情况下,其时间价值不应仅为零。根据机会成本概念应当根据这笔资金的闲置时间计算出的牺牲代价来表示他的"时间价值"。

关于国有企业对国家的贡献,过去人们把企业上交的利税视为对国家的贡献。用资金时间价值进行分析不难看出,在国家规定的限额内交纳的利税应视为是利用国家资金应付的报酬(资金的时间价值),只有超过一定的利润水平时才能视为对国家的贡献。

总之,资金时间价值原理的运用可以增强我们的时间观念和责任感,使我们做到有效地、科学地、合理地利用建设资金和国外借款,为提高经济效益开创新局面。

2.3　资金时间价值的计算——单利和复利计算

2.3.1　单利和复利的概念

资金时间价值计算,按照利息部分是否计息,可划分为单利和复利两大类。

1. 单利

单利(simple interest)指利息在债务期末一次支付,利息本身不再支付利息的计利形式。在单利的计利形式下,利息总额与本金、利率以及计利周期成正比关系。

(1)单利的终值计算:终值是指计算期末的本利和,其计算公式为:

$$F = P(1 + i \cdot n) \qquad (2-2a)$$

其中　F——本利和终值;

　　　P——本金(现值);

　　　n——计息期数(一般以年为单位);

　　　i——利率;

　　　$P \cdot i \cdot n$——利息总额。

【例 2-7】　借款 100 元,借期 3 年,每年单利利率 5%,第三年末应还多少本利(终值)?

三年的利息 = 100 × 3 × 0.05 = 15 元

三年末共还本利 = 100 + 15 = 115 元

单利的经济含义是,一笔投资投入生产后的全部生产期间内,每年以一定的水平为社会提供的经济效果。因此,当评价一个企业在一段时间内每年为社会提供多少财富时可用单利计算结果表示。

(2)单利的现值计算。**现值**是指以后各期的收、付资金的现时价值,由终值求现值又称

为折现或贴现。由公式(2-2a)可导出现值计算公式:

$$P = \frac{F}{1+i \cdot n} \tag{2-2b}$$

在例2-7中,如果已知第三年末的终值为115元,可计算出现值为:

$$P = \frac{115}{1+0.05 \times 3} = 100 \text{元}$$

单利是从简单再生产的角度计算经济效果的,没有反映时间因素对经济效果的全部影响。实际上,不论是一个企业还是全社会,都必须进行扩大再生产,而且随着时间的推移,扩大再生产导致生产资金不断增加,经济效果也不断提高,因而经济效果与时间之间绝不是线性(单利)关系。由于单利没能反映资金周转的规律与扩大再生产的客观现实。在国外单利很少运用,一般仅用来与复利进行对比。

2. 复利及其分类

复利(compound interest)是指计算利息时把上期的利息并入本金一起计息的计算方式,即按复利方法计算利息时,不仅本金要逐年计息,利息也要逐年计息,它具有重复计利的效应,俗称"利滚利"。

【例2-8】　如前例借款100元,借期三年,年利率5%,按复利计三年后的本利见表2-6。

表2-6　复利计算

利息期	期初所欠总额(元)	该期利息额 (2)=(1)×5%	该期期末所欠金额 (3)=(1)+(2)
	①	②	③
一年	100.00	5.00	105.00
二年	105.00	5.25	110.25
三年	110.25	5.51	115.76

由于复利的重复计算效应,在同样条件下,借款100元第三年末的本利和比单利多0.75元。

复利计利法有以下几种(图2-6):

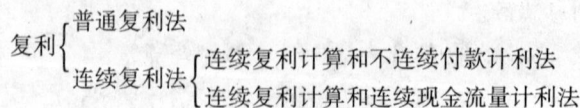

复利 { 普通复利法 ; 连续复利法 { 连续复利计算和不连续付款计利法 ; 连续复利计算和连续现金流量计利法 }

图2-6　复利的种类

在大多数的商业贸易和经济研究中多采用普通复利法,它是进行投资预测及计算技术经济效果的重要工具。对此我们将较详细地予以介绍。

在实际生活中资金的投入、支出有多种多样的形式,如:一次投资、分期投资;一次还清借款或逐年还清借款;可能定期等额投资和定期不等额投资等等(图 2 - 7),这就要我们根据具体情况进行计算。考虑到计算上的方便,对于一些具体有典型性的现金流量,已推导出与其相适应的复利计算公式,本章将分别予以介绍。

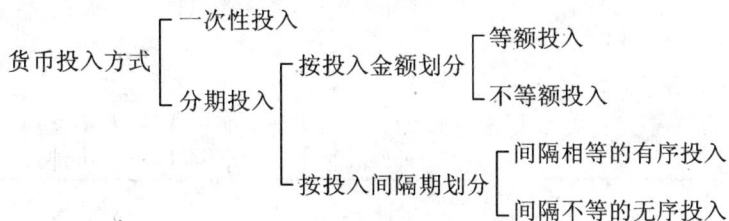

图 2 - 7　货币投入方式分类①

2.3.2　普通复利的基本公式

普通复利基本公式中主要涉及现值(P)、未来值(F)、等额年金(A)、利率(i)以及期数(n)等五个变量,主要研究 P、F、A 三者间的变换关系。在普通复利基本公式推导过程中,一般假设 i 及 n 为固定值。普通复利公式可分为一次支付复利公式和等额支付系列复利公式两大类,这两类计利方法可用六个基本公式表示,如图 2 - 8 所示。不等额投入和分期无序投入情况,也可通过六个基本复利公式进行运算。

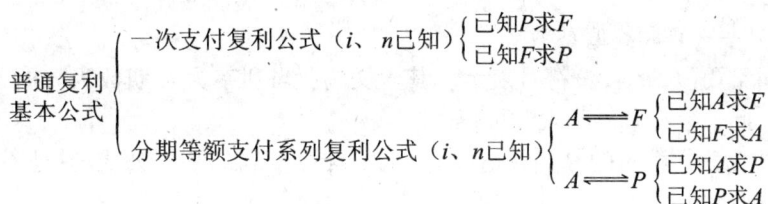

图 2 - 8　普通复利基本公式分类

为了正确理解和运用六个普通复利基本公式,应对 i、n、P、F、A 的确切含义有所了解。

i——利率。在不加特别说明时一般指年利率,以百分率表示。计算资金时间价值的关键问题是确定一个适当的利率。以解决不同时点资金的可比性问题。适当的利率应当综合考虑资金成本和风险因素。

n——期数。在未做特别说明时一般单位为年。

P——现在值,简称现值,属一次性支付(或收入)性质的金额;可以是未来某一时刻的资金换算到现在时刻的值,也可以是某一规定时间 t 的金额,称为 t 年的现值,如图 2 - 9(a)所示。

F——未来值,系指未来某一时刻的金额,在该时刻一次支付(或收入),如图 2 - 9(b)所示。

A——等额年金。等额年金指分次等额支付(或收入)的现金,在无特别说明的情况下,一般每期金额间隔周期为一年,故称等额年金。它应满足以下三点(以收入为例):①各期

①　王超. 项目决策与管理.北京:中国对外经济贸易出版社,1999

收入的金额相等,通常用 A 表示;②收入期(n)中各期间隔应相等(如一年);③第一次收入(支出)在第一期期末发生,以后每一次收入(支出)都在每一期期末发生,如图 2-9(c)所示。

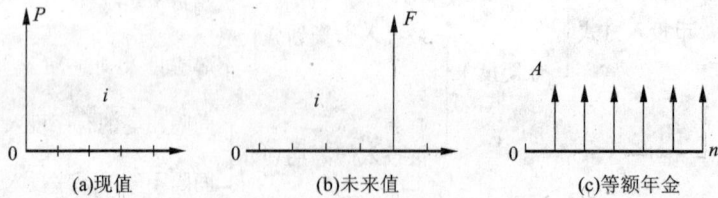

图 2-9 现值,未来值,等额年金示意图

在现金流量分析中,等额年金也叫做拉平分析,它表示同一费用在投资有效期中各年发生的费用在数值上相等。但拉平决不是平均,它们之间有重要的区别。平均是不考虑资金时间价值的,而拉平则充分考虑货币资金的时间价值。故同一种费用在投资过程中拉平的结果,与平均的结果大不相同,而投资过程利率越大,这种差别就越大。

1. 一次支付复利终值公式,即一次投资,一次回收

1)复利终值公式(已知 P 求 F)

$$F = P(1+i)^n \qquad\qquad (2-3)$$

其中 $(1+i)^n$——复利终值系数。

该系数通常用($F/P, i, n$)符号表示。其含义为:当利率为 i,期数为 n 时,已知 P 求 F 的复利系数。此系数在查复利表时可得。

(2-3)式为一次偿付的复利终值公式,也是计算复利的基本公式,其他有关复利的各种计算公式都由它派生出来。

【例 2-9】 为对现有企业进行技术改造向银行贷款 10 万元,年利率 5%,两年末还清,按复利计算,两年末需向银行偿还本利共多少?

解:

(1)画出示意图,如图 2-10

(2)计算: $F = 10(1+0.05)^2 = 11.025$ 万元

2)复利现值公式(已知 F 求 P)

$$P = F\left[\frac{1}{(1+i)^n}\right] \qquad\qquad (2-4)$$

其中 $\left[\dfrac{1}{(1+i)^n}\right]$——复利现值系数或贴现系数,该系数表示一元钱的现在值。其经济含义是几年后欲得到一元钱现在应存入多少元,通常用($P/F, i, n$)符号表示。

【例 2-10】 某公司对报酬率为 10% 的项目进行投资,欲五年后得 1 000 万元,现在应投资多少?

解:

(1)作图,如图 2-11 所示。

(2)计算: $P = 1\,000\left[\dfrac{1}{(1+0.1)^5}\right] = 620.9$ 万元

即：如果现在投资 621 万元，在报酬率为 10% 的情况下，五年后可得到 1 000 万元。

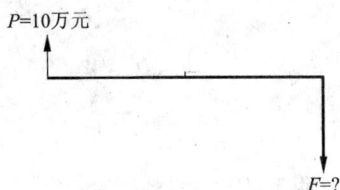

图 2-10　例 2-9 现金流量图

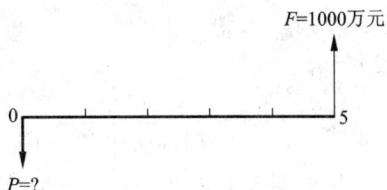

图 2-11　例 2-10 现金流量图

2. 等额支付系列复利公式——年金计算

等额支付系列复利计算通常称为年金计算。年金是指在一定时期内，每间隔相同时间，支付(收入)相同数额的款项。由于间隔时间通常以年为单位，所以该相同的固定数额被称为年金。

(1)年金终值公式(已知 A 求 F)

也称为期末年金或普通年金，即计算逐年等额借款累计，一次偿还的年金终值。

$$F = A\left[\frac{(1+i)^n - 1}{i}\right] \tag{2-5}$$

其中　$\left[\frac{(1+i)^n - 1}{i}\right]$——年金终值系数，通常用 $(F/A,i,n)$ 符号表示。

【例 2-11】　某项目寿命期五年，每年净收入 1 000 万元，年利率 8%，该项目到五年末寿命期满时净收入为多少？

解：(1)作图，如图 2-12 所示。

(2)计算：

$$F = 1\,000\left[\frac{(1+0.08)^5 - 1}{0.08}\right] = 5\,867\ \text{万元}$$

即在该投资条件下，到项目寿命期满时，净收入 5 867 万元。

(2)偿债基金公式(已知 F 求 A)

也称为资金存储年金，即计算为筹措将来的一笔资金，每年应存储金额。

$$A = F\left[\frac{i}{(1+i)^n - 1}\right] \tag{2-6}$$

其中　$\frac{i}{(1+i)^n - 1}$——偿债基金系数，通常用 $(A/F,i,n)$ 符号表示。

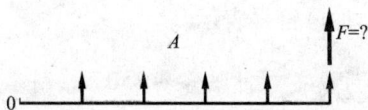

图 2-12　例 2-11 现金流量图

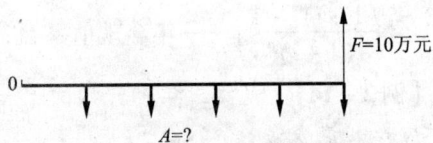

图 2-13　例 2-12 现金流量图

【例2-12】　某企业五年以后需10万元作为技术改革的经费,若年利率是5%,每年应储蓄多少钱?

解:(1)作图,如图2-13所示。

(2)计算:

$$A = 10\left[\frac{0.05}{(1+0.05)^5 - 1}\right] = 1.8(万元)$$

即:每年存入1.8万元,在$i = 5\%$条件下五年末即可得到10万元的资金。

3)资金还原公式(已知P求A)

它也称为投资回收年金,即一次借款,逐年均衡偿还的计算。

$$A = P\left[\frac{i(1+i)^n}{(1+i)^n - 1}\right] \tag{2-7}$$

其中　$\left[\frac{i(1+i)^n}{(1+i)^n - 1}\right]$——资金还原系数,通常用$(A/P, i, n)$符号表示。

【例2-13】　某贷款金额为10 000元,年利率10%,要求分五期于每年末等额偿还,计算每期的偿付额。

解:(1)作图,如图2-14所示。

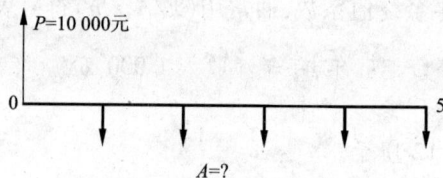

图2-14　例2-13现金流量图

(2)计算:

$$A = 10\ 000\left[\frac{0.1(1+0.1)^5}{(1+0.1)^5 - 1}\right] = 2\ 638\ 元(元)$$

即:贷款10 000元,五年中每年年末应偿还2 638元。

4)年金现值公式(已知A求P)

即逐年等额借款,一次偿还将来值的贴现计算。

$$P = A\left[\frac{(1+i)^n - 1}{i(1+i)^n}\right] \tag{2-8}$$

其中　$\left[\frac{(1+i)^n - 1}{i(1+i)^n}\right]$——年金现值系数,通常用$(P/A, i, n)$符号表示。

【例2-14】　从第二年初开始的十五年中每年应为设备支付维修费350元,利率12%,现在应存入多少钱?

解:(1)作图,如图2-15所示。

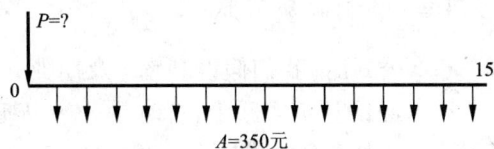

图 2 - 15　例 2 - 14 现金流量图

（2）计算：$P = 350 \times \left[\dfrac{(1 + 0.12)^{15} - 1}{0.12(1 + 0.12)^{15}} \right] = 2\,383.8$ 元

即：为保证十五年中每年末得到 350 元的维修费，当 $i = 12\%$ 时，现在应存入 2 384 元。

3. 关于复利计算公式的说明

1）在运用 $A \leftrightarrows P$ 及 $A \leftrightarrows F$ 的公式时应注意时间上的对应关系：①第一次 A 永远发生在 P 的后一年；②最后一次 A 永远与 F 同时发生。

2）各种复利系数的表示方法（未知值/已知值，利率，周期数）。

【例 2 - 15】　已知每年末存入 10 000 元（A），五年后共可得到多少钱（F）？（若银行的利率为 10%）

已知值为 A，未知值为 F，则其系数代号为：$(F/A, i, n)$。

计算式可列成：$F = 10\,000(F/A, 10\%, 5)$

以上介绍的为普通复利常用的六个公式，现列于表 2 - 7。

表 2 - 7　普通复利的基本公式*

公式名称	已知→未知	公　　式	系　　数	系数代号
一次支付复利终值公式	$P \to F$	$F = P(1 + i)^n$	$(1 + i)^n$	$(F/P, i, n)$
一次支付复利现值公式	$F \to P$	$P = F \left[\dfrac{1}{(1 + i)^n} \right]$	$\dfrac{1}{(1 + i)^n}$	$(P/F, i, n)$
等额支付年金终值公式	$A \to F$	$F = A \left[\dfrac{(1 + i)^n - 1}{i} \right]$	$\dfrac{(1 + i)^n - 1}{i}$	$(F/A, i, n)$
等额支付年金偿还基金公式	$F \to A$	$A = F \left[\dfrac{i}{(1 + i)^n - 1} \right]$	$\dfrac{i}{(1 + i)^n - 1}$	$(A/F, i, n)$
等额支付年金资金还原公式	$P \to A$	$A = P \left[\dfrac{i(1 + i)^n}{(1 + i)^n - 1} \right]$	$\dfrac{i(1 + i)^n}{(1 + i)^n - 1}$	$(A/P, i, n)$
等额支付年金现值公式	$A \to P$	$P = A \left[\dfrac{(1 + i)^n - 1}{i(1 + i)^n} \right]$	$\dfrac{(1 + i)^n - 1}{i(1 + i)^n}$	$(P/A, i, n)$

* 表中公式的推导见本章附录。

2.3.3 期数(n)与利率(i)的计算公式

在介绍复利计算的六个基本公式时,我们假设利率 i 及期数 n 为已知量,主要研究 A、P、F 三者间的换算关系。在技术经济分析实践中,有时是 A、P、F 已知,而需要计算 i 或 n 值。我们可以通过六个复利计算的基本公式推导出 n 及 i 的计算公式。

1. 期数 n 的计算式

1)若 P、F、i 已知,求 $n =$?

由公式(2-3)$F = P(1 + i)^n$,可求得

$$lgF = lgP + nlg(1 + i)$$

$$n = \frac{lgF - lgP}{lg(1 + i)} \quad (i \neq 0) \tag{2-9}$$

【例 2-16】 银行现行年利率为 3.6%,若今年初存入 7 万元,需存多少年才能得到 10 万元?

解:$n = \dfrac{lgF - lgP}{lg(1 + i)}$

$n = \dfrac{lg10 - lg7}{lg(1 + 0.036)} = 10.084(年) \approx 10(年)$

2)若已知 A、P、i 计算 n 值。

由公式(2-8):

$$P = A\left[\frac{(1 + i)^n - 1}{i(1 + i)^n}\right]①$$

可得出

$$n = \frac{lgA - lg(A - P \cdot i)}{lg(1 + i)} \tag{2-10}$$

【例 2-17】 今年初借款 100 万元,每年末还 12 万元,年利率为 9%,多少年可以还清?

解:$n = \dfrac{lgA - lg(A - P \cdot i)}{lg(1 + i)} = \dfrac{lg12 - lg(12 - 100 \times 0.09)}{lg(1 + 0.09)} \approx 16$ 年

2. 利率 i 的计算公式

由公式(2-3)$F = P(1 + i)^n$,可求得

$$i = \sqrt[n]{\frac{F}{P}} - 1 \tag{2-11}$$

【例 2-18】 某人于今年初存入 1 000 元,六年末得到 1 400 元,银行的年利率是多少?

解:$i = \sqrt[n]{\dfrac{F}{P}} - 1 = \sqrt[6]{\dfrac{1\ 400}{1\ 000}} - 1 = 0.057\ 68 \approx 5.77\%$

2.3.4 复利计算的查表法

由于按复利公式计算仍不很方便,已将各公式的系数值编成复利表。运用复利表进行

---

① $\because \dfrac{P \cdot i}{A} = \dfrac{(1 + i)^n - 1}{(1 + i)^n} = 1 - \dfrac{1}{(1 + i)^n}$;$\dfrac{1}{(1 + i)^n} = 1 - \dfrac{P \cdot i}{A} = \dfrac{A - P \cdot i}{A}$;$(1 + i)^n = \dfrac{A}{A - P \cdot i}$

$\therefore$ 两边取对数,得 $nlg(1 + i) = lgA - lg(A - P \cdot i)$

计算十分便捷。以下举例说明复利的查表计算法。

【例2-19】 某方案投资100万元,投产后的投资收益率为6%,计算第五年末的本利和。

解: 查表计算法的步骤如下:

(1)列出查表公式:已知P、i、n, 求F

$$F = P(F/P,i,n) = 100(F/P,6\%,5)$$

该式表示为:本金100万元,年利率6%,5年复利,求本利和。

(2)根据上式,从普通复利表中查到6%利率的书页,再查(F/P)栏与$n=5$交叉格内的数值,为1.338 2。

(3)将所查得数据代入上式进行计算:

$$F = 100 \times 1.338\ 2 = 133.82\ 万元$$

2.3.5 普通复利计算举例

1. 与等额年金有关的复利计算

年金原指每年定期支付一次的金额。现在年金的含义已被扩大,凡属分期付款,无论其为一年一次,半年一次,每月一次等均称年金(在技术经济分析中如对期间没有规定一般仍指一年一次)。

年金的种类很多,且有不同的分类方法,下面介绍几种等额年金的计算方法。

1)期初年金的计算

期初年金系指每年发生一次的费用支付,不是发生在每年年末,而是发生在每年年初。因此,计算这种年金时,应在运用等额年金公式的基础上,再进行换算。

【例2-20】 某工程基建期为五年,于每年年初投资100万元,投资收益率10%,计算投资期初的现值和第五年末的未来值(图2-16)。

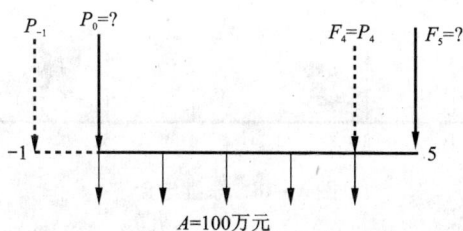

图2-16 例2-20 现金流量图

解一: $P_{-1} = A(P/A,10\%,5) = 100 \times 3.790\ 8 = 379.08\ 万元$

$\quad\quad P_0 = P_{-1}(F/P,10\%,1) = 379.08 \times 1.10 = 416.99\ 万元$

$\quad\quad F_4 = A(F/A,10\%,5) = 100 \times 6.105\ 1 = 610.51\ 万元$

$\quad\quad F_5 = P_4(F/P,10\%,1) = 610.51 \times 1.10 = 671.56\ 万元$

解二: $P_0 = A + A(P/A,10\%,4)$

$\quad\quad = 100 + 100 \times 3.161\ 98 = 416.98\ 元$

以上介绍的是复利计算的基本解题思路,建立这种解题思路对于其他类型的复利计算也有一定的帮助。就例 2-20 而言,当计算熟练时,我们还可以选择更简单的方法求解,如解二。

2)延期年金的计算

延期年金是指不是从第一期末开始,而是从以后某一期末才开始支付的年金。

【例 2-21】 某厂计划将一批技术改造资金存入银行,年利率是 5%,供第 6、7、8 三年技术改造使用,每年年初要保证改造费用 2 000 万元,现在应存入多少元?(图 2-17)。

本例题在画现金流量图时应注意,费用是供给第 6、7、8 三年的技改投资,投资应发生在各年的年初。而按公式 $A \rightarrow P$ 计算 P 时,A 应发生在第 5、6、7 年年末,如图 2-17 所示。

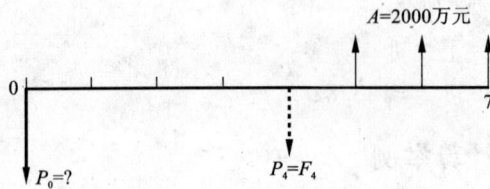

图 2-17　例 2-21 现金流量图

解: $P_4 = A(P/A,5\%,3) = 2\ 000 \times 2.723\ 2 = 5\ 446.4$ 万元

$P_0 = F_4(P/F,5\%,4) = 5\ 446.2 \times 0.822\ 7 = 4\ 480.8$ 万元

3)永续年金的计算。

永续年金指一个均匀序列,该序列中的付款次数无限多,即 $n \rightarrow \infty$,如图 2-18 所示。

$$\because \quad P = A(P/A,i,\infty)$$

$$P = A\Big[\lim_{n \to \infty} \frac{(1+i)^n - 1}{i(1+i)^n}\Big] = A \cdot \frac{1}{i}$$

$$P = \frac{A}{i} \tag{2-12}$$

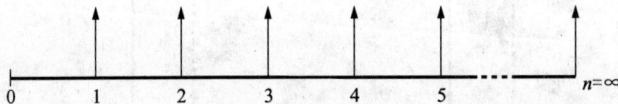

图 2-18　永续年金

有些特别类型的永续年金,它不是每年发生一次等额费用,而是要每隔 k 年,支付一笔 x 金额,可按下式计算:

$$P = \frac{x}{i}(A/F,i,k) \tag{2-13}$$

【例 2-22】 某项奖励基金计划每五年评奖一次,需奖金 10 万元,若年利率 10%,应存入多少本金(见图 2-19)?

解: 由(2-13)式可得

$$P = \frac{100\ 000}{0.10}(A/F,10\%,5) = 163\ 800\ 元$$

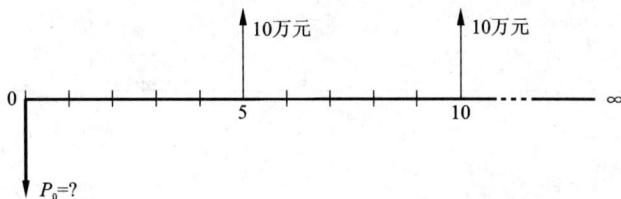

图 2 - 19　例 2 - 22 现金流量图

2. 与一次支付有关的复利计算

1) 计算未知年数

【例 2 - 23】　若年利率为 5%，为使现在存入的 1 000 元变成两倍需要多少年(见图 2 - 20)？

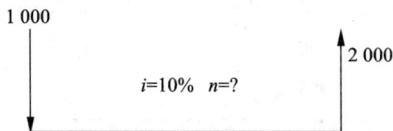

图 2 - 20　例 2 - 23 现金流量图

解：可利用公式(2 - 9)直接求解，但进行对数运算不太方便，在此介绍一种利用倒查复利表计算未知年数的方法。

$$P = F(P/F, i, n)$$
$$1\ 000 = 2\ 000(P/F, 5\%, n)$$
$$(P/F, 5\%, n) = 0.500$$

由 5% 之复利表，P/F 列中查得，0.500 介于 14 年与 15 年之间，用补插法计算。

$$n = 14 \text{ 年时}, (P/F, 5\%, 14) = 0.505\ 1$$
$$n = 15 \text{ 年时}, (P/F, 5\%, 15) = 0.481\ 0$$
$$14 + \frac{0.505\ 1 - 0.5}{0.505\ 1 - 0.481\ 0} \times (15 - 14) = 14.21 \text{ 年}$$

结论：14.21 年后，1 000 元可变成 2 000 元。

2) 计算多次不等额支付时的未知年数

【例 2 - 24】　某投资者于今年初存入银行 2 000 元，三年后再存入 500 元，五年后再存入 1 000 元，要把总投资额累积至 10 000 元，需多少年？银行年利率是 6%(见图 2 - 21)。

解一：$F = P_1(F/P, i, n) + P_2(F/P, i, n-3) + P_3(F/P, i, n-5)$
$$= 2\ 000(F/P, 6\%, n) + 500(F/P, 6\%, n-3) + 1\ 000(F/P, 6\%, n-5)$$

对于上式用不同的 n 值加以测试，直至满足该式要求为止。用尝试错误法解 n 值的程序列于表(2 - 8)。

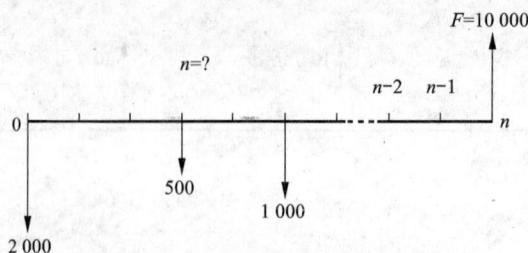

图 2-21 例 2-24 现金流量图

表 2-8 例 2-24 未知年计算表

n	2 000 $(F/P,6\%,n)$	500 $(F/P,6\%,n-3)$	1 000 $(F/P,6\%,n-5)$	F	评定
5	2 676.40	561.80	1 000.00	4 238.20	太短
15	4 793.00	1 006.10	1 790.80	7 589.90	太短
20	6 414.20	1 346.35	2 396.50	10 157.05	太长

由上表可知 20 年太长 15 年太短,应在 15 年和 20 年之间用直线插补法计算:

F	年
7 589.90	15
10 000.00	n
10 157.05	20

$$C = \frac{10\ 000 - 7\ 589.90}{10\ 157.05 - 7\ 589.90} \times (20 - 15)$$
$$= 4.69\ \text{年}$$
$$n = 15 + C = 19.69\ \text{年}$$

解二: 先将 P_2、P_3 两项费用贴现到零年与 P_1 合并为一项费用。这样便可把多项收支的现金流量变成收支各一项的现金流量,直接代入公式求解。

$$P_0 = 2\ 000 + 500(P/F,60\%,3) + 1\ 000(P/F,6\%,5)$$
$$= 3\ 167.1\ \text{元}$$
$$3\ 167.1 = 10\ 000(P/F,6\%,n)$$
$$(P/F,6\%,n) = 0.316\ 71$$

查表得:$(P/F,6\%,20) = 0.311\ 3$

$$(P/F,6\%,19) = 0.330\ 5$$

$$n = 19 + \frac{0.330\ 5 - 0.316\ 71}{0.330\ 5 - 0.311\ 3} \times (20 - 19) = 19.72\ \text{年}$$

尝试错误法是一种适用性较广的方法,对于许多难以求解的现金流可用此法,但这种方法比较烦琐。当对一个现金流求解时,应先考虑是否还有更简便的方法。本例的现金流若用解二所示的方法求解,更简便一些。

3)计算未知利率

【例 2-25】 某项目投资 3 000 万元,五年后可回收 5 000 万元,该项投资的报酬率为多少? 若另一投资机会报酬率为 7%,应选哪个投资项目(见图 2-22)?

解: $P = F(P/F,i,n)$

$\because$ $3\ 000 = 5\ 000(P/F,i,5)$

$$\therefore \quad (P/F,i,5) = \frac{3\ 000}{5\ 000} = 0.600\ 0$$

查表：$(P/F,10\%,5) = 0.620\ 9$

$(P/F,12\%,5) = 0.567\ 4$

用直线插补法计算得：

$$C = \left(\frac{0.620\ 9 - 0.600\ 0}{0.620\ 9 - 0.567\ 4}\right) \times$$

图 2 - 22　例 2 - 25 现金流量图

$$(12 - 10) = \frac{0.020\ 9}{0.053\ 5} \times 2 = 0.781\ 3$$

$$\therefore \quad i = 10 + 0.78 = 10.78\%$$

结论：本投资方案的报酬率 10.78% 大于 7%，故应选此方案。

若问题只包括单项支付，单项收入时可用以上方法解。若包含有不规则的多次支付时，则要用尝试错误法求解。

4）长期利率折算成短期利率

【例 2 - 26】　某项目每年净现金流入量为 100 万元，当收益率为 15% 时，十年内可收回投资；若现金流量增至每年 150 万元，但要求六年内收回投资，收益率应为多少？

解： 两种经营效果是针对同一投资项目而言的，故下式成立。

$$100(P/A,15\%,10) = 150(P/A,i,6)$$

$$100 \times 5.018\ 8 = 150(P/A,i,6)$$

$$(P/A,i,6) = 3.346$$

用直线插补法，经查复利表得到：

$$(P/A,18\%,6) = 3.497\ 6$$

$$(P/A,20\%,6) = 3.325\ 5$$

$$i = 18\% + \frac{3.497\ 6 - 3.346}{3.497\ 6 - 3.325\ 5} \times (20\% - 18\%) = 19.76\%$$

5）复杂型现金流的复利计算

【例 2 - 27】　计算图 2 - 23 中收受金额的现值和未来值，年利率为 6%。

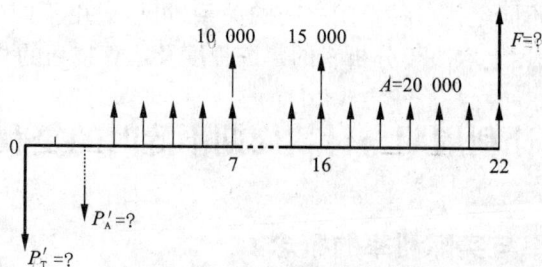

图 2 - 23　例 2 - 27 现金流量图

$$P'_A = 20\ 000(P/A,6\%,20)$$

$$P_T = P'_A(P/F,6\%,2) + 10\ 000(P/F,6\%,7) + 15\ 000(P/F,6\%,16)$$

$$= 20\ 000(P/A,6\%,20)(P/F,6\%,2) + 10\ 000 \times (P/F,6\%,7)$$

$$+15\,000(P/F,6\%,16)$$
$$=216\,703\ 元$$
$$F=20\,000(F/A,6\%,20)+10\,000(F/P,6\%,15)+15\,000(F/P,6\%,6)$$
$$=780\,943\ 元$$

3. 同一现金流量的多种解法

【例 2-28】 有一笔投资打算从第 17 年到第 20 年每年末回收 1 000 万元,已知投资收益率为 10%,现在应投放多少钱(见图 2-24)?

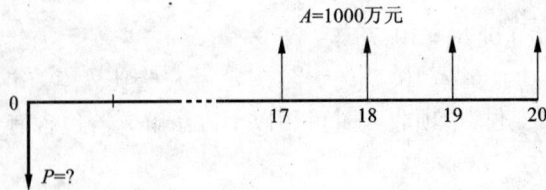

图 2-24　例 2-28 现金流量图

解法一：按 $F{\to}P$ 公式逐项计算 P 值,最后加和。
$$P=1\,000(P/F,10\%,17)+1\,000(P/F,10\%,18)+$$
$$1\,000(P/F,10\%,19)+1\,000(P/F,10\%,20)$$
$$=689.8\ 元$$

解法二：按延期年金计算
$$P=1\,000(P/A,10\%,4)(P/F,10\%,16)$$
$$=689.75\ 元$$

解法三：先计算 1~20 年的全部等额年金的现值,再减去前 16 年的等额年金的现值。
$$P=1\,000(P/A,10\%,20)-1\,000(P/A,10\%,16)=689.9\ 元$$

解法四：先计算 20 年末的未来值 F,再计算 P。
$$P=1\,000(F/A,10\%,4)(P/F,10\%,20)=698.65\ 元$$

可见,无论用哪种方法进行换算,其结果都是一样的。这就告诉我们:对于一个投资过程的分析计算,要分析不同年代各种费用之间的关系,可以应用不同的方法进行,并没有统一的规定。这在很大程度上取决于分析者的熟练程度及运算技巧的掌握。

2.4　计利周期与付款周期不等时的复利计算

2.4.1　名义利率与实际利率的概念

在复利计算中,计利周期通常以年为单位,利率通常也用年利率表示。在现实生活中,如银行的短期贷款,其周期小于一年。债券利息的发放通常以季度或半年为付息周期。当复利周期小于付款周期时,在同等期限的条件下(如两年),计利周期缩短(少于一年),会导致本息额的增加,因而导出了名义利率和实际利率和周期利率的概念。

名义利率指明文规定支付的利率水平,相当于资本市场上的牌价利率。而实际利率

（也称有效利率）则表示在复利周期小于付款周期时，实际支付的利率值。

周期利率是指如果计利周期为六个月，每个周期（六个月）的利率为 3%。这种情况也可表述为：年利率 6%，每半年复利一次，其中 6% 就是名义利率，而 3% 称周期利率。

因此：名义利率 = 周期利率 × 每年的复利周期数

故上述情况的名义利率 = 3% × 2 = 6%

年实际所得（本利和）为：

$$F = 100 \times (1 + 0.03)^2 = 106.09 \text{ 元}$$

$$利息 = 106.09 - 100 = 6.09 \text{ 元}$$

$$实际利率 = \frac{6.09}{100} \times 100\% = 6.09\%$$

可知实际利率 6.09% 大于名义利率 6%。

名义利率与实际利率有以下关系：

（1）名义利率对资金的时间价值反映得不够完全，而实际利率较全面地反映了资金的时间价值。

（2）当计利周期为一年时，名义利率与实际利率相等。计利周期短于一年时，实际利率大于名义利率。

（3）实际利率与名义利率之间的关系可用下式表示：

$$i = (1 + \frac{r}{t})^t - 1 \text{①} \tag{2-16}$$

其中　i——实际利率；

　　　r——名义利率；

　　　t——一年内的复利周期数。

（4）周期越短，名义利率越高，名义利率及实际利率的差值越大。

对应于各名义利率和复利计算期的实际利率见表 2-9。

表 2-9　特定名义利率的实际利率

名义利率 $r\%$	每半年期 ($t=2$)	每季期 ($t=4$)	每月期 ($t=12$)	每周期 ($t=52$)	每天期 ($t=365$)
0.25	0.250	0.250	0.250	0.250	0.250
0.50	0.501	0.501	0.501	0.501	0.501
0.75	0.752	0.752	0.752	0.752	0.752
1.00	1.003	1.004	1.005	1.005	1.005
1.50	1.506	1.508	1.510	1.511	1.511
2	2.010	2.015	2.018	2.020	2.020
3	3.023	3.034	3.042	3.044	3.045
4	4.040	4.060	4.074	4.079	4.081

————————————

① 公式推导见本章附录

名义利率 r%	每半年期 (t=2)	每季期 (t=4)	每月期 (t=12)	每周期 (t=52)	每天期 (t=365)
5	5.063	5.095	5.116	5.124	5.126
6	6.090	6.136	6.168	6.180	6.180
7	7.123	7.186	7.229	7.246	7.247
8	8.160	8.243	8.300	8.324	8.325
9	9.203	9.308	9.381	9.409	9.413
10	10.250	10.381	10.471	10.506	10.516
11	11.303	11.462	11.572	11.614	11.623
12	12.360	12.511	12.683	12.734	12.745
13	13.423	13.648	13.803	13.864	13.878
14	14.490	14.752	14.934	15.006	15.022
15	15.563	15.865	16.076	16.158	16.177
16	16.640	16.986	17.227	17.322	17.345
17	17.723	18.115	18.389	18.497	18.524
18	18.810	19.252	19.562	19.684	19.714
19	19.903	20.397	20.745	20.883	20.917
20	21.000	21.551	21.939	22.093	22.132
21	22.103	22.712	23.144	23.315	23.358
22	23.210	23.883	24.359	24.549	24.598
23	24.323	25.061	25.586	25.796	25.849
24	25.440	26.248	26.824	27.054	27.113
25	26.563	27.443	28.073	28.325	28.390
26	27.690	28.646	29.333	29.609	29.680
27	28.823	29.859	30.605	30.905	30.982
28	29.960	31.079	31.888	32.213	32.298
29	31.103	32.309	33.183	33.535	33.626
30	32.250	33.547	34.489	34.869	34.968
31	33.403	34.794	35.807	36.217	36.327
32	34.560	36.049	37.137	37.578	37.693
33	35.723	37.313	38.478	38.952	39.076
34	36.890	38.586	39.832	40.339	40.472
35	38.063	39.868	41.198	41.740	41.883
40	44.00	46.410	48.213	48.954	49.150
45	50.063	53.179	55.545	56.528	56.788
50	56.250	60.181	63.209	64.479	64.816

2.4.2　名义利率与实际利率计算实例

【例 2 - 29】　某项贷款为月利率 1%，计算年实际利率，及 $n = 8$ 时的 P/F 的系数值。

解：　$i = (1 + 0.01)^{12} - 1 = 0.1268(12.68\%)$

$\qquad (P/F,12\%,8) = 0.4039$

$\qquad (P/F,15\%,8) = 0.3269$

用补插法计算：$C = \dfrac{12.68\% - 12\%}{15\% - 12\%} \times (0.4039 - 0.3269) = 0.0175$

$(P/F,12.68\%,8) = 0.4039 - 0.0175 = 0.3864$

【例 2 - 30】　有一笔 1 000 元的贷款，要一年内按月均匀偿还，全年共需付利息 70 元，计算名义利率 r 和实际利率 i。

解：（1）若一年内一次偿还则：

$\qquad r = i = \dfrac{70}{1\ 000} \times 100\% = 7\%$

（2）年总利息已定，但要求每月均匀偿还，故每月应付本利和：

$\qquad \dfrac{1\ 000 + 70}{12} = 89.17$ 元

（3）计算月利率

$\qquad 1\ 000 = 89.17(P/A,i,12)$

$\qquad (P/A,i,12) = 11.215$，且查表得：$i = 1\%$（每月利率）。

（4）年名义利率 $(r) = 1\% \times 12 = 12\%$；

（5）年实际利率 $(i) = (1 + 1\%)^{12} - 1 = 12.68\%$

分析：由于改变了偿还方法，使实际利率 (i) 及名义利率 r 均大于每年支付一次利息的年利率（7%）。由此可知，在利息总额不变的前提下，缩短利息的偿还期限，相当于贷款的利率增加。

【例 2 - 31】　某公司得到一笔 3 000 元贷款，要求每月还本息 158.61 元，有效期两年，计算名义利率和实际利率。

解：　由题意分析不难看出，这属于等年值现金流，其中：$n = 24$（周期），$A = 158.61$ 元，$P = 3\ 000$ 元。

故：　$3\ 000 = 158.61(P/A,i,24)$

$\qquad P/A = 18.914$，经查表得：$i = 2\%$（月利率）

则，年名义利率 $(r) = 2\% \times 12 = 24\%$

年实际利率 $(i) = (1 + 2\%)^{12} - 1 = 0.268(26.8\%)$

【例 2 - 32】　若某人现在存入 1 000 元，4 年后存入 3 000 元，6 年后存入 1 500 元，年利率 6%，半年复利一次，问 10 年后存款金额为多少（见图 2 - 25）？

分析：由于复利周期小于付款周期，故本例的十年后存款金额应按实际利率进行计算，而实际利率常不是整数，不能直接查复利表，给计算带来困难，本例介绍了两种解法，第二种解法将 i 及 n 值按题意做适当的修改，可直接查阅复利表，便于计算。

解法一：先计算实际利率，再计算 10 年后的 F 值。

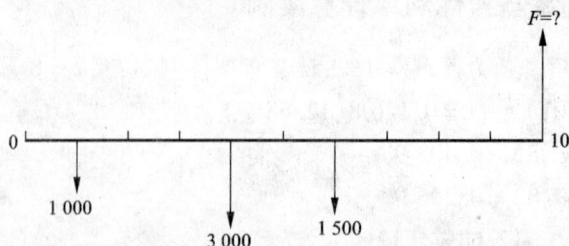

图 2-25 例 2-32 现金流量图

$$i = (1 + \frac{0.06}{2})^2 - 1 = 0.060\ 9(6.09\%)$$

$$F = 1\ 000(F/P, 6.09\%, 10) + 3\ 000(F/P, 6.09\%, 6) + 1\ 500(F/P, 6.09\%, 4)$$
$$= 7\ 983.70\ 元$$

解法二: 将名义利率 r 除以每年复利周期数 t,并将年数乘以每年复利周期,即

$$P = F(P/F, \frac{r}{t}, tn);$$

$$F = P(F/P, \frac{r}{t}, tn);$$

$$F = 1\ 000[F/P, \frac{6}{2}\%, 2(10)] + 3\ 000[F/P, \frac{6}{2}\%, 2(6)] + 1\ 500[F/P, \frac{6}{2}\%, 2(4)]$$
$$= 1\ 000(F/P, 3\%, 20) + 3\ 000(F/P, 3\%, 12) + 1\ 500(F/P, 3\%, 8)$$
$$= 1\ 000(1.806) + 3\ 000(1.425\ 8) + 1\ 500(1.266\ 8) = 7\ 983.70\ 元$$

2.5 贴现、现值及等值

2.5.1 贴现及现值

在进行方案评选时,各备选方案不同时期发生的现金流量是不能直接进行比较的。为了进行比较必须把不同时期发生的现金流量贴现成同一时期的现值。

贴现——把将来一定时期所得的收益换算成现在时刻的价值称**贴现**(discount)。

现值——把贴现到现在时刻价值的金额叫**现值**(present value)。

【例 2-33】 利率为 10%,两年后获得 121 元,问现在应付多少钱?

从未来值 121 元,求现值 x,要通过贴现的方法:

$$121 \times \frac{1}{(1+0.1)^2} = 100\ 元(现值)$$

结论:10% 利率两年后的 121 元,通过贴现的方法计算出现值为 100 元。

现值的概念是比较广泛的,它不仅指折算到现在的价值。一般投资方案进行对比时,习惯上采用贴现到投产年的价值进行比较,这也称为现值。

贴现手段及现值概念在经济事务中运用广泛,例如用股票现金红利(D_t)贴现后的现值

$[P = \sum_{t=1}^{\infty} \dfrac{D_t}{(1+r)^t}]$ 表示股票的内在价值,并作为普通股股票定价的基础;用无形资产各年

为企业带来的超额收益(D_t)贴现后的现值$[P = \sum_{t=1}^{n} \dfrac{D_i}{(1+i)^i}]$来确定无形资产的内在价

值等。因此贴现方法和现值概念是一个广泛应用的重要概念。

技术经济分析中的贴现与金融市场中常使用的贴现概念有区别。金融市场中的贴现是指票据贴现,即急需资金的企业将掌握的未到期的商业票据(债券)交给银行换取资金。银行支付的款额并不等于票据载明的款额,而是要按贴现率(一般等于金融市场的利息率),扣除从贴现日至到期日的贴现息(贴水)。例如一张 2 个月后到期,金额为 10 万元的票据向银行贴现,若月利率为 8‰,则企业得到贴现票款为: $10 - (10 \times 8‰ \times 2) = 9.84$ 万元。

2.5.2 等值

等值指在一定时期内,按一定利率偿付的一笔资金,在不同时期偿付不同数目的款项,其总和的数字绝对值虽然不同,但其价值是相等的。

【例 2 - 34】 如年利率为 6%,目前的 300 元存入银行,8 年后可得 478.15 元。

即: $300(1+0.06)^8 = 478.15$ 元

从等值概念出发,上述结果可表述为:当年利率为 6% 时,目前的 300 元与 8 年后的 478.15 元等值。

【例 2 - 35】 若第 9 年末收入 1 万元,银行的年利率为 7%,问相当于在第 1~4 年末每年收入多少元?(见图 2 - 26)

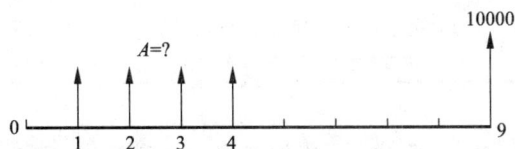

图 2 - 26 例 2 - 35 的现金流量图

解: $A = 10\,000(P/F,7\%,9)(A/P,7\%,4) = 1\,606$ 元

结论:第 9 年末收到 10 000 元与第 1~4 年每年末收入 1 606 元,在年利率为 7% 的条件下为等值。

从以上两个例子中可看出,对等值概念的理解应注意以下三点:

(1)在考虑两个数值等值与否时,应注意三个因素:金额、金额发生的时间及利率水平。

(2)一笔款项在不同的时间支付的数额不同,只有在它们贴现的利率相同时,才能考虑它们是否等值。若贴现利率不同则无等值可言。

(3)如果两个现金流量等值,则在任何时间其相当值必相等。如例 2 - 34 中的数据,我们分别把目前的 300 元及 8 年后的 478.15 元均贴现到第 7 年末,则两者的现值必相等。

$300(F/P,6\%,7) = 451$ 元

$478.15(P/F,6\%,1) = 451$ 元

2.5.3　现值在经济评价中的作用

因资金具有时间价值,故在比较时间不同的投资方案时,不经贴现将不同时间发生的现金流直接进行比较会带来决策上的失误。

【例2-36】　某设备一次付款需10万元,设备可使用6年,采用此设备后每年可节约开支2万元,问此设备应不应该购买?

由投资与节约额可直观地看出,每年节约2万元,5年刚好可收回投资。因设备可使用6年,在寿命期内可以收回投资。

若利率为10%,考虑到时间价值,应将发生在不同年限的投资及节约额统一贴现成第零年的现值进行计算如表2-10。

表2-10　例2-36的资金回收计算

	每年可节省的开支(元)	普通复利现值系数	折成 $n=0$ 时之现值(元)	逐年节约累计 $n=0$ 时的现值(元)	备　注
1	20 000	0.909 1	18 182	18 182	
2	20 000	0.826 4	16 528	34 710	
3	20 000	0.751 3	15 026	49 736	
4	20 000	0.683 0	13 660	63 396	
5	20 000	0.620 9	12 418	75 814	
6	20 000	0.564 5	11 290	87 104	
7	20 000	0.513 2	10 264	97 368	第八年回收
8	20 000	0.466 5	9 330	106 698	(全部)投资
9	20 000	0.424 1	8 482	115 180	
10	20 000	0.385 5	7 710	122 890	

分析:由计算结果可看出,将每年节省的金额折成现值后,累计至第8年时可得106 698元,即其投资回收期为8年,而使用寿命是6年,故方案不可取。

结论:从上例不难看出,在计算动态经济指标时,要从贴现入手,先把各期的现金流量折成某一基准年的现值,各项支付款项在等值的基础上才能进行比较。

【例2-37】　某人有10万元现款,若办工厂经预测资金收益率可达10%,若购买30年期的建设债券,到期后可得到100万元,应选哪个投资方向?

为了进行投资决策应估定30年后的100万元比今天的10万元是多还是少,故有:

$$P_0 = 100(P/F,10\%,30) = 5.73 \ 万元 < 10 \ 万元$$

结论:不应购买债券。

分析:从以上两个计算实例可以看出,利用贴现法计算现值在决策中有两个作用:一是比较方案的经济性;二是可以为预期的收入估定其价值。

2.5.4　现值函数——现值与利率 i 的关系

设有一投资机会,其现金流量如表2-11所示。若分别用不同的利率计算其现值,结果如表2-12。将现值作为 i 的函数作图,可得到如图2-27中所示的曲线。

表 2 – 11　现金流量表	
年　　末	现 金 流 量
0	– 1 000
1	400
2	400
3	400
4	400

表 2 – 12　现值函数计算表	
	$P = -1\,000 + 400(P/A, i, 4)$
0%	600
10%	268
20%	35
22%	0
30%	– 134
40%	– 260
50%	– 358
∞	– 1 000

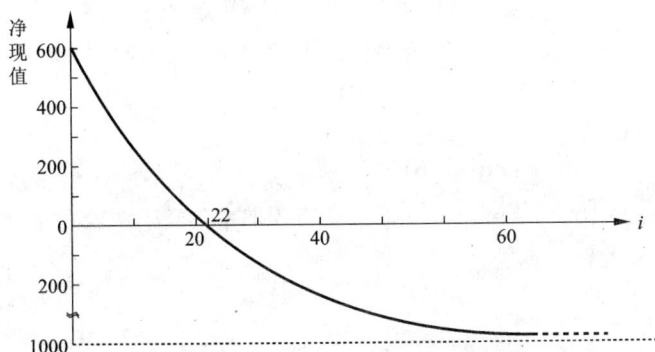

图 2 – 27　净现值函数曲线

从这条曲线可以得出以下结论:

(1)对表 2 – 12 的现值函数而言在 $0 \leqslant i \leqslant 22\%$ 的范围内,现值为正,即收入的现值总和大于支出的现值总和。

(2)当现金流量及贴现年数一定时,随着 i 值的增加现值逐渐减少。这说明**贴现过程是一个贬值(devaluation)的过程。**

(3)$i \longrightarrow \infty$ 时,现值趋近于其渐近线的极值,本例为 – 1 000 元。

(4)一个现金流量的现值,不仅取决于现金流本身收入与支出的多少,同时也取决于收入与支出的时间以及贴现时所采用的收益率。

(5)凡是开始时是支出继后有一系列收入的现金流量(是投资决策中较典型的情况),净现值曲线都具有图 2 – 27 所示的特点。即随着 i 值的增加,净现值逐渐减少,而且曲线与横轴只相交于一点。(特殊结构的现金流量,其现值曲线可能与此不同)

(6)曲线与纵轴的交点值(本例为 600)是 $i = 0$ 时的现金流量之和,即 $\sum_{t=0}^{n} C_t$。

(7)若项目在寿命期的前期现金流量较大,则净现值函数曲线的斜率趋于平缓,反之则较陡峭。

2.6 债务偿还分析

2.6.1 债务偿还的方式及其选择

银行贷款(这里指的是信用贷款)有两个特点:①在规定的债务期内以规定的方式偿还;②在偿还债务期间,一般来说利率不变。

因此,作为借款人就应考虑以下问题:①有多少种可采用的还款方式?②哪一种还款方式对企业最有利?

为了偿还一笔债务,常采用以下四种形式:①债务到期时整付本利和;②每年支付利息,债务到期时支付本金;③在债务期间,每年偿还当年利息和本金的一定百分数,叫做到期还本付息;④在债务期间均匀偿还本付息,叫做按等额年金还本付息。

【例2-38】 有一笔10 000元的资金,在10年内以6%的利率偿还,偿还可采用4种不同方案。

方案1:每年偿还利息外,还归还本金1000元。

方案2:每年仅偿还利息600元,10年到期全部归还,最后一次偿付本利10 600元。

方案3:将本金和10年利息总和均匀分摊于各期中偿还。

方案4:10年末本利一次偿还。

计算结果见表2-13。

表 2-13 4种等值偿还贷款方案   单位:元

年数	投资	四 种 等 值 偿 还 方 案			
		1	2	3	4
0	10 000				
1		1 600	600	1 359	
2		1 540	600	1 359	
3		1 480	600	1 359	
4		1 420	600	1 359	
5		1 360	600	1 359	
6		1 300	600	1 359	
7		1 240	600	1 359	
8		1 180	600	1 359	
9		1 120	600	1 359	
10		1 060	10 600	1 359	17 910
合 计		13 300	16 000	13 590	17 010

由表的数据可发现两个问题：

第一，偿还一笔债务，由于采取的偿还方案不同，在整个偿还过程中，现金流不同。

第二，企业为偿还一笔债务，当采用的偿还方式不相同时，企业付出的还款数额是不一样的（见表 2 – 13）。哪一种方式对企业最有利，从直观感觉判断，常会做出第①种还款方案最好的结论，这是错误的。从经济分析观点看，这 4 种偿还方案结果都是一样的，即它们是"等值"的。因为它们是以相同的利率，在相同的期间内，偿还了同样的债务。然而，对企业具体投资而言，四种还款方式中，确实有一种对企业最有利的方案。因为企业在选择还款方式时，必须考虑一个重要因素，即企业的投资收益率。必须从本企业实得利益出发进行分析。

当企业的税前收益率高于银行的利息率时，企业当然希望把钱留在自己手中，以便进行获利更高的投资项目，而不愿意过早地偿还债务。在这种情况下，企业会采用到债务期限时整付本利和的第四方案。当投资的部分为自筹，部分为银行贷款时，如果采用每年支付利息，债务到期时支付本金的第二个偿还方案，则在整个投资有效期内，贷款在投资中所占的比重是不改变的，便于对整个投资过程的分析；如果采用到期还本付息的第一方案，则在整个投资活动有效期内，银行贷款所占的比重逐步减少，整个投资过程的现金流也会逐年变化，这就给投资过程的分析带来一定的困难。在有些贸易合同中，要求采用到期还本付息，这时就只能采用第一方案。因此，尽管从等值角度上看，四个方案是等价的，在实际选择时应当具体问题具体分析。

以上分析都没有考虑通货膨胀因素，若在债务期间存在通货膨胀，尤其是存在不断增长的通货膨胀率，那么实际上长期债务比短期债务对贷款人更有利。从资金具有时间价值的观点来分析问题，不要害怕向银行申请贷款，更不要害怕向银行付利息，只要善于运用得到的贷款进行收益率更高的投资，长期债务总是比短期债务对借款人更有利。

借贷与偿还债务是经济活动中的两件大事，它是投资的核心问题之一。一定要用资金时间价值的观点进行分析。从以上分析也不难看出采用现金流量及现值的概念，对分析上述问题是很有帮助的。

2.6.2　到期还本付息的计算

在贸易合同中通常采用到期还本付息的还款方式。

【例 2 – 39】　某工程项目的总投资为 10 000 万元，贷款额是投资总额的 80%，还本付息从工程投产后（合同批准后第 30 个月）起算，分 5 年 10 期还本付息。年利率为 8%，试进行还本付息计算。

解：贷款总额　$P = 10\,000 \times 80\% = 8\,000$ 万元

到期还本付息的计算见表 2 – 14。

表 2 – 14 $i=8\%$ 到期还本付息计算 单位：万元

还本付息时间	还本	付息	本利和	利 息 计 算
签约后第 36 个月	800	320	1 120	$1 \times 8\,000 \times \dfrac{0.08}{2}$
签约后第 42 个月	800	288	1 088	$0.9 \times 8\,000 \times \dfrac{0.08}{2}$
签约后第 48 个月	800	256	1 056	$0.8 \times 8\,000 \times \dfrac{0.08}{2}$
签约后第 54 个月	800	224	1 024	$0.7 \times 8\,000 \times \dfrac{0.08}{2}$
签约后第 60 个月	800	192	992	$0.6 \times 8\,000 \times \dfrac{0.08}{2}$
签约后第 66 个月	800	160	960	$0.5 \times 8\,000 \times \dfrac{0.08}{2}$
签约后第 72 个月	800	128	928	$0.4 \times 8\,000 \times \dfrac{0.08}{2}$
签约后第 78 个月	800	96	896	$0.2 \times 8\,000 \times \dfrac{0.08}{2}$
签约后第 84 个月	800	64	864	$0.2 \times 8000 \times \dfrac{0.08}{2}$
签约后第 90 个月	800	32	832	$0.1 \times 8\,000 \times \dfrac{0.08}{2}$
合　　　计	8 000	1 760	9 760	

分析：由表 2 – 14 可看出，支付利息总额为：

$$利息总额 = 8\,000 \times \frac{0.08}{2}(1 + 0.9 + 0.8 + \cdots + 0.1)$$

根据等差数列求和公式，可得到式（2 – 15）

$$利息总额 = \left[\frac{(n \times k) + 1}{2} \cdot \frac{r}{k}\right]P \qquad (2-15)$$

其中　n——还本付息年数；

　　　k——年偿还次数；

　　　r——年利率；

　　　P——贷款总额。

将本例数据代入（2 – 15）可直接计算出利息总额。

$$利息总额 = \left(\frac{5 \times 2 + 1}{2} \times \frac{0.08}{2}\right) \times 8\,000 = 1\,760\ 万元$$

2.6.3　按等额年金法还本付息的计算

【例 2 – 40】 某企业以年利率 6% 借款 5 000 万元，按复利计息。从借款后的第一年末开始偿还，分 5 年还清，每年年底偿付本利一次。计算每年应偿还本、利为多少？在所还的金额中，本、利各占多少？

解：每年偿还本利数为：

$$A = 5\,000(A/P, 6\%, 5) = 1\,187\ 万元$$

各年偿还的本、利值见表 2 - 15。

表 2 - 15　各年偿还本、利值计算　　　　　　　　　单位：万元

年	还　　息	还　　本	尚欠本金
1	300[①]	887[②]	4 113[③]
2	246.78[④]	940.22	3 176.15
3	190.37	996.63	2 172.78
4	130.57	1 056.43	1 119.72
5	67.18	1 119.72	0

① 5 000 × 6% = 300 万元，② 1 187 - 300 = 887 万元，③ 5 000 - 887 = 4 113 万元，④ 4 113 × 6% = 246.78 万元(其余各项计算类推)。

2.6.4　还款方式的经济分析

【例 2 - 41】　某企业借款 50 000 元，年利率 6%，借期 5 年。选择了到期还本付息和期末总付本利和两种还款方式。具体还款方案见表 2 - 16。

表 2 - 16　两种还款方案　　　　　　　　　　　单位：元

还款方式	年份	年初尚未偿付债务	+	本年所产生的利息	-	年末支偿付金额	=	年末尚未偿付债务
还本付息到期	1	50 000		3 000		13 000		40 000
	2	40 000		2 400		12 400		30 000
	3	30 000		1 800		11 800		20 000
	4	20 000		1 200		11 200		10 000
	5	10 000		600		10 600		0
本利和期末总付	1	50 000		3 000		0		53 000
	2	53 000		3 180		0		56 180
	3	56 180		3 371		0		56 551
	4	59 551		3 573		0		63 124
	5	63 124		3 787		66 911		0

　　分析：如果企业决定把到期还款付息的方案每年应支付给银行的金额不还给银行，而进行收益率为 10% 的再投资。到五年末从再投资的收益中偿还全部本息。再投资的增值情况见表 2 - 17。

表 2－17　以 10％的收益率进行再投资的计算　　　　单位：元

年　　份	当年利息	年末投资[①]	年末账面值
1	0.00	13 000	13 000
2	1 300	12 400	26 700[②]
3	2 670	11 800	41 170
4	4 117	11 200	56 487
5	5 648	10 600	72 735

①此行数据取自表 2－16 中的年末支付金额栏目。
②13000＋1300＋12400＝26700，其他各年年末账面值计算类推。

　　分析： 利用到期还本付息的方式中的"年末支付金额"进行再投资,到 5 年末共有账面值 72 735 元,偿还 5 年贷款的总本息额 66 911 元后,尚余 5 824 元。这就充分证明了,只要企业的收益率大于银行利率,采用一次还本付息的方法对企业有利。而当企业自身的投资收益率小于银行的利率时,则应尽快冲销银行债务,故可采用到期还本付息方案。

思 考 题

1. 什么是现金流量？它与会计利润的概念有何不同？

2. 现金流量如何计算？

3. 折旧费为什么要计入现金流入中？

4. 什么是现金流量图？它的作用是什么？

5. 什么是资金的时间价值？它具有什么特点？为什么说这个概念很重要？

6. 资金为什么具有时间价值？

7. 只要是货币就具有时间价值对吗？为什么？

8. 在什么情况下用连续复利计算资金的时间价值？

9. 资金的时间价值是如何产生的？用什么规律来描述资金的时间价值？为什么？

10. 在投资决策及生产经营活动等方面如何考虑资金的时间价值？

11. 单利的经济含意是什么？

12. 运用 $A \rightleftharpoons P, A \rightleftharpoons F$ 各公式时,在年限定位方面有什么规定？

13. 什么叫延期年金？什么是永续年金？

14. 什么是名义利率与实际利率？

15. 现金流量的三要素是什么？

16. 典型的现金流有几种？

17. 什么是贴现和现值？

18. 两笔不同的金额是等值应具备什么条件？

19. 五年后想得到 1 000 元,现在银行的利率由 3％提高到 5％,现在应存入的钱是增加了还是减少了？

20. 为什么还款总额最小的还款方案不一定是最优方案？

21. 不同时期发生的两笔不同数额的金额可以相等，你如何解释？

练 习 题

1. 现有两个投资机会，一为投资 1 000 万元，期限三年，年利率 7%，单利计算；二为同样投资及年限，但利率 6%，按复利计算，应选择哪种方式？

2. 下列各图中若 i 不变，用系数因子形式写出其计算公式。

a. 已知 X 求 Y

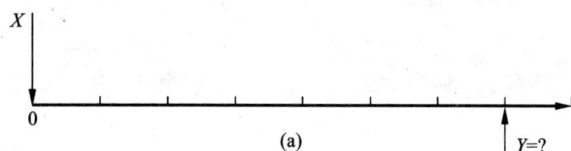

(a)

b. 已知 H 求 h

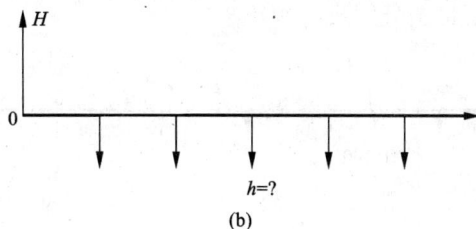

(b)

c. 已知 R 求 K

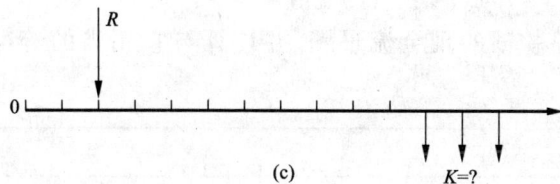

(c)

d. 已知 K 求 R

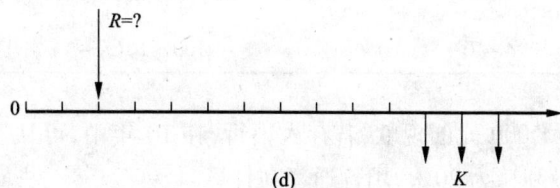

(d)

3. 某项目投资额为 170 万元，使用年限 5 年，使用年限终了时，固定资产残值 20 万元，若每年销售收入 180 万元,年经营费用 80 万元,税率 40%。计算现金流量,并列出历年现金流量表及画出现金流量图。

4. 某人存入 1 000 元,年利率 6%,若以单利计算 3 年后得本利共多少元? 若 3 年后的本利和值不变而以复利计算其利率为多少?

5. 如果 7 年内每年初要支付 600 元,利率为 7%,按复利计算,现在应存入多少元?

6. 若利率为 10%,现在的多少钱将会等于 6 年后的 5 000 元?

7. 某人先储蓄 4 000 元,3 年后再储蓄 4 500 元,5 年后再储蓄 2 5000 元,年利率为 6%,在最后一笔储蓄后的第 4 年,将本利的一半存入另一银行,年复利率为 7%,问资金转移发生后第 6 年,两笔资金各为多少?

8. 在 $t = 1$、2、3、4、5 年,每年存入 300 元,年复利利率为 8%,问 $t = 5$ 和 $t = 9$ 时累积的资金量是多少?

9. 某人现有存款 5 000 元,利率 8%,计划从一年后开始,每年提款 500 元,问需要经过多少时间才能把款提完?

10. 某项借款的月利率为 1.5%,试求每年的名义利率和实际利率。

11. 有两个存款机会,机会甲年利率为 16%,每年计划一次;机会乙年利率为 15%,但每月计利一次,应选哪个方案?

12. 试将下面的现金流量图分解成等额年金。

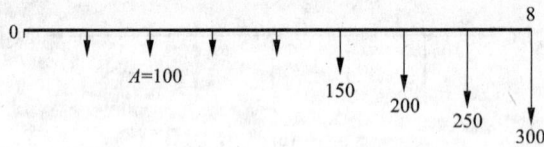

13. 某人计划从一年后开始存入 500 元,并且预计要在 9 年之内每年存款额将逐年增加 100 元,若年利率是 5%,问该项投资的现值是多少?

14. 试绘制下列存款额的现金流量图,并计算与它相当的等额年金及现值,年利率 10%。

K(年)	存 款
1	60
2	60
3	60
4 ~ 7	$100 + 10(K - 4)$

15. 设某人有一笔 1 000 元的现款,若存入银行,在 10 年中,可从这笔金额得到的等额年金付款 A 是多少? 设利息为 20%,用普通复利计算。

16. 某工程计划 3 年建成,各年初投资分别为 400 万元、300 万元、300 万元。若贷款年利率为 5%,问相当于现在投资为多少? 到建成时的实际投资为多少?

17. 第一年年初付款100元,第二年年初付款200元,第三年年初付款500元,第四年年末到第八年年末每年付款额400元,若年利率为20%,计算等效现在值、等效将来值和等效年值,并画出现金流量图。

18. 绘出下列现金流的现值函数曲线。

年　末	0	1	2	3	4	5
现金流量	−2 000	1 000	800	600	400	200

19. 某企业借款10 000元,年利率10%,贷方要求在5年内等额偿还。分析每年偿还的利息及本金各为多少。

20. 某项投资借外资20 000元,按定期还本付息的方法偿还债务。从第一年末开始,在十年内,分十期还本付息,年利率12%,试进行还本付息的计算。

21. 某企业投资收益率15%,现从银行借贷5万元,年利率5%,若该企业按到期还本付息还款方式筹得还款金额,并用这笔钱进行再投资,问第5年年末企业一次性偿还本利后,尚余多少钱?

第2章附录: 普通复利公式推导

1. 一次支付复利终值公式

$$F = P(1+i)^n \tag{1}$$

若在某时点 $t=0$ 投资某一金额(P),则一年后累计金额(F)将为

$$F_1 = P + Pi \qquad i\text{——年利率}$$
$$F_1 = P(1+i)$$

第二年末的 F_2 值为

$$F_2 = F_1 + F_1 i = P(1+i) + P(1+i)i$$

或 $\qquad F_2 = P(1+i+i+i^2) = P(1+2i+i^2) = P(1+i)^2$

以此类推,至第 n 年末的公式应为

$$F = P(1+i)^n$$

2. 一次支付复利现值公式

$$P = F\left[\frac{1}{(1+i)^n}\right] \tag{2}$$

$$\because \quad F = P(1+i)^n \quad \therefore \quad P = F\left[\frac{1}{(1+i)^n}\right]$$

3. 等额支付年金现值公式

$$P = A\left[\frac{(1+i)^n - 1}{i(1+i)^n}\right] \tag{3}$$

$$P = A\left[\frac{1}{(1+i)^1}\right] + A\left[\frac{1}{(1+i)^2}\right] + A\left[\frac{1}{(1+i)^3}\right] + \cdots + A\left[\frac{1}{(1+i)^{n-1}}\right] + A\left[\frac{1}{(1+i)^n}\right]$$

$$= A\left[\frac{1}{(1+i)} + \frac{1}{(1+i)^2} + \frac{1}{(1+i)^3} + \cdots + \frac{1}{(1+i)^{n-1}} + \frac{1}{(1+i)^n}\right] \tag{a}$$

将上式两边分别乘以$\dfrac{1}{(1+i)}$,简化为

$$\frac{P}{(1+i)} = A\left[\frac{1}{(1+i)^2} + \frac{1}{(1+i)^3} + \frac{1}{(1+i)^4} + \cdots + \frac{1}{(1+i)^n} + \frac{1}{(1+i)^{n+1}}\right] \tag{b}$$

(b) – (a)得

$$\frac{P}{(1+i)} - P = A\left[-\frac{1}{(1+i)} + \frac{1}{(1+i)^{n+1}}\right]$$

提出 P　　　$P\left[\dfrac{1}{(1+i)} - 1\right] = A\left[\dfrac{1}{(1+i)^{n+1}} - \dfrac{1}{(1+i)}\right]$

化简　　　$P\left[\dfrac{-i}{(1+i)}\right] = A\dfrac{1}{(1+i)}\left[\dfrac{1}{(1+i)^n} - 1\right]$

除以 $-\dfrac{i}{(1+i)}$,可得:

$$P = A\left[\frac{1}{(1+i)}\right]\frac{\left[\dfrac{1}{(1+i)^n} - 1\right]}{-\dfrac{i}{(1+i)}} = A\left(\frac{1}{-i}\right)\left[\frac{1-(1+i)^n}{(1+i)^n}\right] = A\left[\frac{(1+i)^n - 1}{i(1+i)^n}\right]$$

4. 等额支付年金资金还原公式

$$A = P\left[\frac{i(1+i)^n}{(1+i)^n - 1}\right],\ 且由(3)式\ P = A\left[\frac{(1+i)^n - 1}{i(1+i)^n}\right] \tag{4}$$

则　　　$A = \dfrac{P}{\dfrac{(1+i)^n - 1}{i(1+i)^n}} = P\left[\dfrac{i(1+i)^n}{(1+i)^n - 1}\right]$

5. 等额支付年金偿还基金公式

$$A = F\left[\frac{i}{(1+i)^n - 1}\right] \tag{5}$$

已知　　　$A = P\left[\dfrac{i(1+i)^n}{(1+i)^n - 1}\right],\quad P = F\left[\dfrac{1}{(1+i)^n}\right]$

则　　　$A = F\left[\dfrac{1}{(1+i)^n}\right]\left[\dfrac{i(1+i)^n}{(1+i)^n - 1}\right]\qquad A = F\left[\dfrac{i}{(1+i)^n - 1}\right]$

6. 等额支付年金终值公式

$$F = A\left[\frac{(1+i)^n - 1}{i}\right] \tag{6}$$

由　　　$A = F\left[\dfrac{i}{(1+i)^n - 1}\right]$　可得 $F = A\left[\dfrac{(1+i)^n - 1}{i}\right]$

7. 已知定差求现值公式

$$P = \frac{G}{i}\left[\frac{(1+i)^n - 1}{i(1+i)^n} - \frac{n}{(1+i)^n}\right] \tag{7}$$

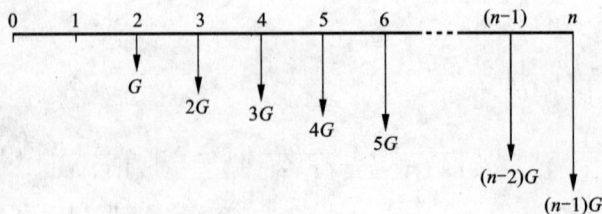

由上图可知定差付款在 0 年的现值,将等于个别付款现值的总和,因此

$$P = G(P/F,i,2) + 2G(P/F,i,3) + 3G(P/F,i,4)$$
$$+ \cdots + [(n-2)G](P/F,i,n-1) + [(n-1)G] \times (P/F,i,n)$$

将 G 提出,得到

$$P = G[(P/F,i,2) + 2(P/F,i,3) + 3(P/F,i,4) + \cdots$$
$$+ (n-2)(P/F,i,n-1) + (n-1)(P/F,i,n)]$$

即

$$P = G\left[\frac{1}{(1+i)^2} + \frac{2}{(1+i)^3} + \frac{3}{(1+i)^4} + \cdots + \frac{n-2}{(1+i)^{n-1}} + \frac{n-1}{(1+i)^n}\right] \qquad (c)$$

将上式两边乘以 $\dfrac{1}{(1+i)^{-1}}$ 化简得

$$\frac{P}{(1+i)^{-1}} = G\left[\frac{1}{(1+i)^1} + \frac{2}{(1+i)^2} + \frac{3}{(1+i)^3} + \cdots + \frac{n-2}{(1+i)^{n-2}} + \frac{n-1}{(1+i)^{n-1}}\right] \qquad (d)$$

(d) - (c)得

$$\frac{P}{(1+i)^{-1}} - P = G\left[\frac{1}{(1+i)} + \frac{2-1}{(1+i)^2} + \frac{3-2}{(1+i)^3} + \cdots + \frac{(n-1)-(n-2)}{(1+i)^{n-1}} - \frac{n-1}{(1+i)^n}\right]$$

两边整理得

$$P(1+i)^1 - P = G\left[\frac{1}{(1+i)^1} + \frac{1}{(1+i)^2} + \frac{1}{(1+i)^3} + \cdots + \frac{n-1}{(1+i)^{n-1}} + \frac{1-n}{(1+i)^n}\right]$$

左边可写为 $P - Pi - P$,并将右式最后一项之 n 提出,可得

$$Pi = G\left[\frac{1}{(1+i)^1} + \frac{1}{(1+i)^2} + \frac{1}{(1+i)^3} + \cdots + \frac{n-1}{(1+i)^{n-1}} + \frac{1}{(1+i)^n}\right] - \frac{Gn}{(1+i)^n}$$

除以 i 得到

$$P = \frac{G}{i}\left[\frac{1}{(1+i)^1} + \frac{1}{(1+i)^2} + \frac{1}{(1+i)^3} + \cdots + \frac{n-1}{(1+i)^{n-1}} + \frac{1}{(1+i)^n}\right] - \frac{Gn}{i(1+i)^n}$$

括弧内的式子代表 n 年内等额数列的现值,因此,我们可用 P/A 系数代入

$$P = \frac{G}{i}\left[\frac{(1+i)^n - 1}{i(1+i)^n}\right] - \frac{Gn}{i(1+i)^n} = \frac{G}{i}\left[\frac{(1+i)^n - 1}{i(1+i)^n} - \frac{n}{(1+i)^n}\right]$$

8. 计算与定差数列相当的等额系列值

$$A = G\left[\frac{1}{i} - \frac{n}{(1+i)^n - 1}\right]$$

$$\because \quad (A/G,i,n) = (P/G,i,n)(A/P,i,n)$$

而

$$(P/G,i,n) = \frac{1}{i}\left[\frac{(1+i)^n - 1}{i(1+i)^n} - \frac{n}{i(1+i)^n}\right]$$

$$(A/P,i,n) = \frac{i(1+i)^n}{(1+i)^n - 1}$$

$$\therefore \quad (A/G,i,n) = \frac{1}{i}\left[\frac{(1+i)^n - 1}{i(1+i)^n} - \frac{n}{i(1+i)^n}\right] \times \frac{i(1+i)^n}{(1+i)^n - 1} = \left[\frac{1}{i} - \frac{n}{(1+i)^n - 1}\right]$$

$$A = G(A/G,i,n) = G\left[\frac{1}{i} - \frac{n}{(1+i)^i - 1}\right]$$

9. 名义利率和实际利率之间关系的公式推导

$$F = P\left(1 + \frac{r}{n}\right)^n$$

实际利率 $i = \dfrac{利息}{本金}$

$$利息 = 本利和 - 本金 = P(1 + \frac{r}{n}) - P$$

故   实际利率 $i = \dfrac{P(1 + \frac{r}{n})^n - P}{P} = (1 + \frac{r}{n})^n + 1$

即 $i = (1 + \frac{r}{n})^n - 1$

10. 证明

在基准收益率 *MARR* 和技术方案的服务年限 n 都较小的情况下,求证静态分析所得结论和动态分析所得结论将一致。

证明: 现值 $PW = P + C(P/A, i, n)$

$$= P + C[(1 + i)^{-1} + (1 + i)^{-2} + \cdots + (1 + i)^{-n}]$$

当 i 与 n 均很小时

$$(1 + i)^{-K} \approx 1 \quad (K = 1, 2, \cdots, n)$$

则上式变成: $PW = P + n \cdot C = P + n_b \cdot C = S$

为便于比较,确定以下假设条件:①诸方案的残值为零;②诸方案的年收入相同(产量相同);③技术方案本身的年经营费用相同;④技术方案的服务年限 n 相同并等于标准投资回收期 n_b。

第四点假设主要考虑静态分析不讨论技术方案的服务年限。但是标准投资回收期内的年费用指标和总费用指标实质上是以标准投资回收期作为计算期来计量的,它们是标准投资回收期的线性函数。为能在相同条件下比较,必须假定它们相同。

第 3 章　技术经济静态评价法

3.1　技术经济评价方法综述

3.1.1　技术经济评价方法的分类和应用

1. 技术经济评价方法分类

技术经济评价方法主要是作为对不同技术方案比较和选择,选择的质量又直接取决于评价方法的正确性和适用性。因此正确地选择评价方法是十分重要的。

由于客观事物是错综复杂的,某一种具体的评价方法可能只反映了事物的一个侧面,却忽略了另外的因素,故凭单一指标常达不到全面评价项目的目的。况且,技术经济方案内容各异,其所要达到的目标函数也不尽相同,需要采用不同的指标予以反映,因此国内外所采用的经济评价方法是很多的。尤其是 20 世纪 70 年代以来,随着模糊数学、博弈论等数学理论在经济学中的广泛运用,计算机技术的普及,以及对技术经济评价的理论与方法研究的进一步深化,大大丰富了技术经济学的内容。据不完全统计,仅研究开发项目的评价模型,就有数百种之多。但是,许多尚处于理论研究阶段。目前在项目评价中常用的方法主要有十余种,其分类如下。

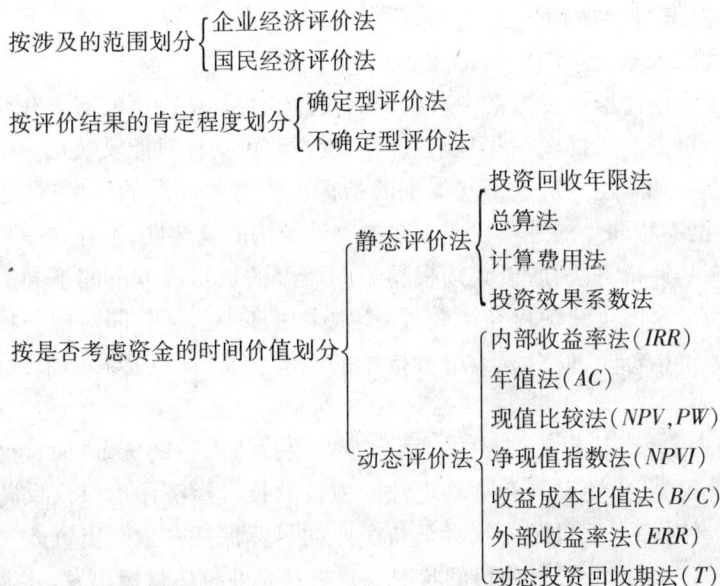

$$
\text{按涉及的范围划分}\begin{cases} \text{企业经济评价法} \\ \text{国民经济评价法} \end{cases}
$$

$$
\text{按评价结果的肯定程度划分}\begin{cases} \text{确定型评价法} \\ \text{不确定型评价法} \end{cases}
$$

$$
\text{按是否考虑资金的时间价值划分}\begin{cases} \text{静态评价法}\begin{cases} \text{投资回收年限法} \\ \text{总算法} \\ \text{计算费用法} \\ \text{投资效果系数法} \end{cases} \\ \\ \text{动态评价法}\begin{cases} \text{内部收益率法}(IRR) \\ \text{年值法}(AC) \\ \text{现值比较法}(NPV,PW) \\ \text{净现值指数法}(NPVI) \\ \text{收益成本比值法}(B/C) \\ \text{外部收益率法}(ERR) \\ \text{动态投资回收期法}(T) \end{cases} \end{cases}
$$

从评价指标表达的形式上,可分为三类:绝对值指标(如总算法、计算费用法、年值法、现值法等)、以相对计量表示的效率型指标(如内部收益率、外部收益率、净现值指数、投资效果系数等)和以时间计量的指标(如动态和静态投资回收期法)。它们从不同的角度对具有不同特点的投资项目的经济效果进行考察,提供决策的依据。

2. 技术经济评价方法的应用

对某一具体投资方案进行具体评价之前应做好以下几项工作:①决策者用自己合适的方式把所讨论的经济系统予以准确的定义与描述;②把各种可能的方案都列出来;③对于每一个方案,都要预测项目寿命期内的现金流;④确定企业可以接受的最小投资收益率;⑤在同等的基础上,选择适当的评价方法,比较这些方案。

对方案进行评价时,应结合项目的实际,处理好以下关系:①任何评价方法都必须以符合客观实际的现金流为基础;②进行方案的经济效益计算和比较时,要针对各备选方案的特点,注意解决计算比较中的特殊问题,如寿命期不同的问题,剩余经济寿命的问题,沉没成本问题,等等;③根据项目投资的具体环境条件,应注意将外部因素(税收、物价、资金条件等)对项目的影响反映到计算中去。

项目评价的计算方法并不算复杂,但深刻地理解和恰当地运用却不容易。在学习这些方法时应注意以下几点:①应深刻理解公式中各项费用及计算结果的经济含义;②要正确掌握不同方法的适用范围及各方法间的可比条件;③能正确地运用计算结果进行经济分析和决策。

3.1.2　投资评价与投资决策

投资是把一笔现实确定的资金变成一种预期的收益,其结果是不确定的。为降低投资风险需要对投资项目进行技术经济评价,以提高决策的正确性。尤其对于投资规模大而寿命周期长的项目(一般称为战略性投资)技术经济评价工作更加重要。

投资的含义是广泛的。投资不仅局限于购买不动产或建造工厂,对研究与开发、广告以及对金融工具(如股票、债券、其他金融衍生工具)的费用支出都属于投资的范围。因为它们都具有放弃眼前消费以换取未来更高消费的特性。

投资评价的目的是为了判断待选投资方案中所获得的收益能否补偿投资的支出并获得预期的利润。投资评价是为投资决策提供一些基础依据。投资评价指标只能反映每一个投资项目中可用货币表现的成本和收益。这些不同类别的指标由于考察问题的角度、侧重点不同,适用范围和使用条件也不相同。加之项目或方案的决策结构的复杂性,不存在一个适用于所有项目或方案的通用的评价方法,所以必须根据不同类型的项目或方案的不同决策结构特点选择评价指标。为了全面反映项目经济效益,经常采用多个指标共同对同一项目进行描述和评价。在选择评价指标时,应充分了解各指标的经济含义、优点及其局限性,才能作出正确选择。

投资决策对于企业(公司)而言是非常重要的。因为企业要投入大量的资金,而且这笔资金很难逆转或逆转的代价很高,投资又具有不确定性。项目的技术经济评价仅仅反映单个项目的经济效益,而决策者对每个项目的决策必须与企业的目标保持一致。出资人关心的是公司整体业绩,而不是某一个产品或者项目的状况。只有从企业整体目标出发,才能对不同投资方案进行合理选择。在私有企业中,投资决策应体现股东财富最大化的目标。因此要求决策者在项目评价的基础上,运用自身的经验和判断能力,根据投资者对风险的态度,考虑各种非货币形式表示的无形因素以及外部条件等进行综合判断才能进行决策。

可见,投资项目评价和决策是密不可分的,同时在作用上和考虑问题的范围上又存在明显的差异,不能将两者混淆。

3.2　总算法和计算费用法

3.2.1　总算法

总算法即根据方案的基建投资与生产年限内经营费用的总和来评价和取舍方案,其计算方法如下:

$$S = P + C \cdot n \qquad\qquad (3-1)$$

其中　S——总费用;

　　P——基建投资;

　　C——年经营费;

　　n——设计生产年限。

决策规则: 当两方案进行比较时,以总费用最低的方案为优。

【例 3-1】　某产品加工工艺有三个方案,年经营费及投资额如表 3-1 所示,设计生产年限 5 年。对方案进行评价。

表 3-1　例 3-1 的基本数据

方　　案	投资额 P(万元)	经营费 C(万元)
Ⅰ	100	120
Ⅱ	110	115
Ⅲ	140	105

解: $S_{\mathrm{I}} = 100 + 5 \times 120 = 700$ 万元

　　$S_{\mathrm{II}} = 110 + 5 \times 115 = 685$ 万元

　　$S_{\mathrm{III}} = 140 + 5 \times 105 = 665$ 万元

结论: Ⅲ方案的总费用最低,方案最优。

方法评价: 此法的优点是计算简单。当同一个项目的实施方案很多时,可用此方法对方案的优劣进行排队。它的缺点是:第一,只考虑支出没有与收益相比较。计算费用最小的方案不一定是最优的方案,故它只能起初步评价作用。要肯定或否定某一方案需做进一步的经济分析。第二,没有考虑资金的时间价值。第三,将投资与经营费用混淆起来,这样就忽视了节约投资和节约经营费用的不同含义,实际上是扩大了经营费的作用。总之,这种方法只宜作为辅助或参考的方法。

用总算法进行方案选择的前提条件是,各方案的生产年限相同或大致相同,而且要求各方案的收益相等,这样才符合技术经济可比性的要求。

需要说明的几个问题:

（1）式(3-1)中的 C 应为年经营费。若用成本代替则应从成本中减去折旧费。因为：成本 = 年经营费 + 折旧费。

（2）投资是一次性支出，年经营费属经常性支出。这是两笔性质不同的费用。它们发生的时间不同，回收的方式亦不同。总算法相当于把经营费视为一次性投资，这种计算方法，既不符合会计计算的规则，也不符合资金时间价值的计算要求。

（3）当各方案的投资期不相同时，则应计算由于缩短或延长投资期产生的经济效果，即要用复利进行计算。利率可参考该部门的平均投资效果系数。若建设时期差别不大，也可用单利计算。

【例3-2】 某项目有两个建设方案可供选择：Ⅰ方案投资 2 000 万元；Ⅱ方案工程分两期进行，一期投资 1 500 万元，三年后进行二期工程，投资 700 万元。何者为优？（假设该部门平均动态投资收益率为 15%）

解： 将各年投资均折成第零年的现值进行比较。

方案Ⅱ投资折成零年的现值为：$700(P/F,15\%,3) + 1\,500 = 1\,960$ 万元

故方案Ⅱ的投资比方案Ⅰ节约：$2\,000 - 1\,960 = 40$ 万元

结论： 方案Ⅱ优于方案Ⅰ。

各年净现金流量不等时的计算方法可参看例 3-3。

【例3-3】 某厂准备购置一台设备，初步估算需投资 18 000 元，第一年可获净利 1 500 元，以后将以 10% 的比率递增，该厂确定的标准投资回收期为 6 年，购置此设备是否合理？

解：

$$S = 1\,500 + 1\,500(1 + 10\%) + 1\,500(1 + 10\%)^2 + 1\,500(1 + 10\%)^3 + 1\,500(1 + 10\%)^4$$
$$+ 1\,500(1 + 10\%)^5 - 18\,000 = -6\,426.59 \text{ 元}$$

$S < 0$　　故方案不可取。

3.2.2 计算费用法

计算费用法就是用一种合乎逻辑的方法，将基本建设投资与经营费统一成为一种性质类似于费用的数额，称为计算费用。

即：

$$E_Y = C + P \cdot E \tag{3-2}$$

其中　　E_Y——年计算费用；

E——投资效果系数。

决策规则： 当两方案进行比较时，计算费用低的方案为优。

【例3-4】 有四个备选方案，数据如表 3-2 所示，试确定最佳方案（单位：万元，$E = 0.125$。）

表 3-2　例 3-4 的基本数据　　　　　　　　　　　　　　　　单位：万元

项　　目	Ⅰ	Ⅱ	Ⅲ	Ⅳ
总投资	15 000	13 000	16 000	15 500
年经营费	11 500	12 000	10 000	11 000

解：

$$E_{Y1} = 11\ 500 + 0.125 \times 15\ 000 = 13\ 375\ 万元$$

$$E_{Y2} = 12\ 000 + 0.125 \times 13\ 000 = 13\ 625\ 万元$$

$$E_{Y3} = 10\ 000 + 0.125 \times 16\ 000 = 12\ 000\ 万元$$

$$E_{Y4} = 11\ 000 + 0.125 \times 15\ 000 = 12\ 938\ 万元$$

结论：方案Ⅲ最佳。

方法评价：计算费用法的优缺点和总算法相似。它们的共同优点是，在经济分析对比范围内，变二元值为一元值，即把投资与年经营费两个经济因素统一起来，大大简化了多方案的比较。它们既可衡量各方案相对差异，又可衡量各方案的实际折算费用水平。

计算费用法应用的前提条件是：各互比方案的收益应相同。

需要说明的两个问题：

(1) 式(3-2)中，$P \cdot E$ 可理解为总投资按直线法分摊到回收期内每年的投资值，故计算费用 E_Y 的经济含义是每年支出 $C + P \cdot E$(元)，才能获得设计规模的产量。

(2) 若式(3-2)中 C 代表净现金流量，E 取标准投资效果系数，则 $E_{Y'}$ 值即成为标准投资回收期内的年净收入值。因为标准投资效果系数 E 是标准投资回收期 n_b 的倒数，即：

$$\therefore \quad E = \frac{1}{n_b} \qquad \therefore \quad P \cdot E = \frac{P}{n_b} \tag{3-3}$$

3.3　投资回收年限法

3.3.1　静态投资回收期法

投资回收期(payback period)是指在不计利息的条件下，用投资方案所产生的净现金流来补偿原投资所需要的时间长度。

$$P = \sum_{t=1}^{n} F_t \tag{3-4}$$

其中　F_t——在时间 t 发生的净现金流量；

n——投资回收期(年)。

当每年的现金流入量差别不大时，也可按下式计算：

$$n = \frac{P}{F} \tag{3-5}$$

其中　F——平均每年净现金流(年净利)。

【例3-5】　某公司投资 10 000 元，估计 5 年内，每年平均净现金流为 3 000 元。计算投资回收期。

$$n = \frac{10\ 000}{3\ 000} = 3\frac{1}{3}\ 年$$

【例3-6】　条件同例3-3。计算投资回收期。

$$1\ 500 + 1\ 500(1 + 10\%) + \cdots + 1\ 500(1 + 10\%)^{n-1} = 18\ 000$$

$$1\ 500 + (1 + 1.1 + \cdots + 1.1^{n-1}) = 18\ 000$$

$$1\ 500 \times \frac{1.1^n - 1}{1.1 - 1} ① = 18\ 000$$

$$1.1^n = 2.2 \qquad \therefore \quad n = \frac{\ln 2.2}{\ln 1.2} = 8.3 \text{ 年}$$

【例 3 - 7】 表 3 - 3 为三个投资方案的现金流量,试计算其回收期。

解: 由表中所列计算结果可看出,三个方案的投资回收期均为三年。

表 3 - 3　各方案现金流量及投资回收期

年末	方案 A		方案 B		方案 C	
	现金流量	现金收入累计	现金流量	现金收入累计	现金流量	现金收入累计
0	− 1 000	—	− 1 000	—	− 700	—
1	500	500	200	200	− 300	—
2	300	800	300	500	500	500
3	200	1 000	500	1 000	500	1 000
4	200	1 000	500	2 000	0	
5	200	2 000			0	
6	200	4 000			0	
Σ	600		7 000		0	

决策规则: $n \leqslant n_b$,方案可行。

人们常有一种自然的想法,即投资回收期越短越好。但短到几年方案才可行则无法判别。为了进行判别就需要一个标准,它就是标准投资回收期。

如例 3 - 6 及例 3 - 7 所示,若标准投资回收期为 5 年时,则例 3 - 7 中所有方案均属可行,而例 3 - 6 所列方案则不可行。

方法评价: 投资回收期法最大的优点是用很简单的方法解决了判断收入能否补偿投资,这个投资中的根本性问题。第二,回收期可以表明一项投资的原始费用得到补偿的速度,从资金周转的角度来研究问题时,这个指标是有用的。

投资回收期也存在明显的缺点:第一,没有考虑投资寿命期的长短及残值。第二,没有考虑不同方案资金回收的时间形式。第三,没有考虑方案收回投资后的收益及经济效果。第四,所确定的标准投资回收期带有主观性和随意性。第五,用投资回收期法评价项目,因为没有考虑资金成本,可能否定一些有盈利前景的项目。影响企业利润最大化目标的实现。例如一个回收期为 7 年的项目,如果标准投资回收期为 5 年,这个项目将被否定。如果该项

---

① 例 3 - 6 算式中的 $\frac{1.1^n - 1}{1.1 - 1}$ 项为一个公比是 1.1、首项是 1、共有 n 项的等比数列,此为数列之和。

目的投资收益率为 15%,银行贷款利率为 8%,对这样的项目进行投资肯定有利于企业利润的最大化,却因为评价指标选择不当而被错误的否定了。

关于投资回收期法值得思考的两个问题:

第一,项目投资回收期的长短能否作为判断项目风险程度的指标? 传统的观点是:由于期限越长,未来不确定性越大。因此回收期短就意味着项目的风险小。但是从风险与收益的关系考虑,回收期短不但不能降低风险,反而可导致风险的增加。当回收期为 2 年时,则项目的年平均报酬率应高达 50%,从风险投资理论可知,收益风险成正比。人们很难找到有如此高收益率而没有(或很低)风险的项目。因此回收期法适应了人们快速回收投资的需要,可能引导投资者接受风险偏大的项目。当运用投资回收期指标选择项目时,应当严格考察项目的风险性。

第二,关于静态投资回收期没有考虑资金时间价值的问题。

虽然回收额等于投资额,这并不等于已回收了全部投资的价值。由于投资在先,取得回收额是在其后发生,两者的数值相等,但并不是等值。如图 3 - 1 可以看出如果要使回收额的现值与投资额相等,则投资回收期不是 t_1 而应是 t_2,而 $t_2 > t_1$,因此,在考虑资金运转时间的条件下,为确保资金全部回收的时间应计算动态的投资回收期。

由以上分析可以确定,投资回收期法在项目评价时可能有三种作用:第一,在无资金

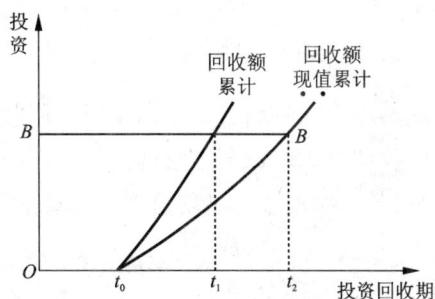

图 3 - 1　投资回收期示意图

限额的情况下,可作为独立方案是否实施的评价标准。第二,在互斥方案的评价中,回收期可用作项目的排序指标。第三,投资回收期指标可作为分析投资效果的第二位的方法。例如用于对项目的初步筛选;当各方案具有相同或近似地收益率时,可参考回收期帮助确定最优方案。

需要说明的几个问题

(1)税金问题:企业交纳的税金在计算投资回收期时应否计入现金流入量? 这要视评价的出发点来决定。因为当从企业本身的角度进行评价时,税金不应算现金流入量;而从国民经济角度进行经济评价时,则税金应计入现金流入量中。

(2)折旧期与投资回收期的区别:按传统观念投资是靠折旧费回收的,因此折旧期即为回收投资账面价值所需的时间。仅仅通过折旧费回收投资,只能维持简单再生产。而现实是不断扩大再生产的过程,一笔投资所收回的不仅是折旧费而且有大量的利润。投资回收期应是表明用折旧费及利润共同回收投资所需的时间。回收期的长短其实质并不是对投资的回收,而是获利多少的标志。投资回收期越短表示利润产生的越多,且越快。

(3)关于计算回收期的起点问题:工程项目一般都在基建工程建设期、试生产期之后才能正式投产,因此就产生了一个投资回收期计算的起点问题。

一般可能有以下三种情况:①从基建投资的拨款之日起计算;②从基建完工之日、试生

产开始时计算;③从正式投产之日起开始计算。

从这三种不同观点出发来计算所得投资回收期的期限是不等的,并且将依次减小。本书中是以正式投产之日开始计算的。当对项目评价或参考有关回收期的资料时,应注意回收期的起点问题,不同起点的回收期是不可比的。

(4)投资回收期只能判断方案是否可行,而不能用作多方案择优的指标。

投资回收期是根据技术方案本身的投资与年度净收入经计算得到的一个比值。它的作用就只能反映技术方案本身经济效果的大小,而不能用做多个技术方案间的经济效果比较标准。例如例3-7中三个方案的投资回收期均为三年,而经济效果却很不相同。在多方案技术经济分析中不但要考虑不同技术方案本身投资回收期的大小,还要考虑不同技术方案的净收益。判断最优方案,应由投资回收期和净收益两者综合决定。这就需把多方案的技术经济问题通过一定措施转化为双方案的技术经济问题,通过计算返本期(或称追加投资回收期)才能确定方案的优劣。

3.3.2 动态投资回收期法

动态投资回收期是用来衡量项目回收投资的能力。与静态投资回收期不同的是,动态投资回收期考虑了资金的时间价值对回收期限的影响。其经济含义是,项目在某一特定贴现率下,各年净现金流量现值累计为0的年限(n)。其表达式如下:

$$\sum_{k=1}^{n} \frac{F_k}{(1+i)^k} - P = 0 \qquad (3-6)$$

其中 P——零年的投资;

F_k——各年的收益;

n——动态投资回收期;

i——项目的期望收益率($MARR$)。

【例3-8】 增加一台新设备需投资18 000元,从第一年末开始每年可获得净利4 000元。如果期望收益率要求10%,计算动态回收期和静态回收期,如果该设备可以使用6年,应否购买这台设备。

由表中计算结果可看出,动态投资回收期在6~7年之间,用插值法计算:

$$n_{(动)} = 6 + \frac{579.2}{19\,473.6 - 17\,420.8} = 6.28 \ 年$$

$$n_{(静)} = 18\,000/4\,000 = 4.5 \ 年$$

表3-4 计算各年现金流量净现值($MARR = 10\%$)

时间	现金流出(元)	现金流入(元)	(P/F,10%,n)	净利现值(元)	净利现值累计(元)	净现值(元)
0	18 000					
1		4 000	0.909 1	3 636.4	3 636.4	-1 4363.6
2		4 000	0.826 4	3 305.6	5 912.0	-11 058.0
3		4 000	0.751 3	3 005.2	9 947.2	-8 053.8

时间	现金流出(元)	现金流入(元)	$(P/F,10\%,n)$	净利现值(元)	净利现值累计(元)	净现值(元)
4		4 000	0.683 0	2 732.0	12 679.2	−5 320.8
5		4 000	0.620 9	2 483.6	15 162.8	−2 837.2
6		4 000	0.564 5	2 258.0	17 420.8	−579.2
7		4 000	0.513 2	2 052.8	19 473.6	+1 473.6

分析: 设备寿命只有6年,而动态投资回收期长达6.28年,项目不可取。因为在设备的寿命期内不能在保证10%的投资收益率的前提下回收全部投资。而按静态投资回收期判断,设备在回收全部投资后,还可工作1.5年,即偿还全部投资后还可多得6 000元的收益。可以看出,静态投资回收期与动态投资回收期相差很大,特别是当前期投资很大时,这种差异更加明显。因此当项目很大时应采用动态回收期的指标进行评价。

3.3.3　返本期法(追加投资回收期法)

返本期法是在不计利息的条件下,计算用投资大的方案的节约额偿还多花费的投资所需年限,用来考察超额投资的合理性。

$$n = \frac{P_A - P_B}{C_B - C_A} \tag{3-7}$$

【例3-9】 甲方案投资100万元,每年经营费50万元;乙方案投资120万元,年经营费40万元。计算返本期。

$$n = \frac{120 - 100}{50 - 40} = 2 \text{ 年}$$

决策规则: 当 $n < n_b$,选投资大的方案; $n > n_b$,选投资小的方案。

根据这个决策规则,当 $n_b = 5$ 年时,本例应选投资大的乙方案。

方法评价: 优点是对两个方案进行比较时,计算简单方便。缺点是当两个方案的投资费及年经营费的差别很小时,容易造成假象。

【例3-10】 两方案的参数如表3-5, $n_b = 5$ 年

表3-5　例3-9的基本数据

方　案	投资(万元)	年经营费(万元)
甲	100	10.01
乙	101	10

$$n = \frac{101 - 100}{10.01 - 10} = 100 \text{ 年}$$

n 的数值大大超过了标准年限,似乎乙方案很不经济。实际上两个方案几乎是等效的,差别在允许误差范围以内。

需要说明的几个问题:

(1)鉴于投资回收期是用净现金流入量(收益)回收投资所需的年限,返本期是用经营费的节约额(相当于投资大的方案的收益)去偿还超额投资所需的时间,可见两者的经济含义是一致的,故所采用的标准回收期(n_b)也应是一样的。

(2)投资回收期反映项目绝对效果,可以直接回答投资回收的年限,而返本期只能给出方案对比的相对效果,它不能表明某方案投资回收的确切年数。

3.3.4　用返本期法进行多方案评价选优

过去在处理多方案分析时,一般采用定基法:在所有方案中选择一个方案作为基础方案,并且一般是选择投资最小的;然后把其他方案和基础方案作一一对比分析,计算各个方案的追加投资回收期;最后从中选择追加投资回收期最短的方案作为最优方案。这种方法得出的结论可能是错误的。

目前一般采用环比法。

环比法的步骤如下:

第一步,把所有方案按照基建投资从小到大的次序排列;

第二步,将一、二两方案进行比较,选出一个较好的被选方案;淘汰另一方案。

第三步,按第二步依次进行两个方案间的比较选优,直到最后选出的方案即为最优方案。

【例3-11】　现有四个同品种、同产量的投资方案,各方案的投资及经营费见表3-6。已知标准投资回收期是6年,试判别四个方案的优劣。

表3-6　四个投资方案的有关数据

费用　＼　方案	I	II	III	IV
投资(万元)	24	40	20	30
经营费(万元/年)	13	7	15	12

解:(1)用定基法求解

由于四个方案中第三方案投资最少,以此作为基础方案(即定基)。则各方案的追加投资回收期分别为:

$$n_{I-III}=\frac{24-20}{15-13}=2 \text{年} \quad n_{II-III}=\frac{40-20}{15-7}=2.5 \text{年} \quad n_{IV-III}=\frac{30-20}{15-12}=3.3 \text{年}$$

故有:　$n_{I-II}<n_{II-III}<n_{IV-III}$

结论:第I方案最优。

(2)用环比法求解

将各方案按投资从小到大的顺序排列,再根据环比法的步骤求解:

$$n_{I-III}=\frac{24-20}{15-13}=2 \text{年}<n_b \quad \text{取I方案,淘汰III方案。}$$

$$n_{\text{IV-I}} = \frac{30-24}{13-12} = 6 \text{ 年} < n_b \qquad \text{取 IV 方案,淘汰 I 方案}$$

$$n_{\text{II-IV}} = \frac{40-30}{12-7} = 2 \text{ 年} < n_b \qquad \text{取 II 方案,淘汰 IV 方案。}$$

结论: II 方案优。

分析: 两种方法的结果不同,环比法的结论是正确的。我们可以通过比较 I、II 方案的优劣予以证明。

$$n_{\text{II-I}} = \frac{40-24}{13-7} = 2.6 \text{ 年} < n_b, \text{方案 II 优。}$$

3.3.5 年产量不同的多方案技术经济问题的静态分析法

对年产量不同的方案进行比较时,可计算单位产量的返本期。

【**例 3-12**】 已知两建厂方案,数据如表 3-7,$n_b = 6$ 年,试问哪个方案为优?

表 3-7 例 3-12 的基本数据

方案\指标	投资(万元)	年经营费(万元)	年产量(件)
I	1 000	360	800
II	1 500	400	1 000

解: (1)计算各方案单位产量费用

$$P_1 = \frac{P_1}{Q_1} = \frac{1\,000}{800} = 1.25 \text{ 万元/件}$$

$$P_2 = \frac{P_2}{Q_2} = \frac{1\,500}{1\,000} = 1.5 \text{ 万元/件}$$

$$C_1 = \frac{C_1}{Q_1} = \frac{360}{800} = 0.45 \text{ 万元/件}$$

$$C_2 = \frac{C_2}{Q_2} = \frac{400}{1\,000} = 0.40 \text{ 万元/件}$$

(2)计算返本期

$$n = \frac{1.5 - 1.25}{0.45 - 0.4} = 5 \text{ 年}$$

$n = 5$ 年 $< n_b$,故方案 II 优于方案 I。

应当指出采用单位产品费用计算的返本期法对于产量不同的项目进行选优时,有一个内含的假设条件下,即投资及年经营费分别与产量成正比,而这一条件在一般情况下是不成立的,因此计算中就存在误差。

3.4 投资效果系数法

3.4.1 绝对投资效果系数

绝对投资效果系数的含义是单位投资所能获得的年净利。

即 $$E = \frac{S - C}{P} \qquad (3-8)$$

或 $$E = \frac{F}{P} \qquad (3-9)$$

当用百分数表示时,即 $E = \frac{F}{P} \times 100\%$,称为绝对投资收益率,用 ROI 表示。

其中 E——绝对投资收益率;

S——年收入。

由 (3-9) 式不难看出,投资效果系数与投资回收期 $(n = \frac{P}{F})$ 互为倒数。

决策规则:应有一个标准投资效果系数 E_b 做标准。若 $E > E_b$ 时,方案可取。

【例 3-13】 拟建某厂总投资为 81.21 万元,折旧按 20 年计算,该企业年总成本 17.45 万元,年销售收入 20.69 万元,若标准投资效果系数 $E_b = 0.15$,该厂应否投资?

解:折旧费:$\frac{81.21}{20} = 4.06$ 万元/年

年净利:$20.69 - (17.45 - 4.06) = 7.3$ 万元

$$E = \frac{7.3}{81.21} = 0.089\,89 = 0.09$$

结论:$E < E_b$ 方案不可取,即该项目每元投资每年可获利 9 分钱,小于标准值 $E_b = 0.15$ 元,故方案不可取。

目前,在实际应用中,没有一个统一的计算利润和资本占用的方法,这主要表现在数据的取值标准往往口径不一致。

例如资金占用方面是否包括流动资金,在实际应用中有两种资金占用的定义:一种就是简单的把投资初始资本支出当作资本占用;第二种更为普遍的方法是用项目寿命期内的平均资本占用进行计算。

$$平均资本占用 = \frac{(初始资本投资 - 投资残值回收)}{2}$$

在计算利润时,是否包括税金和折旧口径也不一样,取值不同,计算出来的效果评价指标之间则不可比。

现将静态利润指标的不同表示方法列举如下:

$$\frac{利润}{投资 + 流动资金} = 资金利润率$$

$$\frac{利润 + 税金}{投资 + 流动资金} = 资金利税率$$

$$\frac{利润}{投资} = 投资利润率$$

$$\frac{利润 + 税金}{投资} = 投资利税率$$

在计算项目"所得"（分子）中包括折旧费的计算方法，是西方国家采用的方法。对于计算指标取值不同的问题，在进行方案比较时要特别注意遵循可比性原则。在对国内外同类企业的效果指标进行比较时，若口径不同则应进行修正计算，否则将会得出错误的评价结论。

方法评价：投资效果系数表示投资与年净利之间的关系。该指标反映了多种因素的影响，如投资的大小及投资的构成比例、投入生产后的产量、成本的高低及成本的比例、劳动生产率水平以及技术进步程度等，是一个综合性较强的指标。它比回收期法优越，因为它把项目整个寿命期内估计的平均利润与占用资本进行比较。这个指标一般可以用于在项目的整个寿命期内每年投资收益大致一定的情况。鉴于这个指标的表达形式与国家统计资料指标的表达形式比较对口，又能与银行使用的利率、企业的利税率等指标相比较进行评价，故可比性较强，又比较符合普遍的表达习惯，具有一定的实用价值。但也存在缺点：第一，对于收益和资本占用的定义有多种，使得决策者能够通过操纵投资评价的取值达到他们自己的目的。第二，没有考虑资金的时间价值。第三，与投资回收期相似，标准收益率的确定带有主观随意性。第四，它没有考虑投资规模的大小。因此有时可能得出错误的结论：低投资低收益项目的指标值可能比高收益高投资的项目更好。

3.4.2　相对投资效果系数

相对投资效果系数的含义是单位差额投资所能获得的年盈利额，即

$$E_{AB} = \frac{(S_A - C_A) - (S_B - C_B)}{P_A - P_B} \tag{3-10}$$

若两方案的年收入相同，即 $S_A = S_B$，则

$$E_{AB} = \frac{C_B - C_A}{P_A - P_B} \tag{3-11}$$

决策规则：若 $E_{AB} > E_b$（E_b 为部门标准投资效果系数），则投资多的方案优，即上式中的 A 方案优。

方法评价：在一定条件下对两个可行方案进行投资效果比较时，一般不能只凭其绝对投资效果的大小来判断，而应当计算两方案的相对投资效果系数，并根据与部门标准投资效果系数 E_b 比较的结果来判断，否则可能导出错误的结论。因为相对投资效果系数是两方案的比较指标，其大小并不能反映单个方案的经济效果。采用相对投资效果系数进行多方案比较时，用逐步淘汰法选优。

【例 3-14】　有三个方案，其投资，年收入及年经营费用如表 3-8 所示。若部门标准投资效果系数为 0.15，应选哪种方案？

表3-8 例3-14的基本数据

	方案Ⅰ	方案Ⅱ	方案Ⅲ
投资 P(万元)	100	110	140
年收入 S(万元)	50	50	50
年经营费用 C(万元)	20	15	10

解: 先分别计算各方案的绝对投资效果系数

$$E_Ⅰ = \frac{50-20}{100} = 0.3 \quad E_Ⅱ = \frac{50-15}{110} = 0.318 \quad E_Ⅲ = \frac{50-10}{140} = 0.286$$

三个方案的投资效果系数均大于0.15,故三者均可行。

计算相对投资效果系数,因 $S_Ⅰ = S_Ⅱ = S_Ⅲ$,可用公式(3-11)。

$$E_{Ⅱ-Ⅰ} = \frac{20-15}{110-100} = 0.5$$

$E_{Ⅱ-Ⅰ} > E_b$,故多投资方案Ⅱ优,方案Ⅰ被淘汰。

$$E_{Ⅲ-Ⅱ} = \frac{15-10}{140-110} = 0.167$$

$E_{Ⅲ-Ⅱ} > E_b$,故方案Ⅲ优。

结论: 三个方案中,方案Ⅲ最优。

由上例的计算可看出:

(1)尽管 $E_Ⅱ > E_Ⅲ$,但最优方案并不是方案Ⅱ。所以不能用绝对投资效果系数的大小直接比较进行选择,否则会导致错误结论。

(2)若 E_b 为0.2,则上例中的方案Ⅱ最优。可见标准投资效果系数的大小对决策有很大影响。

不同时期的标准投资效果系数是不同的。这是因为随着生产的发展,利润水平不断变化,各部门的发展也不平衡,国家的技术、经济政策在不同时期也有所变化的缘故。

所有静态评价方法都存在一个共同的、严重的缺点,即它没有考虑资金的时间价值。因此常不能反映项目的实际情况,容易导致决策失误。但对一些小型项目,建设时间短、达产快且逐年产量变化不大的项目,以及某些局部方案的选择计算和某些项目的敏感性分析,也可采用静态方法进行评价。

3.5 静态评价法案例分析

【例3-15】 某橡胶机械厂生产的气门嘴是轮胎的配套产品。该厂生产能力为400万套/年,单价1元/套;通过市场调查了解到,就本厂现有的市场占有率而言,在销售看好的情况下,每年可售出600万套。销售差的情况下,每年可销售450万套。目前竞争对手正在设法渗入该厂所占据的市场。厂长扩大会议决定:在年订货量达600万套时,可降价5%,订货量达450万套时,降价3%。

有关人员提出两个方案,若要求年产量达到450万套,需增加设备,并对现有厂房进行改建。若要求年产量达到600万套,则需扩建厂房并新建一条生产线。前者须投资30万元;后者则须投资 200 万元。

该厂生产气门嘴的现有固定资产为 200 万元。年折旧率为 5%,每年总管理费用为 4 万元,若采用改建方案,改建前、后的可变费用不变,均为每件 0.3 元。若采用扩建方案,扩建后可变费用可降低 10%。该企业上缴税金的税率为 25%①。不论采用改建或扩建方案,均可保证在年初动工,年底则交付使用。

用投资回收年限法和投资效果系数法评价,标准投资回收期 $n_b = 4$ 年,请问哪个方案可取?

解:(1)分别计算出各方案的现金流量(见表 3-9)

表 3-9　各方案的现金流量计算

单位:万元

项　目	I 方案 400 万套	II 方案 450 万套	III 方案 600 万套	备　注
(1)销售收入	400	436.5①	570②	产量×单价
(2)管理费总额	4	4	4	
(3)折旧费	10	11.5	20	总投资×5%
(4)可变成本总额	120	135	162③	单位可变成本×产量
(5)应付税现金流	226	286	384	(5) = (1) - (2) - (3) - (4)
(6)税金	66.5	71.5	96	(6) = (5)×25%
(7)付税后利润	199.5	214.5	288	(7) = (5) - (6)
(8)折旧费	10	11.5	20	
(9)企业年净利	209.5	226	308	(9) = (7) + (8)

①单价 = 1 × (1 - 0.3) = 0.97 元
②单价 = 1 × (1 - 0.5) = 0.95 元
③单位可变成本 = 0.3 × (1 - 10%) = 0.27 元

(2)用回收年限法进行方案的可行性评价

$$n_I = \frac{200}{209.5} = 0.95 \text{ 年} \quad n_{II} = \frac{230}{226} = 1.077 \text{ 年} \quad n_{III} = \frac{400}{308} = 1.299 \text{ 年}$$

分析:三个方案的投资回收期均小于标准投资回收期($n_b = 4$ 年),故三个方案均可行。为择出最优方案,应计算返本期。

$$n_{II-I} = \frac{230 - 200}{226 - 209.5} = 1.82 \text{ 年} < n_b \quad \text{选 II 方案,淘汰 I 方案}$$

$$n_{III-II} = \frac{400 - 230}{308 - 226} = 2.07 \text{ 年} < n_b \quad \text{选 III 方案,淘汰 II 方案}$$

结论:由返本期指标判断 III 方案最优。

(3)用投资效果系数法进行方案的评价

$$E_b = \frac{1}{n_b} = \frac{1}{4} = 0.25$$

注:书中各例题上的税率是任意设定的。

$$E_{I} = \frac{209.5}{200} = 1.048 \quad E_{II} = \frac{226}{230} = 0.983 \quad E_{III} = \frac{308}{400} = 0.77$$

分析：三个方案的标准投资效果系数均大于 0.25，故三方案均属可行。应通过相对投资效果系数指标对三者进行择优。

$$E_{II-I} = \frac{226 - 209.5}{230 - 200} = 0.55 > E_b \quad 选 II 方案，淘汰 I 方案$$

$$E_{III-II} = \frac{308 - 226}{400 - 230} = 0.482 > E_b \quad 选 III 方案，淘汰 II 方案$$

结论：III 方案最优。

分析：①两种评价指标均表明 III 方案最优，应取 III 方案。②从单位投资的经济效果分析，每元投资 I 方案可赚 1.048 元，II 方案赚 0.983 元，III 方案赚 0.77 元。故单位投资收益率 I 方案最高，而 III 方案则因产量大可获最大的总利润。

可见，在最后决策时，应从资金紧缺程度、企业的目标（追求总量高还是效率高）以及市场竞争形势等进行综合分析来决策。

思 考 题

1. 方案选择的基本程序是什么？
2. 主要的经济评价方法有几种？为什么要采用这么多的评价方法？
3. 在学习评价方法时应注意哪些问题？
4. 总算法和计算费用法的经济含义是什么？它的优缺点和适用范围是什么？
5. 投资回收期法的含义是什么？如何根据投资回收期指标进行项目决策？
6. 为什么说投资回收期指标只能判断方案是否可行，不能用它来进行方案选优？
7. 用返本期法评价方案时应注意什么问题？
8. 如何利用返本期法对多方案进行评价择优？
9. 投资效果系数的经济含义是什么？如何用它对项目进行评价？
10. "回收期短方案可取，回收期长方案不可取"说法全面吗？为什么？
11. 在数个方案比较时，投资效果系数最大者，方案最优吗？
12. 为什么动态投资回收期法比静态投资回收期较长？
13. 投资回收期是否有助于选择风险小的项目？为什么？
14. 投资效果系数指标能反映企业利润最大化的目标吗？说明其理由。

练 习 题

1. 某产品加工工艺过程有三个方案，寿命均为 10 年，残值均为 0，它们的费用如下：

$$K_1 = 100 \text{ 万元} \quad C_1 = 90 \text{ 万元}$$
$$K_2 = 110 \text{ 万元} \quad C_2 = 80 \text{ 万元}$$
$$K_3 = 140 \text{ 万元} \quad C_3 = 70 \text{ 万元}$$

若该工业部门规定的投资回收期为五年（或投资效果系数为 0.2），试计算：C 代表年成本和代表年经营费用两种情况下的方案选择(K 表示投资)。

2. 某厂需添置一台设备。现市场上有两种型号可供选择,它们的价格和今后的运行经营维修费如下表所示。用总算法,标准投资回收期内的年费用法确定应选哪一型号的设备。(假设标准投资效果系数为 0.20)

设备型号	市场价格(元)	年度经营维修费(元)
A	5 200	1 200
B	3 700	1 350

3. 某县准备办一个生产有机玻璃纽扣的集体所有制厂,现有两个办厂方案。第一方案是买邻县准备下马的一个旧厂的全套机器设备。因睦邻关系,对方只要价 2 万元。买回后可安装在一套旧房内,该套房屋价格为 3 000 元。搬运,安装费估计为 2 000 元。但因该套设备较旧,用人多,初步估算每年的经营费为 2.3 万元,年产量为 10 万颗扣子。第二方案是向上海某厂购置成套设备,另外新建厂房。初步估计需投资 12 万元。因机器较新,故年度经营费用为 2.5 万元,但每年可生产 25 万颗扣子。该县对这类企业一般要求在两年内收回投资。请问应选哪一方案?

4. 现有四个方案,数据如下表:

	I	II	III	IV
投资(元)	8 000	9 600	15 000	11 500
经营费用(元/年)	4 300	2 800	2 400	3 300
产量(件/年)	5 000	5 000	8 000	8 500

若 $n_b = 6$ 年,应选择哪个方案?

5. 某厂对改造企业现有技术水平并扩大部分生产能力提出以下三个方案(三者达到的生产能力相同),它们的投资及收益情况如下表。假设该工业部门的标准投资效果系数为 0.25,试用投资回收年限法(回收期或返本期)对方案进行评价,并择出最优方案。你选择方案时是以什么为依据的? 这样选是否合理? 为什么? 应如何选择更好?

方案	投资	年经营费	年销售收入						残值	服务寿命
			第一年	第二年	第三年	第四年	第五年	第六年		
A	1 200	200	600	600	400	400	400	350	300	6
B	1 000	250	550	550	650	300	300	300	30	6
C	800	300	450	450	450	550	500	650	250	6

第4章　技术经济动态评价方法

　　动态评价方法由于考虑了资金时间价值,能动态地反映资金运行情况和全面地体现项目在整个寿命期内的经济活动和经济效益,所以能提供比静态分析方法更全面、更科学的项目决策依据。

　　常用的动态评价方法有 5 种:等年值法(AC)、现时价值法(PW,NPV)、内部收益率法(IRR)、收益成本比值法(B/C)以及外部收益率法。下面将重点介绍前 4 种方法;对于外部收益率法(ERR)应用较少,予以简要介绍。

　　用动态评价方法进行项目分析时,应首先确定该项目要求达到的最小收益率,通常称为期望收益率,用 $MARR$ 表示。

4.1　等年值法

4.1.1　等年值

　　等年值法①是在考虑到资金时间价值的条件下,计算项目在寿命期内每年的成本或每年的净收益值。如果只考虑寿命期内每年的支出成本则称为年成本法;若考虑寿命期内全部的现金流量以便得到每年的净现金流,我们称为净年值法,两者统一用 AC 表示。等年值法的特点是把一次性投资与各年发生的现金流两个要素统一起来,这与静态评价中的计算费用法相似,但等年值法考虑了资金的时间价值,且在计算净年值时不仅考虑了成本也考虑了各年的收益。等年值法是西方国家应用较广泛的方法之一,其计算方法如下:

$$AC = P(A/P,i,n) - SV(A/F,i,n) + A \tag{4-1}$$
$$AC = [P - SV(P/F,i,n)](A/P,i,n) + A \tag{4-2}$$
$$AC = (P - SV)(A/P,i,n) + SV \cdot i + A \tag{4-3}$$

其中　P 为投资;SV 为残值;A 为每年的成本。

　　以上三个计算式是等价的,可任选一种进行计算。这三个公式用于计算年成本。若计算每年的净年值,则支出费用应取负值,收入应取正值。

　　【例4-1】　汽车制造厂于年初购入一台设备价值 8 000 元,寿命 8 年,8 年末尚有残值 500 元,预计每年操作成本是 900 元,该厂的期望收益率为 6%,计算该设备的年成本(见图4-1)。

　　解:

　　由(4-1)式:

---

　　① 等年值法分为年值成本法(annual cost,AC)和年值收益法(annual revence,AR),其计算原理相同。计算时注意收入与支出的符号不同,本书统一称等年值法,用 AC 符号表示。

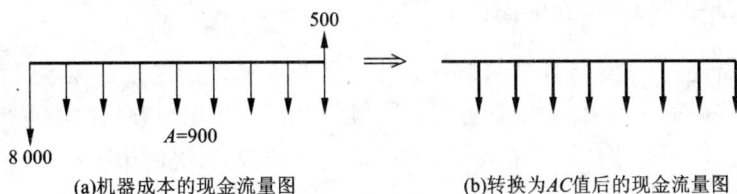

图 4-1 例 4-1 的现金流量图

$AC = 8\,000(A/P,6\%,8) - 500(A/F,6\%,8) + 900 = 2\,138$ 元

由(4-2)式:

$AC = [8\,000 - 500(P/F,6\%,8)](A/P,6\%,8) + 900 = 2\,138$ 元

由(4-3)式:

$AC = (8\,000 - 500)(A/P,6\%,8) + 500(0.06) + 900 = 2\,138$ 元

三个公式计算的结果完全一致。

【例 4-2】 某工程今日投资 1 000 元,4 年后再投资 1 500 元,9 年后再投资 2 000 元,银行贷款利率 8%。贷款在 14 年中等额分 15 次偿还(即第一年初要偿还一次),请问每年应偿还多少元? (见图 4-2)

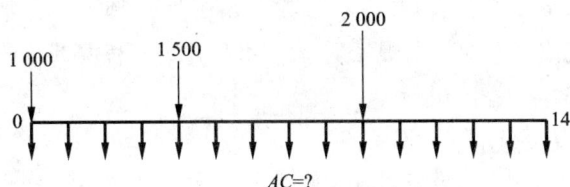

图 4-2 例 4-2 计算等额年金的现金流量图

分析:有多次费用发生时,为把它们转换成年金的形式,可以全部贴现到 0 年(P_0),再换算成年金,称为年金现值法;也可全部折算成未来值(F),再换算成年金,称为年金终值法。两种方法计算结果相同。

解一:年金现值法

$AC = [1\,000(P/F,8\%,1) + 1\,500(P/F,8\%,5) + 2\,000$
$\qquad \times (P/F,8\%,10)](A/P,8\%,15)$

$\quad = (1\,000 \times 0.925\,9 + 1\,500 \times 0.680\,6 + 2\,000 \times 0.463\,2) \times 0.116\,83$

$\quad = 335.67$ 元

解二:年金终值法

$AC = [1\,000(F/P,8\%,14) + 1\,500(F/P,8\%,10) + 2\,000$
$\qquad \times (F/P,8\%,5)](A/F,8\%,15)$

$\quad = (1\,000 \times 2.937 + 1\,500 \times 2.159 + 2\,000 \times 1.469) \times 0.036\,83$

$\quad = 335.65$ 元

决策规则:对于年成本值,其值最小的方案最优;对于净年值,其值最大的方案最优。

4.1.2 差额现金流净年值的计算

如第 1 章所述,技术经济计算与财务会计计算的重要区别之一是技术经济计算只需比较各项目之间费用的差异,即研究各方案的差额现金流。利用差额现金流进行项目评价,可以简化计算过程。所算出的评价指标,具有明确的经济含义,更便于决策。

【例 4-3】 设备 A 原值 1 600 元,在 5 年寿命期内每年经营费 500 元,设备 B 原值 1 200 元,5 年寿命期内每年经营费 650 元(见图 4-3)。两台设备的残值均为 0。要求期望收益率为 8%,应选哪台设备?

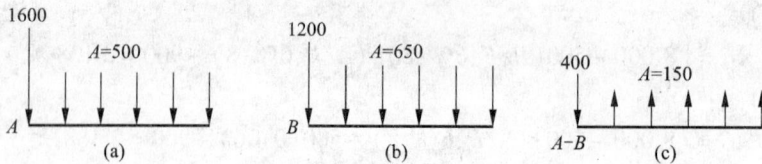

图 4-3 例 4-3 的现金流量图
(a)A 设备现金流量图 (b)B 设备现金流量图 (c)差额现金流量图

从两方案的差额现金流可看出,A 方案与 B 方案比,在 0 年多支出 400 元,而在 5 年寿命期内,每年节约经营费 150 元,即相当于每年比 B 多收入 150 元。这实际上构成了一个新的决策,即每年节约的费用(150 元)是否能保证 400 元的投资在 5 年寿命期内得到偿还,并保证 8% 的收益率。

解: $150 - 400(A/P, 8\%, 5) = 50$ 元/年

结论: 每年节约的 150 元,除能保证 400 元投资每年得到 8% 的收益率外,还可在 5 年中每年多收入 50 元,故这项超额投资是值得的。

比较: 若分别计算出两方案的年成本,再计算两者的差值,其结果相同,但计算较繁杂。

$$AC_B - AC_A = 1\ 200(A/P, 8\%, 5) + 650 - [1\ 600(A/P, 8\%, 5) + 500]$$
$$= 50 \text{ 元/年}$$

【例 4-4】 数据同例 4-3,但 B 设备的年经营费可能有两种情况,(a)经营费为 550 元/年[见图 4-4(a)];(b)经营费为 600 元/年[见图 4-4(b)];A 设备的全部费用不变[见图 4-4(c)]。在(a)、(b)两种情况下,分别应选哪台设备?

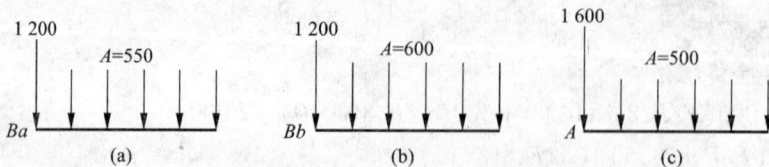

图 4-4 例 4-4 的现金流量图

解: 计算差额现金流的净年值:

（a） $AC_{A-Ba} = -400(A/P,8\%,5) + 50 = -50$ 元

结论：A 设备比 Ba 设备多投资的 400 元，用每年经营费节约的 50 元来偿还，为保证 8% 的收益率，在 5 年中每年尚少 50 元。应选 Ba 设备。

（b） $AC_{A-Bb} = -400(A/P,8\%,5) + 100 = 0$

结论：用 A 设备比 Bb 设备每年节约的 100 元经营费，正好补偿 400 元的超额投资，并保证了 8% 的收益率。既然增额投资的 400 元，在 5 年寿命期内，可确保 8% 的期望收益率，故应选 A 设备。

4.1.3 年金现值法应用实例及评价

1. 利用年成本法确定设备的经济寿命

【例 4 - 5】 某冶炼厂埋在地下的煤气管道，因锈蚀而漏气，每年漏气损失估计如下表所示。若每 1 000 m 管道安装费为 80 000 元，要求期望收益率 10%，现提出 20 年后及 25 年后更换管道两个方案，应采用哪个方案？

年数	0～15	16	17	18	19	20	21	22	23	24	25
漏气损失(元)	0	60	120	180	240	300	360	420	480	540	600

解一：将本题中各年不相等的支出，转化为 $n=0$ 时之现值，然后再化为寿命期内的年金。计算结果见表 4-1。

表 4-1 各方案全年支出总额计算

年数 n	0～15	16	17	18	19	20	21	22	23	24	25
损失 L(元)	0	60	120	180	240	300	360	420	480	540	600
$P = L(P/F,10\%,n)$	0	13.1	23.7	32.4	39.2	44.6	48.6	51.6	53.6	54.8	55.4
P 之和	(1～20 年)					153	(1～25 年)				417
$A_1 = P(A/P,10\%,n)$						17.97					45.94
每年收回投资 $A_2 = 80\ 000(A/P,10\%,20) - 9\ 396.8$							$A_2 = 80\ 000(A/P,10\%,25)$ $= 8\ 813.6$				
全年支出总和 $= A_1 + A_2$						9 414.77					8 859.54
相 差						555.23					

结论：根据年金法判断，在第 25 年更换煤气管比第 20 年更换在保证 10% 收益率的条件下每年可节约 555.23 元，即煤气管道的经济寿命为 25 年。

解二：本例中煤气损失量呈等差级数增加，故可用等差序列复利公式进行计算。

$AC_{20} = 60(P/G,10\%,6)(P/F,10\%,14)(A/P,10\%,20) + 80\ 000(A/P,10\%,20) =$ 9 414.77 元

$AC_{25} = 60(P/G,10\%,11)(P/F,10\%,14)(A/P,10\%,25) + 80\,000(A/P,10\%,25) = 8\,859.54$ 元

$AC_{25} - AC_{20} = 9\,414.77 - 8\,859.54 = 555.23$ 元

2. 年金现值法评价

年金现值法把投资和经营费统一为一个等值年金,一方面为正确地选择方案提供了较全面的依据,另一方面在一定程度上摆脱了年限的影响。因此不同寿命的方案可用等值年金法直接进行比较。但是一个企业在相当长的生产年限内,科学技术的发展,经营条件和自然条件的变化(如矿山开采成本受自然条件影响很大)等,对每个方案成本的影响是不同的。把实际变化着的事物,固定为不变的数字,采用一个总拉平成本值,常不能客观地判断方案。因此对各年经营费用变化很大的方案进行评价时,应注意同时配以其他的指标进行评价。

4.2 现时价值法

4.2.1 净现值法(net present value, NPV)

现时价值法(PW, NPV)是在考虑到资金时间价值的条件下,在投资项目的寿命期内,计算全部现金流量现值的总和。如果只考虑寿命期内的全部费用支出的现值,称为现值成本法,通常用 PW(present value)表示。若考虑到寿命期内费用收入及支出的总现值,则称为净现值法,通常用 NPV 表示。目前在实际应用中很少对两者严格区分,一般应用净现值法却较多,在代号上有时也可通用,故本节以介绍净现值法为主。

1. 计算方法

净现值是指方案在寿命期内逐年净现金流量现值的代数和。它反映了考虑资金时间价值条件下,投资产生的净贡献。将投资在寿命期内的全部收入额的现值减去投资支出的现值即为该项投资的净现值。

即
$$NPV = \sum_{k=1}^{n} \frac{F_k}{(1+i)^k} - P \qquad (4-4)$$

其中 P 为投资;F_k 为 k 期现金流量。

2. 净现值法决策规则

净现值(NPV)≥ 0,方案可行;

净现值(NPV)< 0,方案不可行。

净现值等于零,表示企业可以获得所要求的期望收益率;净现值大于零表示除保证企业得到预定的收益率外,尚可获得追加收益。故 $NPV \geq 0$ 方案可行。而净现值小于零时,并不一定是出现亏损,而是收益率低于企业要求的期望收益率的水平,故方案不可行。

【例4-6】 某项目其资金收支情况列于表4-4中1～5列。(1)若要求期望收益率($MARR$)为5%,方案是否可行?(2)若期望收益率为10%方案是否可行?计算见表4-2。

表 4 - 2　例 4 - 6 的净现值计算表　　　　　　　　单位：元

年份	投资额	收入额	支出额	现金流量	5%		10%	
					因数	现值	因数	现值
0	-1 990	0	0	-1 990	1 000	-1 990	1.000	-1 990
1	0	1 000	-500	500	0.952 4	476.2	0.909 1	455
2	0	1 000	-500	500	0.907 0	453.5	0.826 4	413
3	0	1 000	-500	500	0.863 8	431.9	0.751 3	376
4	0	1 000	-500	500	0.822 7	411.4	0.683 0	342
5	0	1 000	-500	500	0.783 5	391.8	0.620 9	310
NPV 值					+174.7 元		-94 元	

由计算结果可以得出以下结论：

(1) 当期望收益率为 5% 时，$NPV = 174.7$ 元，即在整个寿命期内方案除保证 5% 的收益率外，还可多收益 174.7 元（零年的现值），故方案可取。

(2) 当期望收益率为 10% 时，$NPV = -94$ 元，表明该项投资的收益率小于 10%，为取得 10% 的收益率在全寿命期内必须再增加 94 元的净收益（零年的现值）。因此当期望收益率为 10% 时，此方案不可取。

由此可知，在用 NPV 法评价方案时，选择适当的收益率值对方案的取舍起很重要的作用。

【例 4 - 7】　计算差额现金流的净现值。

现有两方案其经济寿命都是 4 年，甲方案投资为 1 000 万元，年经营费 800 万元，残值 100 万元；乙方案投资 800 万元，年经营费 900 万元，残值为零；期望收益率（$MARR$）为 8%，试选择较优方案（见图 4 - 5）。

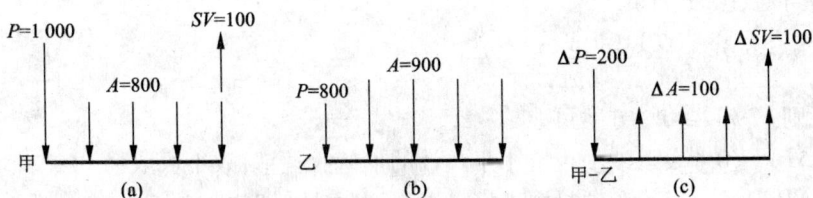

图 4 - 5　例 4 - 7 的现金流量图

解一：首先画出差额现金流图，如图 4 - 5(c)。

$$NPV = 100(P/A, 8\%, 4) + 100(P/F, 8\%, 4) - 200 = 204 \text{ 万元}$$

结论：用 4 年的节约额与残值，以 8% 的收益率偿还超额投资 200 万元，尚余 204 万元（零年的现值），这说明采用甲方案在经济上是合理的。

解二：也可首先计算各方案的现值成本，取成本较低的方案为优。

$$PW_{甲} = 1 000 + 800(P/A, 8\%, 4) - 100(P/F, 8\%, 4) = 3 576 \text{ 万元}$$

$PW_乙 = 800 + 900(P/A, 8\%, 4) - 0 = 3\ 780\ 万元$

$PW_乙 - PW_甲 = 3\ 780 - 3\ 576 = 204\ 万元$

结论与分析：

（1）与乙方案比较，甲方案的相对节约额为 204 万元（零年的现值）。

（2）净现值指标评价的结果与客观现实的吻合程度取决于期望收益率水平的合理性。期望收益率取值过低，净现值指标则夸大项目的经济效益；期望收益率取值过高，则人为地贬低项目的经济效益，其结果是错误地否定了一些有希望的项目，并驱使决策者重视眼前的利益。采用净现值指标进行项目决策时，关键问题之一是如何确定合理的期望收益率。关于确定期望收益率的有关问题将在后续内容中进行分析。

方法评价：净现值是一个绝对数指标，反映了投资项目对企业财富的绝对贡献。如果净现值是正值，投资就会产生额外盈余，表明股东的财富增加，因此它与企业投资者利润最大化目标是相一致的。该指标在投资评价中得到广泛的应用。在一定条件下，净现值法对独立项目能够提供明确的决策建议、在对互斥项目进行决策时，净现值法能够给出项目的排序建议。与等年值法（AC）相比较，两者均考虑了资金的时间价值。从指标表达形式看，等年值法给出的是每年发生的一个系列值，而净现值则给出了单一盈利的绝对值，经济观点鲜明。净现值法所采用的期望收益率可以根据项目风险大小进行调整，因此所得出的数据比较现实。净现值法也存在一些缺点。首先，指标为绝对值，缺乏不同项目间的可比性；对于多个备选方案进行决策时，有利于高投资的方案和寿命长的方案；因此，当供选择各方案的投资规模和投资寿命不相等时，可能得出错误的结论；由于期望收益率的确定带有主观因素，期望收益率对净现值的计算结果影响较大，如果选择不当则影响决策的正确性。为保证决策的正确性，净现值法常与其他相对指标配合使用。

4.2.2 净现值指数法（$NPVI$）

净现值指数法（也称为净现值率法，$NPVR$），是在净现值法的基础上发展起来的，可作为净现值法的一种补充。它表明每一元投资的现值能得到多少净现值，也称为投资的盈利能力指数。可通过下式计算：

$$NPVI = \frac{NPV(+或-)}{投资额现值合计} \qquad (4-5)$$

决策规则： $NPVI \geq 0$ 方案可取。

因为：$NPVI < 0$ 表示该项投资小于预计的期望收益率，故不可取；

$NPVI = 0$ 表示该项投资正好可以得到预计的期望收益率；

$NPVI > 0$ 该项投资除保证预计的期望收益率外尚有多余的收益。

【例 4-8】 某方案投资要求收益率至少为 10%，资金收支情况如表 4-3 的 1 至 4 列，问方案是否可行？

$$NPVI = \frac{1\ 045}{1\ 995 + [1\ 000(P/F, 10\%, 3)]} = 0.38 > 0$$

表 4 - 3　例 4 - 8 的净现值计算表　　　　　单位：元

	投资额	收入额	支出额	净现金流量	$(P/F, 10\%, n)$	现值
0	- 1 995	0	0	- 1 995	1.000	- 1 995
1	0	1 500	- 500	1 000	0.909 1	909
2	0	1 500	- 500	1 000	0.826 4	826
3	- 1 000	1 500	- 500	0	0.751 3	0
4	0	1 500	- 500	1 000	0.683 0	683
5	0	1 500	- 500	1 000	0.621 9	622
	NPV					1 045 元

结论：本投资方案除确保投资计划的 10% 收益率以外，每元投资在整个寿命期内还追加 0.38 元的零年的现值收入，故本方案可取。

方法评价：净现值指数法的优缺点与净现值法相似，但它是用相对数表示，指标可以代表方案质的好坏；可以纠正净现值指标在寿命周期相同而初始投资不等时所造成的有利于高投资方案的缺点；可以用于投资额相等或相差不大的互斥方案比较。对于独立方案，净现值率说明了项目运用资金的效率，便于同行业之间的比较。缺点是单独用净现值指数无法选择最优投资组合，必须与净现值指标一起配合使用。因为净现值指数只能说明方案盈亏的程度，而不能表示盈亏的总值。

净现值指数与财务利润率概念有区别，净现值指数是指项目在整个寿命期内全部利润总和所得形成的利润率，而财务评价体系中的利润率，是每年度的平均利润所形成的利润率。当项目的寿命期大于一年时，净现值指数与一般意义上的利润率仍然有很大区别。

4.2.3* 加权净现值指数（加权 *NPVI*）

用 *NPVI* 指标对投资额差别不大的方案进行择优是较公平的标准。当投资额相差较大时，则 *NPVI* 很难真正反映各方案的贡献，例如甲方案投资 1 万元，$NPVI_甲 = 0.2$；乙方案投资 100 万元，$NPVI_乙 = 0.1$；按 *NPVI* 指标选优应选甲方案。但就两方案贡献的绝对值（净现值）而言，甲方案为 $1 \times 0.2 = 0.2$ 万元，乙方案却为 $100 \times 0.1 = 10$ 万元。但乙方案也不能据此被选为最优方案，因它的贡献毕竟是用百倍于甲的投资取得的，也应考虑过小的投资规模会降低企业的整体效率，比如分摊固定费用很高。为解决这个矛盾，有的学者提出用加权净现值指数进行评价。

$$加权\ NPVI = 权数 \times NPVI$$

$$权数 = \frac{该方案投资额现值}{各方案投资额现值之和} = \frac{P_1}{\sum P}$$

$$\therefore \quad 加权\ NPVI = \frac{P_1}{\sum P} \cdot \frac{NPV}{P_1} = \frac{NPV}{\sum P}$$

即加权 $\quad NPVI = \frac{净现值}{各方案投资额现值之和}$ 　　　　　　　(4 - 6)

【例4-9】 已知三个投资方案有关参数如下：

	甲方案	乙方案	丙方案
投资额现值	100万元	400万元	300万元
净现值	28万元	75万元	85万元

$$加权\ NPVI_{甲} = \frac{28}{100+400+300} = 0.035$$

$$加权\ NPVI_{乙} = \frac{75}{100+400+300} = 0.09375$$

$$加权\ NPVI_{丙} = \frac{85}{100+400+300} = 0.10625$$

结论： 应取丙方案。

方法评价： 这个指标考虑了投资效益质的一面。由于用各项方案的投资总和作为分母，在一定程度上也反映了量的因素，但这个指标应用较少，其经济含义及其对方案评价方面的合理程度，尚须认真研究。

4.2.4 现时价值法应用实例

【例4-10】 某公司计划扩建一座新的发电站。已知近期对电的需求较大，但是十年后靠原发电能力已能满足，新增的这部分电量则无需求。增建电站有两个方案：一方案是建一座5 000千瓦容量的电站(A厂)，可保证十年内电力增量的需求，需投资40万元，寿命10年；另一方案是先建一容量为3 000千瓦的电站(B厂)，寿命10年，可满足前六年电力增加的要求，需投资31万元，第六年末再增加2 000千瓦的容量，需投资18万元，两个方案的每年的税金及保险费均为投资额的2%，最后增加的2 000千瓦容量也可服务10年，若到建成后的第四末已无需求，可以做残值30 000元转让。两方案每年的作业费与维护费如下：

	A厂	B厂
第一年与第二年每年(A_1)	48 000	45 000
第三年与第四年每年(A_2)	54 000	52 000
第五年与第六年每年(A_3)	61 000	60 000
第七年与第八年每年(A_4)	78 000	80 000
第九年与第十年每年(A_5)	96 000	97 000

电站投资要求期望收益率为7%。

分析： 此项目只给出发生的费用而没有给出收益值，故可用现值成本法(PW)进行择优，即应选择现值成本低的方案。

解一： 计算各现金流的现值成本进行比较：

(1)绘制现金流量图，如图4-6所示。B厂现值成本见表4-5。

(2)计算：A厂的现值成本见表4-4。

(a)

(b)

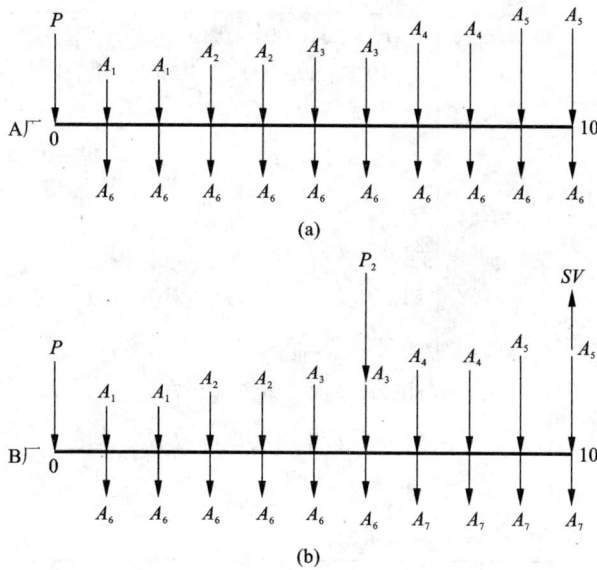

图 4-6 例 4-10 的现金流量图

图中：$A_1 \sim A_5$——作业费；A_6，A_7——税金及保险费；SV——残值；P——投资

表 4-4 A 厂现值成本（PW_A）计算表

项　　目	计　　算	数额（元）
（1）投　　资		400 000
（2）税金及保险费现值	$400\,000 \times 0.002 \times (P/A,7\%,10)$	56 188
（3）作业与维护费现值：		
1~2 年	$48\,000(P/A,7\%,2)$	86 784
3~4 年	$54\,000(P/A,7\%,2)(P/F,7\%,2)$	85 271
5~6 年	$60\,000(P/A,7\%,2)(P/A,7\%,4)$	84 138
7~8 年	$78\,000(P/A,7\%,2)(P/A,7\%,6)$	93 964
9~10 年	$96\,000(P/A,7\%,2)(P/A,7\%,8)$	101 016
合　　计		451 173
（4）Λ 厂现值成本（PW_A）	（1）+（2）+（3）	907 361

表 4-5 B 厂现值成本（PW_B）计算表

项　　目	计　　算	数额（元）
（1）投资 P_1		310 000
P_2 现值	$180\,000(P/F,7\%,6)$	119 934
残值现值	$30\,000(P/F,7\%,10)$	15 252
投资现值成本合计		414 682

项 目	计 算	数额(元)
(2)税金及保险费现值	1~6年: $310\ 000 \times 0.02 \times (P/A,7\%,6)$	29 552
	7~10年: $490\ 000 \times 0.02 \times (P/A,7\%,4)$	22 118
	$(P/F,7\%,6)$	
合计		51 670
(3)作业与维护费现值:		
1~2年	$45\ 000(P/F,7\%,2)$	81 360
3~4年	$52\ 000(P/A,7\%,2)(P/F,7\%,2)$	82 114
5~6年	$60\ 000(P/A,7\%,2)(P/F,7\%,4)$	82 759
7~8年	$80\ 000(P/A,7\%,2)(P/F,7\%,6)$	96 374
9~10年	$97\ 000(P/A,7\%,2)(P/F,7\%,8)$	102 069
合 计		444 676
(4)B厂现值成本(PW_B)	(1)+(2)+(3)	911 028

$$PW_B - PW_A = 911\ 028 - 907\ 361 = 3\ 677\ 元$$

结论: 十年的寿命期内, 在保证7%的期望收益率的条件下, B厂的现值成本比A厂高出3677元。因此, 应选A厂。

表4-6 计算差额现金流

	A厂				B厂				A - B
	投资或残值	作业与维护费	税金及保险费	每年支出合计	投资或残值	作业与维护费	税金及保险费	每年支出合计	
0	-400 000	—	—	—	-310 000	—	—	—	-90 000
1		-48 000	-8 000	-56 000		-45 000	-6 200	-51 200	-4 800
2		-48 000	-8 000	-56 000		-45 000	-6 200	-51 200	-4 800
3		-54 000	-8 000	-62 000		-52 000	-6 200	-58 200	-3 800
4		-54 000	-8 000	-62 000		-52 000	-6 200	-58 200	-3 800
5		-61 000	-8 000	-69 000		-60 000	-6 200	-66 200	-2 800
6		-61 000	-8 000	-69 000	-180 000	-60 000	-6 200	-246 200	+177 200
7		-78 000	-8 000	-86 000		-80 000	-9 800	-89 800	+3 800
8		-78 000	-8 000	-86 000		-80 000	-9 800	-89 800	+3 800
9		-96 000	-8 000	-104 000		-97 000	-9 800	-106 800	+2 800
10		-96 000	-8 000	-104 000	+30 000*	-97 000	-9 800	-106 800	-27 200

* 残值30 000元为收益, 故为正值。

解二：计算差额现金流的净现值（NPV_{A-B}）

(1)计算差额现金流,见表 4 - 6。

(2)画差额现金流的现金流量图(图 4 - 7)。

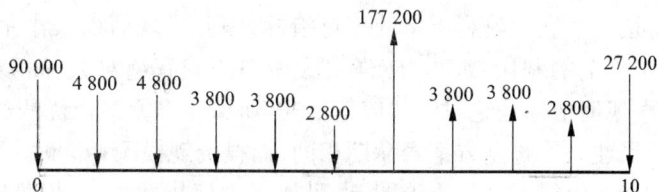

图 4 - 7　例 4 - 10 的差额现金流量图

$$NPV_{(A-B)} = -9\ 000 - 4\ 800(P/A,7\%,2) - 3\ 800(P/A,7\%,2)(P/F,7\%,2)$$
$$-2\ 800(P/F,7\%,5) + 177\ 200(P/F,7\%,6)$$
$$+3\ 800(P/A,7\%,2)(P/F,7\%,6)$$
$$+2\ 800(P/F,7\%,9) - 27\ 200(P/F,7\%,10)$$
$$=3\ 655\ 元$$

结论：$NPV_{(A-B)} = 3\ 655$ 元,即 A 方案超额投资的部分,用每年节约的经费偿还。在十年寿命期内,除保证 7% 的收益率外,还多 3 655 元零年的现值,故 A 方案可取。

分析：

(1)两种方法计算的结果相吻合,在评价时可根据现金流量的特点任选一种。

(2)虽然根据现值成本的比较 A 厂比 B 厂好,但从实际考虑可能应选 B 厂。因为 B 厂的现值成本仅比 A 厂多 3 667 元,与 40 万的投资相比是一个可以忽略的数值。故可认为两者的现值成本相当。但 B 厂在 10 年末还有 2 000 千瓦的产能可继续利用。一旦对需求预测有偏差时,选择 B 厂还可继续提供电能。可见决策不能单纯从数据出发,应综合考虑各种因素。

4.2.5　AC 法与 NPV 法的选择

用现值法和年值法评价方案虽然能够得到一致的结论,但在计算过程中,考虑到现金流量特点上的差异,应注意选择较恰当的方法。表 4 - 7 列出了不同情况下宜采用的方法。

表 4 - 7　方法的选择条件

方案的年现金流量	方案的时间起点	方案的时间终点	宜采用的方法
为常数	相同	相同	AC 或 NPV
		不相同	AC
	不相同	—	NPV
不为常数	—	—	NPV

4.2.6　*NPV*、*NPVI* 和 *AC* 指标的配合使用

净现值指标从表观看是一个绝对值指标,但是它与静态绝对值指标不同,由于净现值的计算考虑了资金时间价值,净现值是通过期望收益率贴现之后计算出来的绝对值指标。由于期望收益率本身是一个表示盈利质量的相对指标,因此净现值的大小不仅反映了绝对数值,也间接地反映了资金的利用效率。应当认为净现值兼有绝对数和相对数的双重特性。如以上分析,由于净现值指标是绝对值的表达形式,所以在多方案择优的过程中用净现值指标进行决策有其局限性。首先当方案寿命期相同,而投资规模不相同时,净现值指标倾向于采取投资额大的方案。为纠正这一决策偏差,可用净现值指数作为辅助指标。净现值指数表明单位投资额的盈利能力,借助净现值指数的判断,可以纠正净现值指标在对投资规模不同的方案进行决策时容易产生的偏差。其次,当投资额相似而项目寿命不等时,净现值指标倾向于采用寿命长期的方案。为此我们可以借助等额年金(*AC*)指标的帮助。等额年金可以理解为将净现值拉平到每一年所得到的净收益,因此用这个指标可以纠正净现值指标倾向于采用长寿命方案的特点。可见三个指标的配套使用,增加了方案决策的正确性。

4.3　内部收益率法

4.3.1　内部收益率的计算

1. 内部收益率的概念及计算

内部收益率(internal rate of return,IRR)是指项目寿命期内净现值为零(即现金流入现值等于现金流出现值)时的贴现率。内部收益率用 *IRR* 表示。*IRR* 的计算值由项目的现金流入、现金流出以及项目寿命期决定,与 *MARR* 无关。

内部收益率法的经济含义是指项目在整个寿命期内,在抵偿了包括投资在内的全部成本后,每年还平均产生 *IRR* 的经济利益。由于内部收益率反映投资本身在整个寿命期内实际达到的收益水平(盈利率),即它反映了投资项目本身对占用资金的一种恢复能力,所以 *IRR* 的值越高,其项目的经济性越好。

内部收益率的计算:根据内部收益率的概念,可列出如下的计算公式:

$$\sum_{k=1}^{n} \frac{F_k}{(1+i)^k} = P \tag{4-7}$$

其中　*P* 为原投资额;F_k 为 *k* 期的现金流量;*n* 为投资项目的使用寿命或研究的最大年限。

上式中 *P*、F_k、*n* 均为已知,计算未知的 *i* 值。

由计算公式不难理解,*IRR* 的理论基础是将占用资本的全过程及其所获得的利润,这两笔流出与流入的资金,按货币时间价值上的等值概念,将它们列为等式。因此 *IRR* 法中包括了一个不明显的假设,即投资每期收到的款,可以用来再投资,并且收到的利率与所求得的内部报酬率(*i*)是一样的。这种假设对于内部报酬率较高的投资方案是难以做到的。

决策规则: *IRR* 的计算值虽然与 *MARR* 无关,但在进行项目取舍决策时仍需有比较标准(*MARR* 或资本的机会成本),这个标准也称为跳栏利率。如果计算所得的内部收益率大于跳栏利率(一般取 *MARR*),则方案可行。

计算步骤：由计算公式可看出，它是一个以 i 为未知数的一元 n 次方程式，用代数法解比较困难，最好用尝试错误法求解。用尝试错误法求 i 值的步骤如下：

第一步：估算第一次试算的 i 值

（1）暂时不考虑货币的时间价值（或设 $i=0$），而将所有的支付值及收入值分别换算为单一总额。

（2）将支出及收入的总额按复利公式列为等式，并计算出复利系数的值。

（3）按照复利系数值查复利表找出对应此系数的近似 i_1 值。这个 i_1 值即可作为每一次尝试的 i 值。

第二步：试算

将 i_1 值按题意代入计算公式中进行试算。若所得净现值不为 0（例如为正），则应再设一个 i_2 进行第二次试算。由现值函数曲线的特点（图 2－27）可知，净现值额 $NPV_{(i)}$ 随着 i 的增加而减少，为使净现值由正值降为零或为负值，则所设的 i_2 应大于 i_1，并将 i_2 代入，若所得的净现值≤0，则试算结束。

第三步：计算内部收益率 i

当 $NPV_{(1)}>0$ 而 $NPV_{(2)}<0$ 时，利用 i_1、i_2 及与它们对应的净现值 $NPV_{(1)}$、$NPV_{(2)}$，用插入法计算出使净现值为零的 i 值，此 i 值即为所要求的内部收益率。

【例 4－11】　现有投资 5 000 万元，在预期十年中每年可回收 100 万元，并在第十年末可获得 7 000 万元，试计算内部收益率。

解一：首先画出现金流量图（图 4－8），并列出等式：

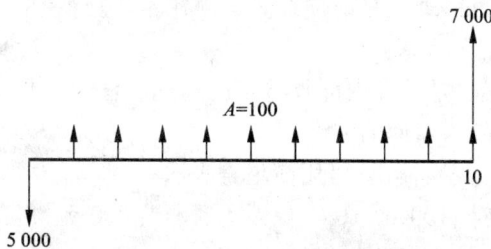

图 4－8　例 4－11 的现金流量图

$$0 = -5\,000 + 100(P/A, i, 10) + 7\,000(P/F, i, 10)$$

为求出第　次尝试值的估计利率，将所有的收入换算到第 10 年的总额 F 设 $i=0$，并按一次支付复利现值公式列出等式：

$$P = 5\,000;$$
$$F = 10 \times 100 + 7\,000 = 8\,000$$
$$5\,000 = 8\,000(P/F, i, 10)$$

得出：　$(P/F, i, 10) = 0.625$

查复利表可知利率在 4% 与 5% 之间，取 $i_1 = 5\%$ 试算：

$$0 = -5\,000 + 100(P/A, 5\%, 10) + 7\,000(P/F, 5\%, 10)$$
$$0 \neq 69.46$$

$NPV>0$,说明 $IRR>5\%$,再以 $i=6\%$ 进行试算

$$0 = -5\ 000 + 100(P/A,6\%,10) + 7\ 000(P/F,6\%,10)$$

$$0 \neq -355.19$$

用插入法计算 i 值:

$$\Delta i = \frac{(69.46-0)}{69.46-(-355.19)}(6\%-5\%) = 0.16\%$$

$$i = 5.00\% + 0.16\% = 5.16\%$$

解二:本例可以运用年金法计算求解收益率:

$$0 = 5\ 000(A/P,i,10) - 100 - 7\ 000(P/F,i,10)$$

用 $i=5\%$ 试算

$$0 = -5\ 000(A/P,5\%,10) + 100 + 7\ 000(P/F,5\%,10)$$

$$0 \neq +9.02$$

用 $i=6\%$ 试算

$$0 = -5\ 000(A/P,6\%,10) + 100 + 7\ 000(P/F,6\%,10)$$

$$0 \neq -48.26$$

$$\Delta i = \frac{9.02}{9.02-(-48.26)}(6\%-5\%) = 0.157\% \approx 0.16\%$$

$$i = 5\% + 0.16\% = 5.16\%$$

两种解法结果相同。

【例 4 - 12】 当实际评价项目时,若在寿命期内现金流量结构较复杂,为使计算结果及计算过程表达清楚,常采用列表计算的方式。本例计算见表 4 - 8。

2. 内部收益率其他计算方法

以上介绍的尝试错误法是计算内部收益率的通用方法,但计算比较复杂。根据现金流量结构的不同,也可采用较为简便的方法。

(1)若只有一次流入、一次流出,可用简单查表法。

【例 4 - 13】 期初存款 100 元,10 年后得本利和共 200 元,问年利率为多少?

$$100(F/P,i,10) = 200$$

$$(F/P,i,10) = 2$$

$$(F/P,7\%,10) = 1.967\ 1, \quad \therefore \quad i = 7\%$$

(2)对于有多次收益(支出),但各年收益(支出)相等的现金流,计算未知 i 可直接利用公式。

$$P = (P/A,i,n)$$

或 $\qquad P = (F/A,i,n)$

3. 计算内部收益率需要讨论的几个问题

插入法的误差问题 在第 2 章,我们已介绍了净现值曲线的概念,并指出净现值与收益率之间是非线性关系。这样用直线插入法计算出的 i 值只能是一个近似解,也就是说,该值存在一定的误差。为了减小误差,则要求用直线尝试错误法计算 IRR 时,所设定的 i 值的上限及下限间的差额要尽量小(如图 4 - 9 中的 i_1 与 i_2),差额最好不超过 2%,否则会造成过大的误差。

单位:万元

表4-8　内部收益率(IRR)计算表

序号	项目	建设年份			生产年份										NPV
		1	2	3	1	2	3	4	5	6	7	8	9	10	
一	现金流量——流入														
	销售收入(+)				3 500	7 000	7 000	7 000	7 000	7 000	7 000	7 000	7 000	7 000	
	经营费(-)				2 000	4 000	4 000	4 000	4 000	4 000	4000	4 000	4 000	4 000	
	税 金(-)									350	350	350	350	350	
	设备更新费(-)					500	500	500	500	500	500	500	500		
	流动资金收回(+)													2 000	
	固定资产残值(+)													1 000	
	流入合计				1 500	2 500	2 500	2 500	2 500	2 150	2 150	2 150	2 150	5 650	
二	现金流量——流出														
	基建费用(-)	3 700	4 800	1 500											
	流动资金(-)				1 000	1 000									
	流出合计	3 700	4 800	1 500	1 000	1 000									
三	净现金流量,NCF*	-3 700	-4 800	-1 500	500	1 500	2 500	2 500	2 500	2 150	2 150	2 150	2 150	5 650	
	(P/F,15%,n)	0.869 6	0.756 1	0.657 5	0.571 8	0.497 2	0.432 3	0.375 9	0.326 9	0.284 3	0.247 2	0.214 9	0.186 9	0.162 5	
	-1 038	-3 218	-3 629	-986	286	746	1 081	940	817	611	531	462	402	918	-1 039
	(P/F,12%,n)	0.892 9	0.797 2	0.711 8	0.635 5	0.567 4	0.506 6	0.452 3	0.403 9	0.360 6	0.322 0	0.287 5	0.256 7	0.229 2	
	311	-3 304	-3 827	-1 068	318	851	1 267	1 131	1 010	775	692	618	552	1 296	+311

$$\frac{311}{311+1039} \times 3\% = 0.69\%$$

$$IRR = 12\% + 0.69\% = 12.69\%$$

*NCF—net cash flow

内部收益率与投资初始值的关系　由贴现现金流量的计算式可以看出内部收益率具有以下特性：

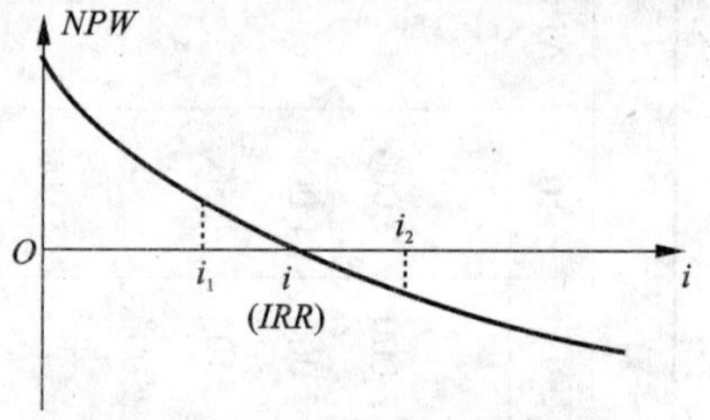

图4-9　计算内部收益率的误差分析

$$当 \sum_{K=1}^{n} F_K = P, 则\ i = 0;$$

$$当 \sum_{K=1}^{n} F_K < P, 则\ i < 0;$$

$$当 \sum_{K=1}^{n} F_K > P, 则\ i > 0。$$

第一种情况意味着投资方案未来的现金流入量的现值总和刚好与原投资额相等,即所做投资没有带来任何盈利,其内部报酬率为零。

第二种情况表明,资金投下去后,不仅没有盈利,还使投资的一部分亏蚀了,其内部报酬率为负值。

第三种情况除收回原投资外,还取得了一定的利润,其内部报酬率为正值,并且取得的利润越多,内部报酬率越高。

内部收益率与时间的关系　内部收益率与时间的关系体现在当盈利额一定时,盈利取得的时间越早,内部收益率越高;盈利取得的时间越迟,内部收益率越小。

可见一个投资方案未来的现金流入的数量和流入的时间都可通过内部收益率体现出来,这正是投资方案经济效果的综合表现。因此,内部收益率法被认为是分析评价投资效果的一个重要工具。

4. 内部收益率的几种特殊情况

不存在内部收益率的现金流　图4-10列出了不存在内部收益率的几种现金流。其中:图(a)只有收入而无支出,随着 i 值变化,NPV 值不可能由正值变为负值,故不可能与横轴相交;图(b)只有支出而无收入,同理也不可能与横轴相交;图(c)投资发生在先收入发生在后,且收入少于支出,当 $i=0$ 时,NPV 为负值,随着 i 值的增加,NPV 也不能与横轴相交。

非投资情况　这是一种较特殊情况,先从项目取得资金,然后偿付项目的有关费用,如图4-11的情况。对这种现金流进行决策时,只有当内部收益率 $IRR < MARR$ 时方案才是可取的。

【例4-14】　某厂用租赁设备生产每年获利470元,租金于十年末一次偿付10 000元,计算内部收益率(图4-12)。

$$470 = 10\ 000(A/F, i, 10) \qquad i = 16\%$$

分析:例4-14属非投资情况,先收入后支出,其盈利区在成本收益现值平衡点的右侧。就其经济含义而言,若用历年的收入去偿还十年末成本时,必须使每年的收益进行再投资,且再投资的收益率不能小于16%,企业确定的 MARR 值应大于16%,即 $MARR > i(IRR)$ 时方案才是可行的。

非投资情况下投资决策准则之所以与正常投资情况不同,是因为在正常投资情况下,年初有资金支出,需要有以后各年的现金流入回收年初的投资,而以后各年的收入要经过贴现,而贴现是一个贬值过程,因此贴现率越大,则对回收投资不利。故当 $IRR > MARR$ 时说明该项目的盈利能力比要求的基准收益率要高。在非投资的情况下,收入发生在先,支出发

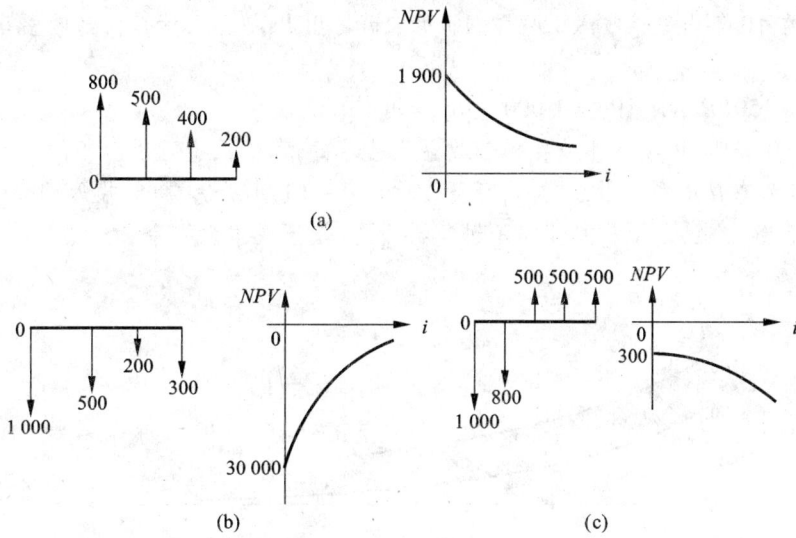

(a)

(b)　　　　　　　　　　　(c)

图 4 - 10　不存在内部收益率的现金流量

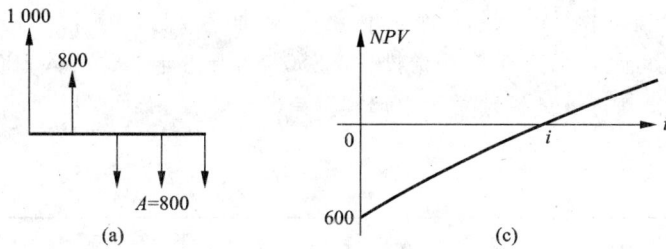

(a)　　　　　　　　　　　(c)

图 4 - 11　非投资情况

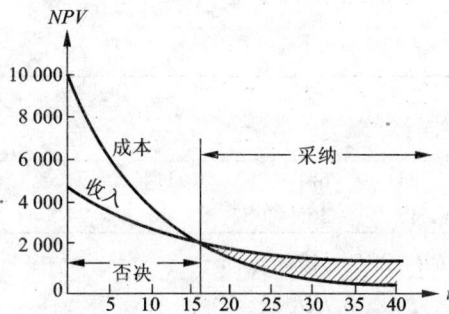

图 4 - 12　成本及收益的现值曲线图

生在后,用先发生的收入去冲销未来的支出。就收入而言,这是一个增值过程(即求本利和)。因此,当 *IRR* < *MARR* 时,说明项目的盈利能力比要求的(*MARR*)要强,其方案是可行的。

【例 4 - 15】 *IRR* 等于 0 的非投资型现金流。

某项目在 10 年内每年收入 150 元,10 年末需付出 1 000 元,计算内部收益率(见图 4 - 13)。

$$150(P/A,i,10) = 1\ 000 \quad IRR = 0$$

分析: $i = 0$ 表明,该项目即使在内部收益率为零的情况下,也可用历年的收入偿还 10 年末的成本,即无论 *IRR* 多么小,方案均可行。由图 4 - 13 可清楚看出,收入的现值曲线永远在成本现值曲线之上,所得收益即使不进行再投资,偿还成本也有余。

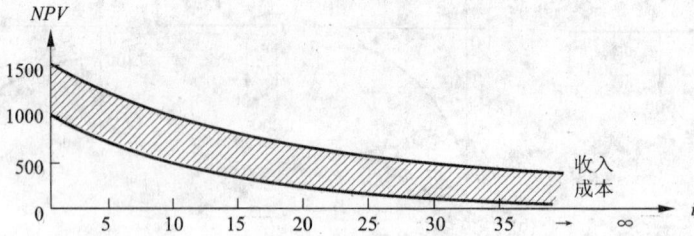

图 4 - 13　例 4 - 15 的收益及成本现值曲线图

5. 具有多个内部收益率的情况

【例 4 - 16】 某一投资者承包一个旧企业,承包期为 10 年,前四年按旧企业经营方式进行,每年纯收入如下表,第五年初开始投资 1 850 万元,当年获纯收入 600 万元,以后每年收入递减 100 万元,确定该投资过程的内部收益率。

该方案的现金流量为:

年　份	1	2	3	4	5	6	7	8	9	10
现金流量	+200	+100	+50	+50 -1 850	+600	+500	+400	+300	+200	+100

列表计算:

现值 ＼ 年份	1	2	3	4	5	6	7	8	9	10	Σ
$i=28\%$	156	61	24	-671	175	114	71	41	21	8	0
$i=49\%$	134	45	15	-365	82	46	24	12	5	2	0

该投资方案具有两个 *IRR*: 28%、49%

可能会产生多个 *IRR* 值,这是由 *IRR* 计算公式的数学特性决定的。

以 X 代表 $\dfrac{i}{(1+i)}$,则具有 $F_n(n=0\sim10)$ 项现金流量的贴现值可表示为:

$$NPV = F_0 + F_1 X + F_2 X^2 + F_3 X^3 + \cdots + F_n X^n = 0 \tag{4-8}$$

从数学观点分析上式,它是一个以 X 为未知量的一元 n 次方程,所以 X 应有 n 个不同的值(根)满足上式,其中虚数根及负数根没有经济意义(舍去)。只有 X 的正实数根的数目,才是内部收益率的个数。

此外,也可根据 n 次多项式狄斯卡尔符号规则来判断收益率的数目。这项规则认为:系数为实数的 n 次多项式,其正实数根的数目不会超过其系数系列 $F_0, F_1, F_2, F_3, \cdots, F_{n-1}$, F_n 中符号变更的次数(0 可视为无符号的)。由表 4-9 所列出的四个方案的现金流量可以看出,按照上述规则,方案 A 及方案 B 最多只有一个内部收益率,方案 C 最多有 2 个,方案 D 最多有 3 个。

表 4-9　各种现金流量

年末	方案 A	方案 B	方案 C	方案 D
0	-1 000	-1 000	-200	-1 000
1	500	-500	0	4 700
2	400	-500	10 000	-7 200
3	300	-500	0	3 600
4	200	1 500	0	0
5	100	2 000	-10 000	0

对于方案 C,如果将其现值函数画出,得到曲线如图 4-14 所示。由图可见,这个现金流量具有两个不同的 i 值,均可使 NPV 为零,它们分别是 9.8% 和 111.5%。

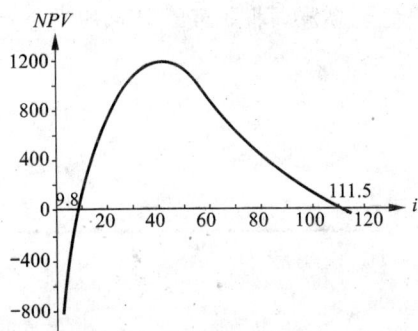

图 4-14　方案 C 的现值函数曲线

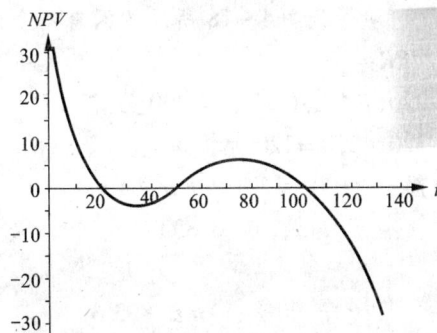

图 4-15　方案 D 的现值函数曲线

方案 D 的现金流量现值函数见图 4-15,从中可看出它有三个收益率,并且当 $i<20\%$ 和 $50\%<i<100\%$ 时,其现值额为正值。

从现金流的特点进行分析,可把投资项目分为常规投资项目和非常规投资项目两大类。

常规投资项目系数指,项目在寿命期内除建设期(或含投产初期)净现金流量为负值外,其他年份均为正值。也就是说寿命期内现金流量仅有一次变号,故只有一个 IRR 解。非常规投资项目系指,项目在寿命期内,资金的投入不仅发生在建设期初,而是分散在现金流入量之中,故有现金流多次变号的现象,这类投资常出现多个 IRR 值。

在具有多个 IRR 值的情况下,没有一个答案是正确的。在进行方案评价时如果能采用其他指标进行评价,则可不计算 IRR 值。若必须用 IRR 指标进行评价,则视实际需要把现金

流量中符号的变换限制在一次以内,有以下两种处理办法:

(1)把零年以后发生的净现金支出额(投资)以 $MARR$ 为贴现率调整到零年,使现金流成为改变一次符号的结构形式。

(2)把非零年的净支出(投资),以 $MARR$ 为贴现率,换算为与其前面相邻的现金流入值同年的现值,并与该现金流入量冲销,使该项目的现金流量变成一次变号的现金流量。

【例4-17】 某投资方案原现金流量如图4-16,若 $MARR$ 为10%,计算该现金流量的内部收益率。

分析:该现金流量模式属 $P-A-P$ 型,具有两个解。绘出该现金流的现值曲线(见图4-17)可知, $IRR_1 = 20\%$, $IRR_2 = 100\%$ 。

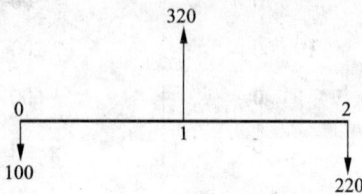

图4-16　例4-17的现金流量图　　　　图4-17　例4-17的现值曲线

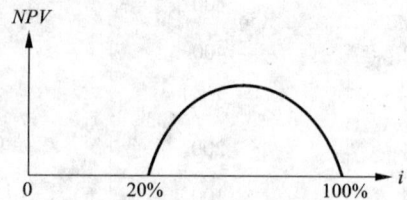

为了求出 IRR 的唯一解,按第二种方法对现金流进行修正。

首先将二年末的220元投资贴现到一年末,再用一年末的现金流入值冲销这笔投资的贴现值,便得到图4-18所示的只有一个内部收益率的现金流。根据经过修正的现金流,计算出 $IRR \approx 20\%$ 。

$220(P/F,10\%,1) = 200$ 元

$320 - 200 = 120$ 元

解: $-100 + 120(P/F,i,1) = 0$

$(P/F,i,1) = 0.833\ 3$

查表得:

$(P/F,20\%,1) = 0.833\ 3$

$\therefore\quad IRR \approx 20\%$

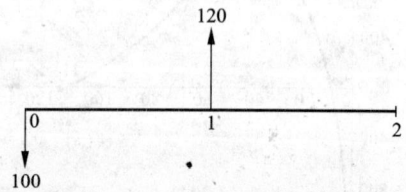

图4-18　修正后的现金流量图

分析:按调整后的现金流量计算的内部收益率值,其精度受被调整的现金流量的金额及调整时采用的期望收益率水平的影响。一般而言,现金流量金额调整得越少,则精度越高。

6. 对内部收益率方法的评价

据许多研究表明,内部收益率法比净现值法应用得更广泛。主要原因似乎是商界的人都习惯于用收益率而不是净现值来思考问题。

优点: IRR 法是投资效果评价的一个基本方法。该指标反映了项目资金占用的效率,是一个反映投资方案所做贡献的效率指标。项目贡献效率是属于项目本身的内涵属性,不易受外部条件的影响。因此, IRR 指标为企业的主管部门提供了一个控制本行业经济效果的内部统一的衡量标准。当净收益一定时,投资大的方案则内部收益率小,故在一定程度上起到控制投资的作用。它的表达形式类似利率,一般决策者对利率有强烈的直观感受,故容易被理解。

内部收益率法的不足之处有：

（1）当出现多个 IRR 值时，经调整后计算出的 IRR 不代表项目真实的 IRR，容易造成错误评价（如例 4 - 17）。最好采用净现值法或其他方法进行评价。

（2）对于追求利润的绝对值最大化的企业而言，收益率大的方案，不一定是最优方案。因为一个投资额很小的方案，纵然收益率很高，其所提供的利润总额总要小于投资大而收益率略低的方案。这可用下面的两个现金流予以说明：

年　　份	项目 A 现金流	项目 B 现金流
0	- 1 000	- 10 000
1	475	4 380
2	475	4 380
3	475	4 380

求解得：$IRR_A = 20\%$，$IRR_B = 15\%$，如果没有资金短缺或其他条件的限制，项目 B 虽然收益率较低，但它在同一时间内能为公司增加更多的绝对收益，还是应当选 B。

（3）IRR 不是衡量初始投资的收益率，它是衡量随时间变化的，尚未收回的投资余额的盈利率。因此，内部收益率的计算中存在非常苛刻的再投资假设：在项目寿命周期中各期的净现金流量，必须按内部收益率的水平进行再投资；项目寿命终止时再投资的项目也全部到期；要求各期净现金流量全部都用于投资，没有现金流量的漏出。这些要求在投资的实践中是很难达到的。如果该方案所产生的现金流量再投资的报酬率低于内部收益率，则计算出的内部收益率将被高估，对决策造成误导。

一个项目的内部收益率值是该项目所固有的，与其他投资项目毫无关系。因此内部收益率的值，只能用来与某个标准（如 $MARR$）相比较，用以说明项目的可行性。它不能直接用来比较各种投资项目的优劣。当对多项方案进行选优时，不但要确定每个项目或每个方案的 IRR 值，而且需要确定它们之间的差额现金流的收益率即相对投资收益率（或称增量投资收益率），才能进行不同方案间的择优。

内部收益率与投资利润率的关系：投资利润率是表达项目单位投资盈利能力，属净态指标。两者虽然都涉及投资和盈利的问题，内部收益率反映的是项目在整个经济活动计算期内的投资盈利率，表明项目对初始投资偿还能力或对贷款利率的最大承担能力。投资利润率表达的是单位投资效果。内部收益率最高的是投资少、产出快的项目；投资利润率高的项目，内部收益率也高，但两者的数值相差较大。

4.3.2　内部收益率计算举例

【例 4 - 18】　某首饰加工厂为减少黄金废屑损失，计划上一套回收设备。目前每年废屑损失价值为 5 000 元，随着产量增加，损失费每年增加 500 元，安装回收设备后，可回收 2/3 的废屑。设备投资 14 000 元，估计其作业成本每年 1 000 元，保养及修理费每年 180 元，税金及保险费是期初投资的 2%。公司希望在 10 年内该项目投资的期望收益率为 15%。问应否安装此回收系统？

解：用内部收益率法判断项目的可行性，具体计算见表 4 - 10。

表 4 - 10　回收黄金废屑系统内部收益率计算表

年数	投资	回收	年成本	净现金流	$(P/F,15\%,n)$	NPV (15%)	$(P/F,18\%,n)$	NPV (18%)
0	1 400	—	—	− 14 000	1.000	− 14 000	1.000	− 14 000
1		3 330	1 460	+ 1 870	0.869 6	+ 1 630	0.847 5	+ 1 580
2		3 670	1 460	+ 2 210	0.756 1	+ 1 670	0.718 2	+ 1 590
3		4 000	1 460	+ 2 540	0.675	+ 1 670	0.608 6	+ 1 545
4		4 330	1 460	+ 2 870	0.571 8	+ 1 640	0.515 8	+ 1 480
5		4 670	1 460	+ 3 210	0.497 2	+ 1 600	0.437 1	+ 1 400
6		5 000	1 460	+ 3 540	0.432 3	+ 1 530	0.370 4	+ 1 310
7		5 330	1 460	+ 3 870	0.375 9	+ 1 450	0.313 9	+ 1 210
8		5 670	1 460	+ 4 210	0.326 9	+ 1 380	0.266 0	+ 1 120
9		6 000	1 460	+ 4 540	0.284 3	+ 1 290	0.225 5	+ 1 020
10		6 330	1 460	+ 4 870	0.247 2	+ 1 200	0.191 1	+ 930
合计				+ 19 730		+ 1 060		− 815

对计算的几点说明:

(1)回收值 = 当年废屑损失的价值 × 2/3

(2)成本 = 1 000 + 180 + 14 000 × 2% = 1 460 元

$$IRR = 15\% + \frac{1\ 060}{1\ 060 - (-815)} \times (18\% - 15\%) = 16.7\%$$

分析: $IRR = 16.7\% > MARR(15\%)$,此方案可行。

【例 4 - 19】　某厂租用生产设备一台,租期 20 年。预计设备每年的收益除偿付租金外尚余净收益 1 000 元。租约规定租用人在使用四年后负责更换部分零件,预计需费用 10 000 元。该项目的现金流量如图 4 - 19 所示,计算该项目的内部收益率。

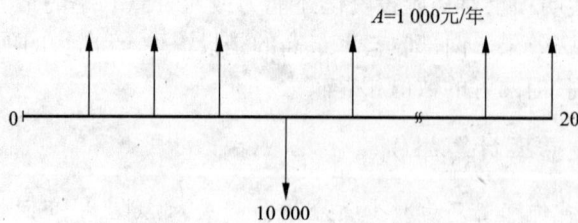

图 4 - 19　例 4 - 19 现金流量图

　　分别计算收益及成本在不同收益率下的现值见表 4 - 11,并作出两者的现值曲线,如图 4 - 20 所示。

表 4 – 11　不同 i 值下成本及收益的现值

$i(\%)$	0	10	20	21	30	40	48
收益(元)	1 000	8 510*	4 870	4 690	3 320	2 500	2 090
成本(元)	10 000	6 830**	4 820	4 680	2 860	2 600	2 090

* 　　　$P = 1\,000(P/A,10\%,20) = 8\,510$ 元

** 　　$P = 1\,000(P/F,10\%,4) = 6\,830$ 元

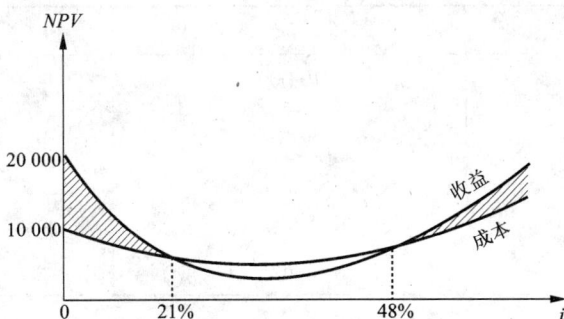

图 4 – 20　例 4 – 19 收益及成本的现值函数曲线图

由于有两个 IRR 值,必须将现金流量予以调整。取 $MARR = 15\%$,采用第一种方法(把投资贴现到零年)进行调整。

则有: $10\,000(P/F,15\%,4) = 5\,718$ 元

调整后的现金流量如图 4 – 21 所示。

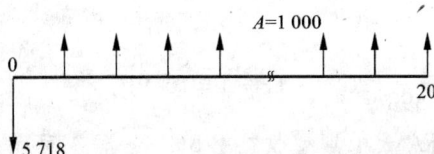

图 4 – 21　调整后的现金流量图

$$1\,000(P/A,i,20) - 5\,718 = 0$$

$$i = 15\% \qquad NPV = 542 \text{ 元}$$

$$i = 18\% \qquad NPV = -365 \text{ 元}$$

$$IRR = 15\% + \frac{541}{541 - (-365)}(18\% - 15\%) = 16.8\%$$

4.3.3　相对投资收益率(ΔIRR)

1. 相对投资收益率的概念和计算方法

所谓相对投资收益率就是用复利法计算两方案效益相同时的利率,也称为交叉利率。

计算相对投资收益率的方法有:

(1)找出使两方案的差额现金流量的现值等于零的收益率,即为相对投资收益率;

（2）找出使两方案净现值相等的收益率；

（3）找出使两方案净年值相等的收益率。

无论采用哪一种方法，结果是相同的。

决策规则：①只有当投资较低的方案被证明是合理时，较高投资方案才能与之比较。②当增额投资收益率高于方案的期望收益率时，则投资高的方案可取。

【例 4－20】 现有两项投资方案，其收支情况如下表，试用相对投资收益率法进行评价，期望收益率为 8%。

	车 床 A	车 床 B
投　资(元)	10 000	15 000
预期寿命(年)	5	10
残　值(元)	2 000	0
年 收 入(元)	5 000	7 000
年 支 出(元)	2 200	4 300

解一：

首先判断车床 A(投资较低方案)投资的可行性：

$$-10\,000 + (5\,000 - 2\,200)(P/A, i, 5) + 2\,000(P/F, i, 5) = 0$$

设 $i = 15\%$

$$-10\,000 + (5\,000 - 2\,200)(P/A, 15\%, 5) + 2\,000(P/F, 15\%, 5) = 0$$

$$365 \neq 0$$

设 $i = 20\%$

$$-10\,000 + (5\,000 - 2\,200)(P/A, 20\%, 5) + 2\,000(P/F, 20\%, 5) = 0$$

$$-598 \neq 0$$

$$X\% = 15\% + \frac{365}{365 + 598}(20\% - 15\%) = 16.9\%$$

结论：由于车床 A 的 IRR 大于期望收益率 8%，方案 A 可行。

第二步：决定车床 B 的增额投资是否值得。但两方案的预期寿命不同，在用净现值为计算基础时，年限长度应以两方案寿命期的最小公倍数(10 年)为准。两方案的差额现金流见表 4－12。

令差额现金流现值等于零，计算 IRR。

$$-5\,000 - 100(P/A, i, 10) + 8\,000(P/F, i, 5) - 2\,000(P/F, i, 10) = 0$$

若 $i = 0\%$，代入上式得：

$$-5\,000 - 100(10) + 8\,000(1) - 2\,000(1) = 0$$

结论：增额投资收益率为 0%，它小于 8%，故车床 B 增额投资不值得，应选择车床 A。

解二：令两方案现值相等，计算相对收益率。

$$-10\,000 + 2\,800(P/A, i, 10) - 8\,000(P/F, i, 5) + 2\,000(P/F, i, 5)$$

$$= -15\,000 + 2\,700(P/A, i, 10)$$

解后得　$i = 0\%$；

表 4 - 12　两方案的差额现金流

年	车床 A		车床 B	差额(B - A)	
0	-10 000 元		-15 000	-5 000	
1	+2 800*		+2 700	-100	
2	+2 800		+2 700	-100	
3	+2 800		+2 700	-100	
4	+2 800		+2 700	-100	
5	+2 800	-8 000**	+2 700	-100	+8 000
6	+2 800		+2 700	-100	
7	+2 800		+2 700	-100	
8	+2 800		+2 700	-100	
9	+2 800		+2 700	-100	
10	+2 800	+2 000	+2 700	-100	-2 000

*年收入 - 年支出 = 5 000 - 2 200 = 2 800　　**第二期投资 - 第一期残值 = -10 000 + 2 000 = -8 000

解三： 令两方案年值相等,计算相对投资收益率(参见 4 - 3 式)。

$$(-10\,000 + 2\,000)(A/P, i, 5) - 2\,000(i) + 2\,800$$
$$= -15\,000(A/P, i, 10) + 2\,700$$

解后得　$i = 0\%$

三种解法结论相同：车床 B 不可取。

分析： 如果单独计算车床 B 的收益率则有：

$$-15\,000 + 2\,700(P/A, i, 10) = 0$$
$$(P/A, i, 10) = 5.55$$

查表知：$(P/A, 15\%, 10) = 5.019$　　$(P/A, 12\%, 10) = 5.650$

利用插入法得：$i = 12.48\%$

可见单独计算车床 B 的收益率为 12.48%,大于 8%,方案可行。但与车床 A 比较的增额投资部分未能取得较高的收益率。可见当多方案选优时,不能以 *IRR* 为指标直接决策,而应当采用相对投资收益率法。

2. 相对投资收益率的经济含义

下面我们将通过实例来阐述相对投资收益率及内部收益率的区别,便于进一步理解相对投资收益率的经济含义。

【例 4 - 21】 现有两个投资方案,现金流如下,试选择最优方案,若 *MARR* 为 15%。

单位：元

方　案	0 年	1 ~ 10 年
A_1	-5 000	1 400
A_2	-10 000	2 500

解： (1)计算各方案的内部收益率

$$A_1: 5\,000(A/P, i_1, 10) = 1400 \qquad i_1 = 25\%$$

$$A_2: 10\,000(A/P, i_2, 10) = 2500 \qquad i_2 = 21.4\%$$

若按内部收益率判断应选 A_1 方案。

(2)计算两方案的相对投资收益率

$A_2 - A_1$ 的差额现金流为：零年多投资 5 000 元，以后 1~10 年每年多收益 1 100 元。故有：

$$i_{2-1}: 5\,000(A/P, t_{2-1}, 10) = 1\,100 \qquad i_{2-1} = 17.6\%$$

结论： $i_{2-1} = 17.6\%$ 大于 $MARR(15\%)$，故应选投资大的 A_2 的方案。

两个指标的结果有矛盾，但应以相对投资收益率的结果为准，选方案 A_2。

讨论： 在方案选优时为什么要以相对投资收益率为判断指标。可通过图 4-22 予以解释。虽然 A_1 的内部收益率大于 A_2，但在基准收益率处 (15%)，A_2 的净现值大于 A_1。相对投资收益率 $i_{2-1} = 17.6\%$，表示当贴现率为 17.6% 时，两方案的净现值相同（注意，不是净现值为零）。由图上不难看出，只要基准收益率在相对投资收益率的左侧，即相对投资收益率大于基准收益率，则方案 A_2（投资大的方案）优于 A_1。可见不能以内部收益率做为选优的指标。

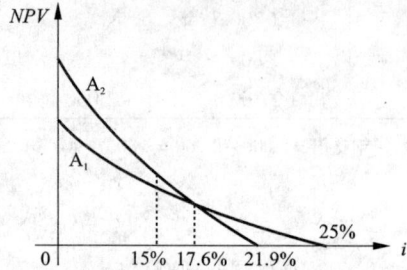

图 4-22　相对投资收益率与内部收益率示意图

4.3.4　相对投资收益率决策举例

【例 4-22】 某厂拟建一栋新厂房，有建造木厂房和建造砖厂房两个方案，各自的建造成本如下：

	木房	砖房
投　资(元)	40 000	100 000
寿　命(年)	20	40
残　值(元)	10 000	20 000
维修费每年(A_1)(元)	6 000	3 000

均按直线折旧法进行折旧，要求期望收益率为 5%。

分析： ①该厂房是为同样的生产任务服务，故可认为两者的收益相同，只需比较修建厂房的成本即可。②由于此例只给出支出，无法计算各方案自身的 IRR 值。可直接计算差额现金流量的相对投资收益率，判断方案的优劣。③按照时间可比要求，寿命期取两方案的最小公倍数。

解： 先绘制两方案的现金流量图及差额现金流量图，见图 4-23，再根据差额现金流计算相对收益率。

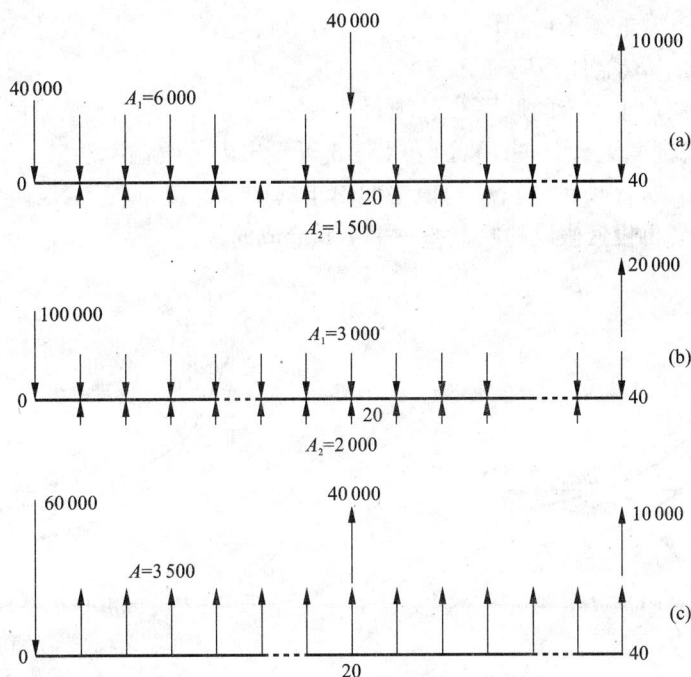

图 4-23　例 4-22 的现金流量图

(a)木厂房现金流量图　(b)砖厂房现金流量图　(c)两方案的差额现金流量图

$$木房折旧费 = \frac{40\ 000 - 10\ 000}{20} = 1\ 500\ 元/年(A_2)$$

$$砖房折旧费 = \frac{100\ 000 - 20\ 000}{40} = 2\ 000\ 元/年(A_2)$$

$$-60\ 000 + 3\ 500(P/A,i,40) + 40\ 000(P/A,i,20) + 10\ 000(P/A,i,40) = 0$$

$i = 6\%$　　$NPV = 6\ 106\ 元$

$i = 7\%$　　$NPV = -2\ 335\ 元$

$$i = 6\% + \frac{6\ 106}{6\ 106 + 2\ 335} - 6.7\% > 5\%$$

结论：应选砖厂房的方案。

4.3.5　*IRR* 与 *NPV* 评价指标的比较

两个指标的共同点：两者都考虑了资金的时间价值和整个项目寿命期内全部的经济数据，在进行单个项目方案评价的时候，两个指标对于无投资额限制的独立方案进行评价所得的结论是一致的。对投资型现金流进行评价时，*IRR* 为单一值，净现值法和内部收益率法的结论一致。

对互斥方案评价时，仍可能得出不同的投资决策。在这种情况下，虽然企业决策者认为内部收益率法使用方便，但是净现值法却更可靠。在对多个互斥方案决策中，只有当各被选项目的净现值曲线不存在交叉现象时,两种评价方法才能产生完全一致的结论(见图 4 - 24)。用内部收益率指标对互斥方案进行排序时,如果基准收益率大于交点的收益,两种评价方法可以得出一致的结论(如图 4 - 25)。当期望收益率小于交点收益率时,会出现排序错误。虽然 $IRR_B > IRR_A$,但却应选 A 方案。

两种评价方法产生冲突的原因是各项目的现金流结构不同(如项目的生命周期、初始投资额,各年的现金净流量不一致),由表 4 - 13 可看出内部收益率法倾向于早期现金流量较大、风险较低的项目(项目 A);净现值法倾向于远期现金流量较大、风险较高的项目(项目 B),这是由两者再投资假设的收益率水平不同造成的。

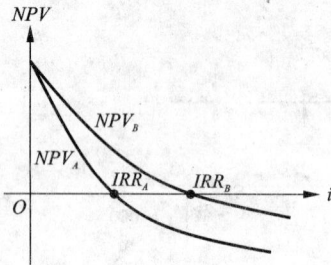

图 4 - 24　NPV 与 IRR 结论一致　　　　图 4 - 25　当 MARR < Fisher 点时,
　　　　　　　　　　　　　　　　　　　　　　　　　可能出现"排序错误"

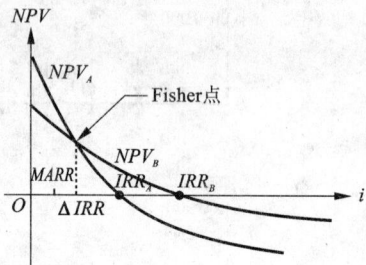

表 4 - 13　净现值和内部收益率指标对方案评价的比较

方案	项目的现金流量					MARR = 10%	
	0	1	2	3	4	NPV	IRR
A	- 25 000	15 000	10 000	7 000	5 000	5 567	22.41%
B	- 25 000	0	5 000	15 000	28 000	9 519	21.19%

净现值法和内部收益率法各自有自己的优势和不足,有自己的适用范围。在对多个互斥项目进行排队时,如果两指标的结论发生冲突,应以净现值的结论为准。在进行决策时还应当综合考虑投资者对风险的态度、项目所处的外部条件以及资本市场状况等因素。当投资项目的寿命周期和初始投资都不相同时,净现值法和内部收益率法都不能独立作为择优判断,应当借助于其他相对指标的帮助,经过综合考虑进行决策。

4.4　收益成本比值法

4.4.1　收益成本比值法概念及计算方法

收益成本比值法简称 B/C 法(benefit-cost Rate),指项目在整个寿命期内收益的等效值与成本的等效值之比。当 B/C > 1 时,方案可行。

$$B/C = \frac{\sum\limits_{K=1}^{n} \left(\dfrac{B_K}{(1+i)^K} \right)}{\sum\limits_{K=1}^{n} \left(\dfrac{C_K}{(1+i)^K} \right)} \tag{4-8}$$

其中　B——收益的现值；

　　　C——成本的现值。

4.4.2 收益成本比值法计算举例

【例 4 – 23】　某项目投资成本 20 000 元，经济寿命为 5 年，残值 4 000 元，每年收益 10 000 元，每年支出管理费和维修费 4 400 元，若基准收益率为 8%，确定方案是否可取。

解： 将收益及成本值化为等效年金进行计算。

$A = (20\ 000 - 4\ 000)(A/P,8\%,5) + 4\ 000(0.08) = 4\ 326$ 元

计算每年的总成本：

每年总成本 = 每年分摊的投资费 + 管理及维修费

$$= 4\ 326 + 4\ 440 = 8\ 726 \text{ 元}$$

$$B/C = \frac{10\ 000}{8\ 726} = 1.146 > 1.0$$

故方案可取。

分析： B/C 比值为 1.146，表示收益的等年值比费用的等年值多 14.6%，故该项目在经济上是可行的。

【例 4 – 24】　某两个技术方案的预期收益和费用如表 4 – 14。试计算不同 $MARR$ 水平下的 B/C 值。

解： 由表 4 – 14 中已算出的现值可得出：

当 $MARR$ 取 8% 时：

第一方案　$B/C = \sum\limits_{K=0}^{3} \left(\dfrac{B_K}{(1+0.08)^K} \right) / \sum\limits_{K=1}^{2} \left(\dfrac{C_K}{(1+0.08)^K} \right) = \dfrac{1\ 546.2}{1\ 356.7} = 1.14$

第二方案　$B/C = \sum\limits_{K=0}^{5} \left(\dfrac{B_K}{(1+8\%)^K} \right) / \sum\limits_{K=1}^{4} \left(\dfrac{C_K}{(1+8\%)^K} \right) = \dfrac{4\ 296.4}{3\ 735} = 1.15$

同理 $MARR$ 取 12% 时

第一方案　$B/C = \dfrac{1\ 441.1}{1\ 338} = 1.08$

第二方案　$B/C = \dfrac{3\ 784.3}{3\ 604.4} = 0.99$

当 $MARR$ 取 18% 时

第一方案　$B/C = \dfrac{1\ 304.6}{1\ 313.1} = 0.99$

第二方案　$B/C = \dfrac{3\ 352.1}{3\ 438.2} = 0.97$

结论： $MARR = 8\%$ 时，两方案均可行；$MARR = 12\%$ 时，两方案均可行；$MARR = 18\%$ 时，两方案均不可取。

表 4 – 14　例 4 – 24 的现值计算

方案	年	效益（万元）	效益现值			费用（万元）	费用现值		
			$i = 8\%$	$i = 12\%$	$i = 18\%$		$i = 8\%$	$i = 12\%$	$i = 18\%$
一	0	—	—	—	—	1 000	1 000	1 000	1 000
	1	600	555.5	535.7	508.5	200	185.2	178.6	169.5
	2	600	514.4	478.3	430.9	200	171.46	159.4	143.6
	3	600	476.3	427.1	365.2				
		1 800	1 536.2	1 441.1	1 304.6	1 400	1 356.7	1 338.0	1 313.1
二	0	—	—	—	—	2 060	2 060	2 060	2 060
	1	1 000	925.9	892.9	847.5	600	555.5	535.7	508.5
	2	1 000	857.3	797.2	718.2	500	428.6	398.6	359.1
	3	1 200	952.6	854.2	730.3	500	396.0	355.9	304.3
	4	1 200	882.0	762.6	619.0	400	294.0	254.2	206.3
	5	1 000	680.6	567.4	437.1				
		5 400	4 298.4	3 874.3	3 352.1	4 060	3 375.0	3 604.4	3 348.2

讨论：

（1）对于同一方案由于贴现率不同会得出不同的甚至相反的结论。当贴现率高时，对收益期长的方案不利，对早期发挥效益的方案有利。

（2）当 $i = 12\%$ 时，按 B/C 值法分析第一方案优，按净现值法（NPV 法）判断第二方案优（表 4 – 15）。说明用相对值指标（如 B/C 值）一般只能判断方案本身是否可行，不能择优。若需要用 B/C 比值指标对多方案进行择优，应计算各方案间差额现金流的 B/C 值。

表 4 – 15　不同收益率下的净现值

贴现率	净　现　值　（万元）		结论
	方　案　一	方　案　二	
$i = 8\%$	1 546.2 – 1 356.7 = 189.5	4 296.4 – 3 735.0 = 561.4	方案二优
$i = 12\%$	1 441.1 – 1 338.0 = 103.1	3 874.3 – 3 604.4 = 269.9	方案二优
$i = 18\%$	1 304.6 – 1 313.1 = – 8.5	3 352.1 – 3 438.2 = – 86.1	均不可行

4.5　外部收益率法

4.5.1　外部收益率的概念

外部收益率（ERR）是指项目投资的未来值与项目收益累积的未来值相等时的收益率。这里项目收益的再投资收益率是一个给定值（例如 MARR）。

由 ERR 的概念可写出以下的计算公式：

$$\sum_{K=1}^{n} P_K(F/P,ERR,K) = \sum_{K=1}^{n} F_K(F/P,MARR,K) \qquad (4-9)$$

其中　F 为净收益；P 为投资。

其经济含义是，由于项目收益再投资的收益率已经给定，因此计算出的外部收益率代表了初始投资的获利程度。由图 4-26 可以看出，外部收益率是净将来值(NFV)与横坐标轴的交点。

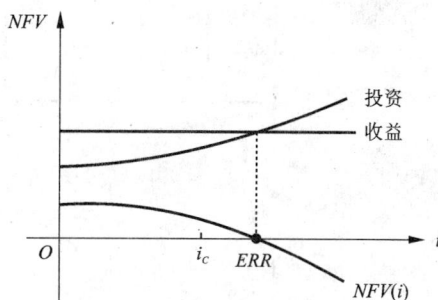

图 4-26　外部收益率示意图

决策规则：判断独立方案时，$ERR >$ $MARR$ 项目可行。对于多个独立方案进行选优时，可计算差额外部收益率，当 $ERR >$ $MARR$ 时，选择投资大的方案。

方法评价：外部收益率指标(ERR)克服了内部收益率指标(IRR)的一些缺点：首先，求解比较简单。其次，对于任何现金流量的投资项目只有唯一解。第三，ERR 能够更准确地反映项目在整个寿命期的投资收益水平。第四，ERR 与 NPV 对项目评价的结论具有一致性。ERR 的不足之处是，需要预先设定收益的贴现率($MARR$)，不如 IRR 客观。

【例 4-25】　某投资方案年初投资 10 000 元，寿命期为 5 年，残值 2 000 元，年平均收入 5 000 元，年平均支出 2 200 元，期望收益率为 10%，计算该项目的外部收益率。

解：$100\ 000(F/P,ERR,5) = (5\ 000-2\ 200)(F/A,10\%,5) + 2\ 000$

$\qquad 10\ 000(F/P,ERR,5) = 19\ 094$

$\qquad (F/P,ERR,5) = 1.909\ 4$

$\quad (F/P,12\%,5) = 1.762\ 3$

$\quad (F/P,15\%,5) = 2.011\ 4$

$ERR = 12\% + \dfrac{1.762\ 3 - 1.909\ 4}{1.762\ 3 - 2.011\ 4}(15\% - 12\%)$

$ERR = 13.8\%$

4.5.2　外部收益率应用举例

【例 4-26】　在方案 A(如例 4-25 的数据)的基础上，该厂又提出第二项投资方案(B)，期初投资为 16 000 元，寿命期 10 年，每年收益为 2 600 元，寿命期满后尚有残值 3 000 元，应取哪个方案？

分析：外部收益率属于相对性指标，只能判断是否可行，而不能用来择优，为了用外部收益率对方案进行择优，需计算差额现金流的 ERR 值。由例 4-25 已知，方案 A 的投资是可行的，因此以该方案为基础，对 B 方案的增额投资现金流(见图 4-27)进行评价，$MARR = 10\%$。

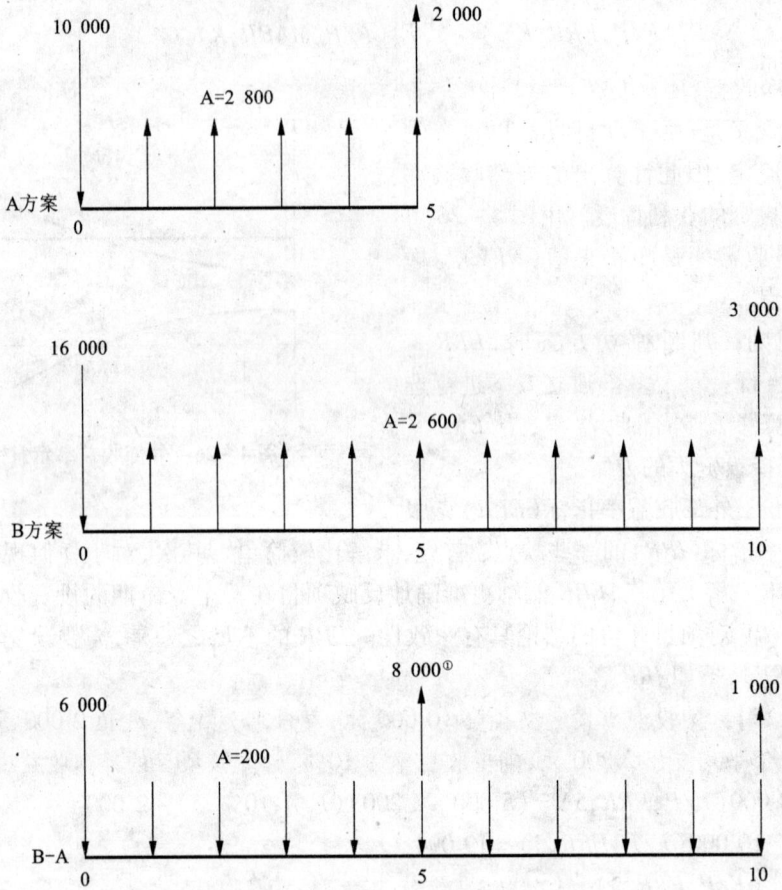

图 4 - 27 例 4 - 26 的现金流量图

解: $6\,000(F/P,ERR,10) + 200(F/A,ERR,10)$

$\qquad = 8\,000(F/P,10\%,5) + 1\,000$

$6\,000(F/P,ERR,10) + 200(F/A,ERR,10) = 13\,884$

$i = 6\%$ $\qquad NPV = 503$

$i = 7\%$ $\qquad NPV = -681.8$

$$ERR = 6\% + \frac{503}{503 + 681.8} = 6.4\%$$

结论: 差额现金流的外部投资收益率为 6.4%, 小于 MARR(10%) 要求的水平, 说明方案 B 的增额投资是不合理的, 故应取方案 A。

---

① 5 年末 A 方案残值 2 000 元, 6 年初再投资 (10 000 元): 10 000 - 2 000 = 8 000 元。

4.5.3　技术经济评价指标小结

表 4-16　主要评价指标汇总表

指标类型		评 价 指 标	评 价 标 准	应用范围
价值型指标	总量指标	计算费用 $\frac{总\ CT}{年\ CA}$	$\begin{array}{c}E=E_b\\ \dfrac{CT}{AT}\to min\end{array}$	互斥方案
		费用现值　PW	$\begin{array}{c}i=MARR\\ PW\to min\end{array}$	"
		净现值　NPV 净年值　AC	$\begin{array}{c}i=MARR\\ NPV>0\\ AC>0\end{array}$	独立方案 互斥方案
	差额指标	差额净现值　ΔNPV 差额净年值　ΔAC	$\begin{array}{c}i=MARR\\ \Delta NPV>0\\ \Delta AC>0\end{array}$	互斥方案
比率型指标	总量指标	投资回收期　$n_{静}$ 动态投资回收期　$n_{(动)}$ 投资效果系数　E 净现值指数　$NPVI$ 内部收益率　IRR 外部收益率　ERR	$\begin{array}{c}n_{静}<n_b\\ n_{动}<n_b\\ E>E_b\\ i=MARR\\ NPVI>0\\ IRR>MARR\\ ERR>MARR\end{array}$	独立方案 " " " " "
	差额指标	追加投资回收期(返本期)　Δn 追加投资效果系数　ΔE 差额内部收益率　ΔIRR 差额外部收益率　ΔERR	$\begin{array}{c}\Delta n<n_b\\ \Delta E>E_b\\ \Delta IRR>MARR\\ \Delta ERR>MARR\end{array}$	互斥方案 " " "

思 考 题

1. 与总算法和计算费用法相对应的动态评价方法是什么?

2. 现值比较法评价几个方案时现值额最大者最优吗?

3. 当某方案有多个内部收益率时,方案应如何评价?

4. 净现值为负值时说明企业亏本吗?

5. 当两方案进行比较时,净现值大的方案的净现值指数会小于另一个方案吗? 为什么? 从经济效果方面你怎么评价这个现值大的方案?

6. 当 $MARR=10\%$ 时,某方案的 $NPV=200$ 元,$NPVI=0.01$ 元 ,它们的经济含义是什么?

7. 你认为动态评价指标有哪些优点?

8. 各种动态评价方法你应怎样合理选择?

9. 进行方案评价时,时间因素是否不可缺少? 为什么?

10. 静态评价法与动态评价法有哪些共性和区别?

11. 在什么情况下可以采用静态评价法?

12. 不同的动态评价方法各适合用于什么情况?

13. 如何全面评价 IRR 法?

14. 多方案择优时,若用相对投资收益率法,MARR 对方案的选择将有什么影响?

15. 现有 A、B 两方案,两方案均可行($IRR > MARR$),两者的净现金流曲线见图 A 和图 B,在这两种情况下应如何决策? 为什么?

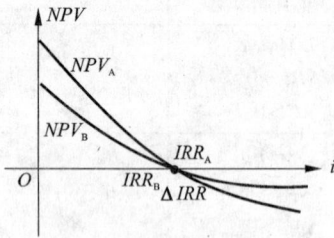

图 A $\Delta IRR = IRR_A = IRR_B$ 图 B $\Delta IRR \geqslant IRR_A$, $\Delta IRR \geqslant IRR_B$, $\Delta IRR \geqslant MARR$

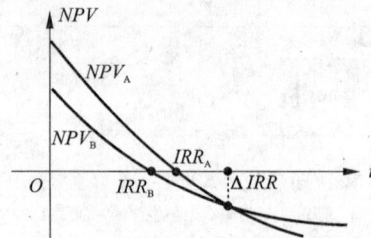

16. 用 NPV 和 IRR 指标进行项目可行性判断和互斥方案排序时,在什么情况下两者结论一致? 什么情况下会出现矛盾? 有矛盾时应如何确定项目的优劣?

练　习　题

1. 第一年付款 100 元,第二年付款 200 元,第三年付款 500 元,第四年末到第八年每年付款 400 元,若年利率为 20%,计算等效现在值、等效未来值和等效年值,并绘出现金流量图。

2. 设备投资 20 000 元,10 年末的残值为 10 000 元,若利率为 10%,问考虑到时间价值每年折旧费多少?

3. 某厂原为人工搬运,每年搬运费为 8 200 元,现拟采用运输带,安装费为 15 000 元,运转后每年支出人工费 3 300 元,电力 400 元,保养费 1 100 元,杂项费 300 元,此运输带可用 10 年,无残值,若资本回收率最低标准为 10%,问该厂是否值得安装此运输带代替人工搬运? (用年金法解)

4. 有一寿命为五年的投资计划,MARR 为 10%,现金流量如下表,用净现值法及现值指数法评价此项投资计划应否被采纳,并说明所得数值的经济含义。

年	现金流量	年	现金流量
0	− 50 000	3	20 000
1	10 000	4	20 000
2	10 000	5	20 000

5. 某企业准备安装一个在生产过程中回收更多贵金属微粒的系统。目前每年损失的贵金属价值超过 5 000 元。预计今后十年中,这个损失的价值每年增加近 500 元。计划的系统中包括一套排水渠道和离析器,它将回收三分之二以上的贵金属。全部装置预计 14 000 元。根据类似系统的成本费用,对本系统成本费用估计为每年 1 460 元,企业要求 10 年以内回收这笔投资。企业的平均收益率为 15% 左右。问是否应该安装回收系统;用四种动态法评价,并比较其结果。

6. 投资 20 000 元,寿命 10 年的机器,每年作业成本为 10 000 元,另一部机器售价比前者低了 15%,每年作业成本 13 000 元,经济寿命相同。*MARR* 要求 8%。选择最优方案。

7. 为处理废物有两个建厂方案:一是先购一台小设备投资 30 000 元,年作业费 5 000 元,10 年末再买一台同样设备。另一方案是开始即买一台大设备投资 50 000 元,前 10 年作业费 6 000 元,后 10 年作业费 9 500 元。设备寿命为 20 年,*MARR* 为 10%,应选哪个方案?

8. 某厂计划买一台旧机器完成预计三年的生产任务,用这台旧机器生产每年需作业费 12 000 元。三年后残值 5 000 元。若购置同样性能的新机器需投资 20 000 元,年作业费 8 000元,三年后残值 15 000 元。企业买此旧设备应花多少钱(*MARR* 为 10%)?是否合算?

9. 某投资项目要花 23 000 元,在开始四年每年亏损 12 000 元,四年末再投资 8 000 元,则 5~15 年每年可获利 4 000 元,15 年末尚有残值 33 000 元。用四种动态评价法确定方案是否可行?(设 *MARR* 为 7%)

第5章　多方案的项目评价

5.1　投资方案的分类

5.1.1　投资的经济决策

在一定时期内,资金来源总是有限的。首先确定优选项目,再将资金在优选项目间进行分配。在优选项目时,不仅要考虑经济因素,也要考虑非经济因素;不仅考虑企业内部的协调与发展,也要考虑外部条件的协调和发展。除少数强制性项目(如环保项目等)可做例外的处理以外,其他项目在申请贷款时应进行多因素的综合评价,一般应以经济评价为主。本章主要从经济决策角度研究投资规划中的项目选优和资金分配问题。

项目投资决策,就是对两种或两种以上活动方案可能导致的不同结果进行比较分析,权衡利弊得失,以便从中抉择最佳方案。项目投资决策的含义表明,要进行决策,第一,要明确决策对象;第二,要有两种或两种以上的备选方案;第三,要有最佳方案的抉择标准,这是决策的关键。最佳方案的抉择标准,根据不同的决策内容是有所区别的,如政治决策、技术决策、经济决策均不相同。本章主要研究经济决策。经济决策中最佳方案的抉择标准主要有两条:一是有效性,二是经济性。有效性是指方案是否合理可行。经济性是指方案对有限的资源是否做到了合理的配置,以最少的消耗,取得最大的经济效果。其中,有效性是决策的前提,经济性是决策的关键。

正确的经济决策须与投资决策的类型相适应,因为在进行经济决策时,不仅是评价指标的选取问题,而且包括评价内容、程序、方式及指标的正确运用等问题。备选方案的特点不同,评价的内容也有所区别。因此首先应研究投资方案的特点及其分类。

5.1.2　投资方案的分类

投资项目可能有许多方案,这些方案之间有如下情况:

一种情况是,在一系列方案中,接受某一方案并不影响其他方案的采纳,称为相互独立方案,或称完全独立方案。如开发新产品,仓库管理现代化和购买一辆卡车的投资方案,这些方案各自解决不同的问题,它们之间不存在明显的联系,属于相互独立的方案。

另一种情况是,各技术方案之间有明显的联系。一个方案的采纳会影响其他方案的采纳。这一类方案统称为相关方案。相关方案有以下几种:

(1)互斥方案　为达到某种目的,可有多个方案供选择。采纳其中一个,就排斥所有其他方案的采纳,这些方案称为互斥方案,例如四种型号的压力机只选购其中一台。若仔细研究互斥方案的特点则会发现,有时选择其中一个方案时,另一个方案则处于可有可无的地位。例如河上建桥后,摆渡则可存在也可取消。这种情况称为不完全互斥方案。与此相对应前者称为完全互斥方案。

（2）从属方案（互补方案）　有时某一方案的采纳是以另一方案的采纳为前提的,则前者称前提方案,后者称辅助方案。例如：购买汽车与买汽车挂斗的方案,买挂斗是以购买汽车方案为前提的。这种从属关系是单向的。从属方案也可分为完全从属方案（如为了回收废气中的二氧化硫必须改造冶炼炉,使废气中二氧化硫的浓度提高）,和不完全从属方案（如买汽车和建车库）。

（3）财务相关方案　由于资金有限,在一组方案中,往往财务上有联系。无论是独立方案,还是互斥方案和从属方案,它们之间都会有财务上的联系。例如,某企业下半年度技改措施计划拟订有三个独立方案,分别需要资金 2 万元、3 万元、5 万元,现企业只有技措费 6 万元。很明显若采用方案三则要舍弃一、二两方案。在这种情况下,此三个独立方案在财务上相关也可叫做不完全独立方案。

现把方案分类归纳如图 5 - 1。

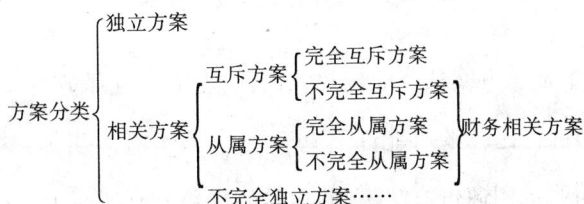

图 5 - 1　方案的分类

5.1.3　各方案决策特点

研究方案的决策特点时,有两个先决条件：①只考虑经济因素而没有考虑其他因素的影响；②投资金额不限,即各方案间没有财务上的联系。

1. 独立方案评价的特点

（1）独立方案的取舍只需与 0 方案（即 $MARR$）进行比较和决策,一组独立方案中各方案之间无须进行横向比较。

（2）一组独立方案中,各方案的有效期可以不同,并不影响决策的结果。

（3）一组独立方案可以接受其中一个或几个,也可一个也不接受。这决定于每个方案与 0 方案比较的结果。

对于 N 个独立方案需进行 N 次比较,企业进行独立方案经济决策的示意图见图 5 - 2。

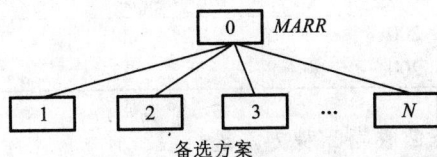

图 5 - 2　独立方案决策示意图

2. 互斥方案决策的特点

(1)两方案应在同样的有效期内进行比较,方案的有效期不相同时,应进行适当处理。

(2)有一个企业接受的期望收益率(*MARR*)作为方案的取舍标准。

(3)为选出最优方案,各方案除与 0 方案比较判断方案是否可行外,各备选方案间还应进行横向的两两比较(在多方案间选优)。比较时应采用相同的期望收益率进行贴现。

互斥方案决策示意图见图 5 - 3。

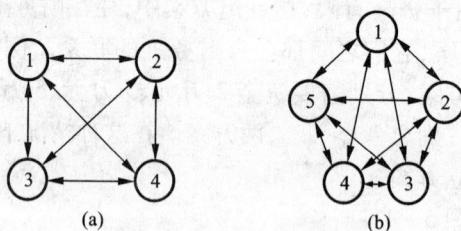

图 5 - 3　互斥方案决策示意图

由图可以看出四个互斥方案选优要经过六次比较;五个互斥方案要经过十次比较;若有 N 个互斥方案,则两两进行比较的可能性一共有 $\dfrac{N!}{2(N-2)!}$ 种。当然,这是一个理论上的数字。在实际比较时,因所选用评价方法不同,比较的次数会有所减少。

5.2　无资金限额下多方案的经济评价

5.2.1　无资金限额下的独立方案的经济评价

独立方案的经济评价在不考虑总投资的限制时,仅取决于方案本身的经济性。主要用第 3、4 章介绍的各种评价方法,如 *NPV* 法、*AC* 法、*IRR* 法、*B/C* 比值法和投资回收期法中的任何一种来决定各方案是否可行,而且只需考虑各方案是否可行,无须进行方案间的横向选优。

一般除投资回收期法外,其他所有方法均可导致相同的结论。

【例 5 - 1】　现有 A、B 两独立方案,现金流量如下表,*MARR* 为 15%,$n_b = 6$ 年,对两独立方案进行经济评价。

方案	投资(万元)	年现金流入(万元)	寿命(年)
A	200	38	10
B	200	32	20

解:用 *NPV*、*IRR* 及投资回收期三种方法进行经济评价。

(1)计算两方案的 *NPV*:

$$NPV_A = -200 + 38(P/A,15\%,10) = -9.3 \text{ 万元}$$

$$NPV_B = -200 + 32(P/A,15\%,20) = 0.298 \text{ 万元}$$

由于 $NPV_A<0,NPV_B>0$,故按 NPV 作为判别准,则应接受 B 方案,拒绝 A 方案。

(2)计算两方案的 IRR:

$$-200+38(P/A,i_A,10)=0 \qquad IRR_A=13.8\%$$
$$-200+32(P/A,i_B,20)=0 \qquad IRR_B=15.03\%$$

$IRR_A<15\%$,$IRR_B>15\%$,故接受 B 方案,淘汰 A 方案。

(3)计算两方案的投资回收期:

$$n_A=\frac{200}{38}=5.26\ 年\ <6\ 年 \quad 可行。$$

$$n_B=\frac{200}{32}=6.25\ 年\ >6\ 年 \quad 不可行。$$

分析:从计算结果可以看出,用 NPV 法和 IRR 法(其他动态评价方法也可)评价结论一致:B 方案可行,A 方案淘汰。但不同的动态指标其考察的角度不同,反映了项目不同的侧面,为了了解方案的经济效益全貌,可以用多种指标进行评价。

静态投资回收期指标的结论与 NPV、IRR 的评价结论相反。这是由于投资回收期法存在没有考虑资金的时间价值及忽略投资回收期之后的经济效益造成的。因此投资回收期法不是一种科学的决策方法。有时由于特殊要求被迫使用回收期指标,如:①企业资金有限,希望尽快还本;②近期有有利的投资机会,急需早日回收资金以便进行再投资;③产品的技术进步周期短,或市场变化快,风险大;④怕受到通货膨胀的影响,急于收回资金,等等。因此投资回收期指标仍在使用。

【例 5 - 2】 用 NPV 和 AC 法进行独立方案的决策。

现有 A、B、C、D 四个独立方案,具体数据如下。若期望收益率要求 20%,应选哪些方案?

方案	A	B	C	D
投资(元)	20 000	150 000	30 000	160 000
有效期(年)	5	10	20	30
残值	4 000	- 10 000	0	10 000
年净利	6 000	40 000	10 000	40 000

解:用 NPV 与 AC 法评价的结果如下表:

方案	NPV	AC	决　策
A	-448.8[①]	-150[②]	不可取
B	16 085	3 836.8	可取
C	18 696	3 839.2	可取
D	39 198	7 873	可取

①$NPV_A=-20\ 000+6\ 000(P/A,20\%,5)+4\ 000(P/F,20\%,5)=-448.8\ 元$

②$AC_A=-20\ 000(A/P,20\%,5)+6\ 000+4\ 000(A/F,20\%,5)=-150\ 元$

分析：

（1）NPV 与 AC 值为正数，表示该方案除保证 20% 收益率外，尚有盈余，方案可行。在无资金限制条件下，方案 B、C、D 均可取。

（2）虽然独立方案之间是不可比的。但如果仔细观察一下 B、C 两方案，两者的投资相差 5 倍，而在保证 20% 的收益率的情况下，两者的年净收益几乎相等。单从资金利用情况看，两者差别很大，但这一差别用 NPV 及 AC 指标是反映不出来的。这正是 NPV 及 AC 两种评价方法的共同缺点，即它们用绝对值表示效益指标，不可能揭示出资金的利用效率。

用 B/C 法及 IRR 法进行独立方案的选择。

【例 5-3】 数据同例 5-2。

解： A 方案：

成本 $(C) = 20\,000(A/P,20\%,5) - 4\,000(A/F,20\%,5) = 6\,150$ 元

收益 $(B) = 6\,000$ 元 $\quad \therefore B/C = \dfrac{6\,000}{6\,150} = 0.97$

IRR_A：$20\,000 = 6\,000(P/A,i,5) + 4\,000(P/F,i,5)$ $\quad \therefore i_A = 19\%$

各方案的计算结果列于表 5-1。

表 5-1 例 5-3 的计算结果

方案	原 始 数 据				B/C			IRR	
	投资（元）	寿命（年）	残值（元）	年收益（元）(B)	年成本值（元）(C)	B/C	决策	IRR	决策
A	20 000	5	4 000	6 000	6 150	0.97	不可取	19%	不可取
B	150 000	10	−10 000	40 000	36 163	1.10	可取	23.3%	可取
C	30 000	20	0	10 000	6 160	1.62	可取	30%	可取
D	160 000	30	10 000	40 000	32 051	1.25	可取	25%	可取

分析： ①评价结果取 B、C、D 三方案。

②从 B/C 值及 IRR 值看，方案 C 最高。虽然独立的方案不能相比，但是从单项投资的赚钱能力看，C 优于 B。可见，B/C 与 IRR 反映出投资过程的内在特性——投资的赚钱能力。

5.2.2 无资金限额下互斥方案的经济评价

互斥方案具有在众多方案中至少可选其一的特点。评价程序分两大步骤：首先用 NPV、IRR 等动态指标判断方案自身是否可行，进而在诸可行方案之间确定最优方案。

在对各现金流量进行比较时，可采用指标法或增量法。所谓指标法系指用各种动态评价方法分别对各方案的现金流量进行评价，在评价基础上择优；增量法即研究两方案的差额现金流量的经济效益，即研究增量投资的经济效益。在现实生产实际中，当对两个规模不同的互斥方案进行择优时，常用增量法进行决策。

对互斥方案进行择优时，寿命期不同的方案不能直接进行比较。

1. 用 *NPV* 法及 *AC* 法进行互斥方案的经济评价

【例 5 - 4】　为生产某产品有三个方案可供选择,其具体数据如下表,若企业要求期望收益率为 10% ,应选哪个方案。

方案	投资(元)	收益(元)	寿命(年)	残值(元)
A	20 000	3 000	20	0
B	35 000	5 000	20	0
C	100 000	9 000	20	10 000

解:计算过程见表 5 - 2。

表 5 - 2　净现值及等年值的计算

方案	NPV(元)	AC(元)	决　策
A	$-20\,000 + 3\,000(P/A,10\%,20)$ $= 5\,540.8$	$-20\,000(A/P,10\%,20) + 3\,000$ $= 650.8$	可行
B	$-35\,000 + 5\,000$ $\times (P/A,10\%,20) = 7\,568.8$	$-35\,000(A/P,10\%,20)$ $+ 5\,000 = 888.9$	最优
C	$-100\,000 + 9\,000$ $\times (P/A,10\%,20) + 10\,000$ $\times (P/F,10\%,20) = -21\,892$	$-100\,000(A/P,10\%,20)$ $+ 9\,000 + 10\,000$ $(A/F,10\%,20) = -2\,571$	不可行

分析:

(1)用 *NPV* 法及 *AC* 法比较的结果,B 方案最优,即 B 方案除保证获得 10% 的收益率外,在 20 年内还可多得 7 568 元的零年现值;或在 20 年内除获得 10% 收益率外,每年可多得到 888.9 元。

(2)由此例可看出,用 *NPV* 法及 *AC* 法进行互斥方案的评价时,并不需要多次的横向比较,只需要把各方案与 0 方案(*MARR*)比较即可得到最后结论。因为它们给出了绝对值,可以直接进行项目的排队、比较和选优。

2. 用 *B/C* 比值法及 *IRR* 法对互斥方案进行经济评价

(1)用 *B/C* 法进行互斥方案的决策

【例 5 - 5】　数据同例 5 - 4,用 *B/C* 法及 *IRR* 法进行互斥方案选优时,除将各方案分别与 0 方案比较,确定其可行性外,还需在各方案间进行横向比较。因为 *B/C* 值及 *IRR* 值都是相对指标,只表明本方案固有的特点,不能与其他方案的值进行直接比较。

①计算各方案的 *B/C* 值,与零方案比较,判断方案可行性见表 5 - 3。

表 5 – 3　各方案 B/C 值计算结果

方案	投资(元)	寿命(年)	残值(元)	年收益(元)(B)	年成本值(元)(C)	B/C
A	20 000	20	0	3 000	2 350	1.28
B	35 000	20	0	5 000	4 111	1.21
C	100 000	20	10 000	9 000	11 571	0.78

分析:可看出 C 方案 $B/C<1$,不可行。这个结论与 NPV 法及 AC 法得到的结果一致。三个方案的 B/C 值相比 A 方案值最大,似乎 A 方案最优。这与 NPV、AC 法评价的结论不同。计算增量投资方案的 B/C 值。

②增量投资现金流量的 B/C 值计算。

C 方案本身不可行,故不再参加横向选优比较,只需计算 B – A 方案差额现金流量的 B/C 值进行选优。差额现金流量见表 5 – 4。

表 5 – 4　例 5 – 5 的差额现金流量

	增额投资(元)	收益(元)	残值(元)	寿命(年)
B – A 增量现金流量	15 000	2 000	0	20

此现金流量的含义是:为在今后 20 年内每年多收益 2 000 元,现在是否值得多投资 15 000元?通过计算 B/C 值来回答。

由上表已知: $B=2\ 000$ 元, $C=15\ 000(A/P,10\%,20)=1\ 761.9$。

　　　　$B/C=1.14>1$

结论:为今后 20 年内每年多得 2 000 元的收益,目前多投资 15 000 元,可保证年收益比年费用多 14%,多投资 15 000 元是可行的,方案 B 优。此结论与用 NPV 法及 AC 法评价的结论相吻合。

(2)用 IRR 法进行互斥方案的决策

【例 5 – 6】　数据同例 5 – 4,$MARR$ 为 10%。

①先计算各方案本身的内部收益率,结果见表 5 – 5。

表 5 – 5　内部收益率计算结果表

方案	算　式	IRR	决　策
A	$20\ 000=3\ 000(P/A,i,20)$	13.98%	可行
B	$35\ 000=5\ 000(P/A,i,20)$	10.98%	可行
C	$100\ 000=9\ 000(P/A,i,20)+10\ 000(P/F,i,20)$	6%~7%	不可行

从结果看似乎 A 方案优。还应计算相对投资收益率进行方案选优。

②计算差额现金流量($P=15\ 000$ 元,收益 $=2\ 000$ 元/年)的内部收益率。

　　　　$15\ 000=2\ 000(P/A,i,20)$

$$i = 12\% > 10\% (MARR)$$

结果: 为在今后 20 年内每年得到 2 000 元的收益,如果目前投资 15 000 元,可得 12% 的内部收益率(大于 MARR),故增额投资可行,B 方案最优。

可以看出,四种动态评价方法对独立方案和互斥方案所进行的评价结果是相吻合的,进一步证明了四种方法是科学的,等效的。同时也应注意,当采用 NPV 法、AC 法等评价时,可用指标法,也可用增量法,而用 IRR 及 B/C 比值法进行互斥方案择优时,则只能用增量法。对 IRR 法及 B/C 比值法而言,指标法只能判断项目本身是否可行,不能对方案择优。

3. 用 B/C 比值法及 IRR 法进行多项互斥方案择优

【例 5 - 7】 有四个不同建厂方案,每个方案的资料如表 5 - 6,若 MARR 为 10%,用相对内部收益率法选出最优方案。

表 5 - 6　例 5 - 7 的基本数据

	方案 A	方案 B	方案 C	方案 D
投资(元)	- 200 000	- 275 000	- 190 000	- 350 000
年收益(元)	+ 22 000	+ 35 000	+ 19 500	+ 42 000
寿命(年)	30	30	30	30

当被评价的互斥方案数目较多时,方案间进行横向比较的次数也多,计算繁杂,常采用淘汰法列表计算。所谓淘汰法系指参加横向比较的方案只要有一次没有选中,则被淘汰不再参加与其他方案的比较。下面举例介绍列表计算法。

1)用相对投资收益选择互斥方案

用相对投资收益率对多项互斥方案进行选择时,一般以能得到满意效果(即 IRR > MARR)而投资最少的方案为基础,依次比较其余各方案的追加投资收益率,采取淘汰法,最后得出最优方案。具体计算步骤如下:

(1)按照期初投资额的大小,由小到大排列各项备选方案。

(2)计算第一方案(投资额最小的方案)的内部收益率(IRR),若 IRR < MARR,则方案不予考虑;再依次计算第二方案的 IRR,依次计算下去直到找到 $i \geq MARR$ 的方案为止,并以此方案作为比较的基础方案。

(3)将基础方案与下一方案进行比较,计算增额投资收益率(ΔIRR)。若 ΔIRR > MARR,则基础方案舍去,取与其对比的方案为新的基础方案,按以上方法依次进行比较。

(4)重复进行第三步骤,直到得到一项最优方案为止。

计算结果列于表 5 - 7。先按投资大小排序(C、A、B、D);计算 C 方案的内部收益率($IRR_C = 9.63\% < MARR$,故舍弃)。计算 A 方案的内部收益率 $IRR_A = 10.49\% > MARR$,取 A 方案为基础方案。与 B 方案比较,得出 $\Delta IRR_{B-A} = 17.28\% > MARR$,A 被舍弃。以 B 方案为基础方案与 D 方案进行比较,得出 $\Delta IRR_{D-B} = 8.55\% < MARR$,D 方案舍弃,B 为最优方案。

表 5 – 7   多项互斥相等寿命方案增额投资收益率的计算

	C	A	B	D
投资(元)	– 190 000	– 200 000	– 275 000	– 350 000
年收益(元)	19 500	22 000	35 000	42 000
计划比较	C 对无*	A 对无	B 对 A	D 对 B
增额投资(元)	– 190 000	– 200 000	– 75 000	– 75 000
增额收益(元)	19 500	22 000	13 000	7 000
$(P/A,i,30)$	9.743 6	9.090 9	5.769 2	10.714 3
增额投资收益率	9.63%	10.49%	17.28%	8.55%
增额评价	否	是	是	否
选定方案	无	A	B	B

* 指计算 C 方案的内部报酬率与 MARR 进行比较。

2)用增额投资 B/C 指标进行多项互斥方案选优

在对互斥方案进行评价时,也可采用增额 B/C 比值法。其计算步骤与相对投资收益率法相似。在计算各方案的自身 B/C 时,那些 B/C <1.0 的方案应立即舍弃,不需在增额分析中加以考虑。

【例 5 –8】 利用例 5 –7 中表 5 –6 的资料,用增额 B/C 比率分析法选择最优的方案。(MARR = 10%)

解:计算过程及结果见表 5 –8。

表 5 – 8   互斥方案的增额 B/C 比率分析

	C	A	B	D
投资(元)	– 190 000	– 200 000	– 275 000	– 350 000
每年收益(元)	19 500	22 000	35 000	42 000
寿命(年)	30	30	30	30
收益的现值(元)	183 825	207 392	329 942	395 930
整体 B/C	0.97	1.03	1.20	1.13
比较	—	—	B 对 A	D 对 B
增额利润(元)	—	—	122 500	65 988
增额成本(元)	—	—	75 000	75 000
B/C	—	—	1.63	0.88
选择方案	—	—	B	B

先将各方案按投资大小进行排列,计算方案自身的 B/C 值,C 方案的 $B/C<1.0$ 舍弃,其余各方案均可行,进行增额 B/C 值的比较。

增额收益及增额成本可按下列方法决定:

增额收益——两项方案间收益现值的增加额。

增额成本——两项方案间投资的增加额。

由计算表 5-8 可看出,A 方案的 $B/C=1.03>1.0$,可作为基础方案,与方案 B 相比较,其增额 $B/C=1.64>1.0$,A 方案舍弃,以 B 方案为基础方案与 D 方案比较,其增额 B/C 比率 $=0.88<1.0$,故 B 为最优方案。

本例是采用 NPV 值计算 B/C 比率的,也可以用 AC 值计算 B/C 比率比较各投资方案。一般地,当各方案的服务寿命不相等时,用 AC 值计算 B/C 比率值较为简单。

4. 根据支出额进行互斥方案择优

【例 5-9】 表 5-9 列出四个备选方案的基本数据,若 $MARR$ 为 10%,试选择最优方案。

表 5-9　例 5-9 的基本数据

	方案 A	方案 B	方案 C	方案 D
期初投资(元)	3 000	3 800	4 500	5 000
预期寿命(年)	10	10	10	10
残值(元)	0	0	0	0
年操作成本(元)	1 800	1 770	1 470	1 320

当各备选方案只列出支付款项,收入款项未知或各方案收入相等时,在方案比较时可把两方案的支出之差额视为"收入"。在这种情况下则不需要将最小投资方案的内部收益率与 $MARR$ 进行比较,可直接把成本最低的方案列为基础方案,再按上述步骤进行评价。

表 5-10 列出了数个仅知其支出额的互斥方案的评价过程。可看出,方案 D 为最优方案。

表 5-10　数个互斥方案仅知其支出额时之评价计算

增 支 额	A→B	A→C	C→D
增支投资(元)	800	1 500	500
年节约成本(元)	30	330	150
增额投资收益率	负值	17.3%	27.5%
增支是否合理	否	是	是

当用支出额进行方案评价时,应注意项目的可比性问题,即参与比较的各方案的收益应相等;物价的波动因素对各方案的影响程度相同;在使用期限内没有追加投资或追加投资的数额与时间相同,否则各方案间不能进行比较。

5.2.3 无资金限额寿命期不同互斥方案的经济评价

1. 各方案的寿命期不同对经济决策的影响

【例 5 - 10】 某工序现采用手工操作,每年工资费用 57 000 元,若改为机器操作,则购置设备需 100 000 元,设备年运行成本 40 000 元,其余条件相同,若寿命期分别为 9 年和 10 年,问是否应改为机械操作(若 *MARR* 为 10%)。

解: (1)$n = 10$ 年

$$AC_机 = 100\,000(A/P, 10\%, 10) + 40\,000 = 56\,280 \text{ 元}$$

$$AC_手 = 57\,000 \text{ 元}$$

结论: 若寿命期为 10 年实行机械操作每年可节约 720 元。

(2)$n = 9$ 年

$$AC_机 = 100\,000(A/P, 10\%, 9) + 40\,000 = 57\,360 \text{ 元}$$

$$AC_手 = 57\,000 \text{ 元}$$

结论: 若寿命期为 9 年应保持手工操作方案,每年可节约 360 元。

分析: 寿命期仅差一年,评价结果完全不同。这证明了在进行互斥方案的经济评价时,应当注意寿命期的可比性问题。

2. 对不同寿命期的处理方案

对寿命期不同的互斥方案进行经济决策时,可根据方案的特点选择不同的处理方法。常用的方法有最小公倍法、既定服务期限法和研究期间分析法。

(1)最小公倍法:取各方案寿命期的最小公倍数作为比较年限。

【例 5 - 11】 两个互斥方案,参数如下表,*MARR* 为 10%,比较两方案的优劣。

方　案	年投资(万元)	年收益(万元)	寿命(年)	残值(万元)
A	10 000	2 000	4	200
B	25 000	3 000	12	1 000

解: 取两方案寿命期的最小公倍数 12,作为比较的期限。为此方案 A 应进行两次再投资,故有:

$$
\begin{aligned}
NPV_A = &-10\,000 - 10\,000(P/F, 10\%, 4) \\
&-10\,000(P/F, 10\%, 8) + 2\,000(P/A, 10\%, 12) + 200(P/F, 10\%, 4) \\
&+200(P/F, 10\%, 8) + 200(P/F, 10\%, 12) \\
=&-7\,569 \text{ 万元}
\end{aligned}
$$

$$
\begin{aligned}
NPV_B = &-25\,000 + 3\,000(P/A, 10\%, 12) + 1\,000(P/F, 10\%, 12) \\
=&-4\,240 \text{ 万元}
\end{aligned}
$$

分析: 两方案的净现值均为负,均不可取。若是国民经济急需项目必须两者择一,则 B 方案为优,因亏损小于 A 方案。

当各备选方案使用寿命的最小公倍数很大,且各方案的使用寿命相关不大时,可按使用寿命期为无限长来处理,即令 $n = \infty$。

【例 5 - 12】　有 A、B 两方案,参数如下表,若要求 MARR 为 15%,对两方案进行比较择优。

方　案	投资(万元)	年支出(万元)	寿命(年)
A	4 000	2 000	8
B	5 000	1 800	9

解: 令 $n = \infty$, $PW_A = 4\,000 + \dfrac{2\,000}{0.15} = 17\,333$ 万元

$$PW_B = 5\,000 + \dfrac{1\,800}{0.15} = 17\,000 \text{ 万元}$$

分析: 从所计算的现值成本来看,B 方案成本较低,优于 A 方案。

(2)既定服务期限法:指以某一方案的寿命作为共同服务年限,而对其他方案的寿命做相应的调整的方法。在调整中若以寿命最短方案为准,则令寿命较长的方案在共同服务年限末保留一定的残值;若以寿命长的方案为准,则寿命短的方案必须考虑重复投资,并考虑共同寿命期末尚存的残值。也可通过贴现计算,以满足时间可比性的要求。

【例 5 - 13】　一项预计二年完工的建筑工程,计划用一部输送机搬运材料,需投资10 000元,年作业费为 7 000 元,寿命 4 年,分析人员估计该设备两年后的残值为 4 000 元。另一个办法是以每月 1 500 元转包全部的搬运工作。若 MARR 要求为 8%,对方案进行选择(见图 5 - 4)。

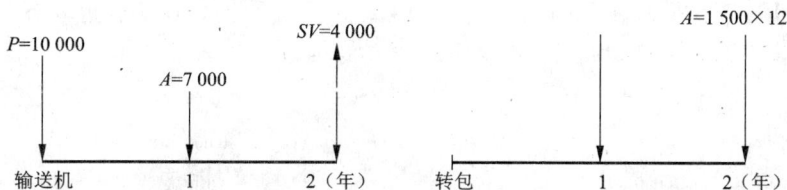

图 5 - 4　例 5 - 13 现金流量图

$$PW_机 = 10\,000 + 7\,000(P/A,8\%,2) - 4\,000(P/F,8\%,2) \qquad = 19\,052$$
$$PW_包 = (12)(1\,500)(P/A,8\%,2) \qquad\qquad\qquad\qquad = 32\,094$$
$$PW_机 - PW_包 = -13\,042$$

结论: 购买输送机比转包在两年内节约成本 13 042 元(零年现值),故购买运输机有利。

(3)研究期间分析法:将所需研究的期间作为共同的寿命期,它可能与备选方案的任何一个寿命期均不相同。对时间较长的方案可以采用保留残值的方法,也可以通过贴现计算使各方案满足时间可比性的要求。

【例 5 - 14】　一部旧机器 A 投资 8 000 元,预计寿命为 3 年,残值为零,作业费每年16 000 元;新机器 B 投资 40 000 元,寿命 8 年,残值为零,作业费每年11 000 元。若 MARR 为10%,哪个方案可取(见图 5 - 5)?

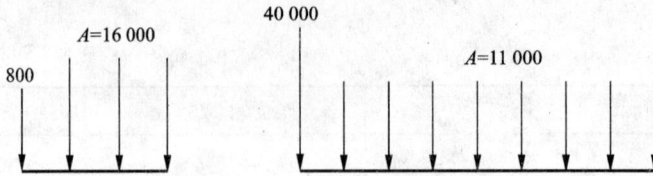

图5 5　例5-14的现金流量图

解一：研究期取4年

$$PW_A = [8\,000(A/P,10\%,3) + 16\,000](P/A,10\%,4) = 60\,914\ \text{元}$$

$$PW_B = [40\,000(A/P,10\%,8) + 11\,000](P/A,10\%,4) = 58\,634\ \text{元}$$

$$PW_A - PW_B = 2\,280\ \text{元}$$

结论：按四年研究期分析,在四年寿命期内B方案的现值成本比A方案少2 280元(零年现值),故B方案优。

解二：用年成本法进行方案择优,则有：

$$AC_A = 8\,000(A/P,10\%,3) + 16\,000 \quad = 19\,217\ \text{元}$$

$$AC_B = 40\,000(A/P,10\%,8) + 11\,000 \quad \underline{= 18\,498\ \text{元}}$$

$$AC_A - AC_B \quad = 719\ \text{元/年}$$

计算表明：在四年中,方案B比方案A每年节约成本719元。值得注意的是现值法在四年中方案B的节约额,正是四年内成本节约额的现值,即719(P/A,10%,4) = 2 279元

(4)再投资时考虑未来更换改进了的设备

【例5-15】 数据同例5-14,由例5-14的计算结果已知B是较为经济的设备,若不能确知近期设备改进的确切情况,只能推测未来的机器必不会逊于B,故选B为更换设备(见图5-6)。

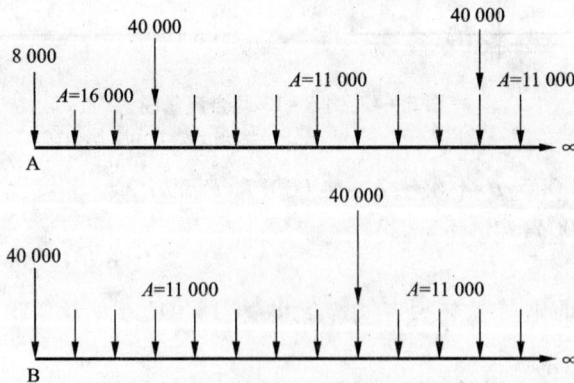

图5-6　例5-15的现金流量图

$$PW_A = 8\,000 + 16\,000(P/A,10\%,3) + [40\,000(A/P,10\%,8) + 11\,000]$$
$$(P/A,10\%,\infty)(P/F,10\%,3)$$
$$= 186\,764$$

$$PW_B = [40\,000(A/P,10\%,8) + 11\,000](P/A,10\%,\infty)$$
$$= 184\,976$$

$$PW_A - PW_B = 186\,764 - 184\,976 = 1\,788 \text{ 元}$$

分析: 所得的结果与三年研究期分析法的结果相同,但经济概念却不同。以上计算的结论是:选取寿命较短的设备 A 所带来的损失不会大于 1 788 元。如果未来的机器并不比现在的好,则损失便为此值。至于未来的损失比 1 788 元少多少,则要视未来机器的改进程度而定。若改良程度很大,则损失会小于 1 788 元,甚至会使选 A 的效益优于 B。

当采用原设备进行替换时,即以 A 替 A,B 替 B,对年限不同的方案,用现实价值法进行比较时,可采用寿命的最小公倍数作为比较的期限,但其缺点为把节约值作为最小公倍的函数,使节约值被过分夸大了。

上述各种处理方法各有利弊。应用时需考虑方案的具体情况。最小公倍法一般不适合用于产品的装备技术更新快的项目,因最小公倍法的应用包含有两个假设条件:第一,在最小公倍寿命期内,项目可以继续不断地用同种的固定资产进行更换;第二,替代的固定资产与原固定资产的现金流量是完全相同的。显然,对技术更新速度快,现代化水平要求高的项目,作以上假设是不合理的。在这种情况下最好以备选方案中寿命最小方案的寿命期为共同寿命期,这意味着旧技术可以早日被新技术替代;当人们对方案提供的产品的期限有比较明确的估计时,采用研究期间法可能比较合理。也应看到,除最小公倍法外,其他方法要求对固定资产的残值和未来固定资产的情况作出比较准确的预测,这也带来一定的困难。

3. 用 AC 法决策时寿命期处理方法的研究

【例 5 -16】 设备 A 投资 800 万元、寿命 5 年,经营费每年 600 万元;设备 B 投资 1 500 万元,寿命 10 年,经营费每年 500 万元,应选哪个方案?(若 MARR 为 8%)

解: 计算 AC_A 与 AC_B 的差值

$$AC_A = 800(A/P,8\%,5) + 600 = 800 \text{ 万元}$$
$$AC_B = 1\,500(A/P,8\%,10) + 500 = 724 \text{ 万元}$$

$$AC_A - AC_B \qquad\qquad\qquad = 76 \text{ 万元}$$

结论: 5 年中 A 的等年值成本为 800 万元,B 的等年值成本为 724 万元,若不考虑 6 ~ 10 年期间 B 的等年值成本,则购买 B 设备在 1 ~ 5 年中每年可节约成本 76 万元。

为了进一步分析这个思路现用图 5 -7 表示出来。

由图可以看出,如果承认以上的计算结果,即 B 比 A 每年节约成本 76 万元,就意味着根本不考虑 B 方案 6 ~ 10 年的情况,这样的结论正确吗?下面将分别进行讨论。

(1)若寿命终了进行再投资原设备的条件不变,则上述结果是不可信的。

根据技术经济的可比性原则寿命期不同的项目不应进行直接比较。为使不同寿命期的两方案变为可比,取寿命期最小公倍数计算(见图 5 -8)。

$$AC_A = 800(A/P,8\%,10) + 800(P/F,8\%,5)$$
$$(A/P,8\%,10) + 600 = 800 \text{ 万元}$$
$$AC_B = 1\,500(A/P,8\%,10) + 500 = 724 \text{ 万元}$$
$$AC_A - AC_B = 800 - 724 = 76 \text{ 万元}$$

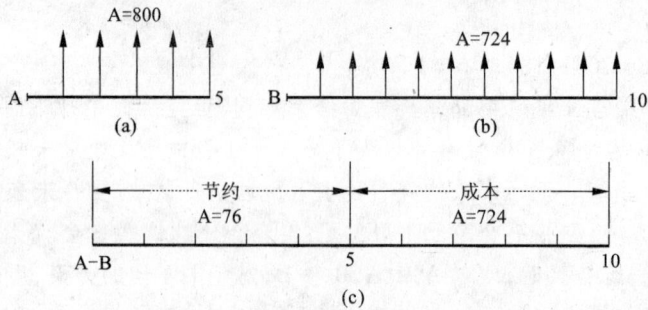

图 5 - 7　用等额年金法比较寿命不等的方案

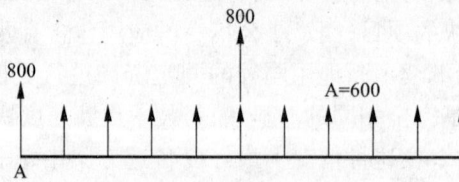

图 5 - 8　设备按原价重置的现金流量图

结论：用等年值成本法进行方案评价时,如不考虑技术进步的影响及价格等费用变化的因素,而假设设备重置时条件不改变,则不同寿命的方案可用两方案等年值直接进行评价。可以不考虑寿命不同带来的影响。

(2)当设备重置考虑技术进步等因素时,一定要考虑寿命期不同的影响。

【例5 - 17】　条件同例 5 - 16,但分析人员预料有一种改良后的设备将会在 5 年内问世。这种机器价格也是 800 万元,寿命 5 年,残值为零,但每年经营费仅为 350 万元。问应选哪种设备(见图 5 - 9)?

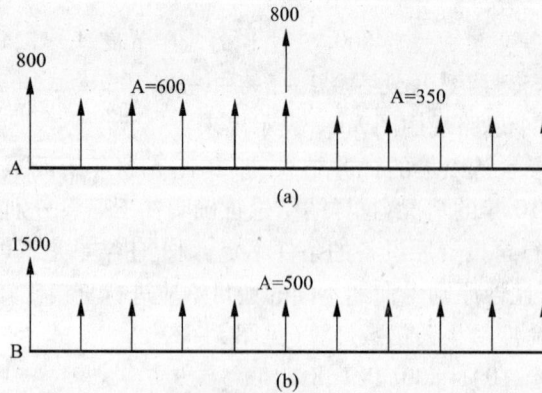

图 5 - 9　设备重置时采用改进设备的现金流量

解:

$$AC_A = [800 + 600(P/A,8\%,5) + 800(P/F,8\%,5)$$
$$+ 350(P/A,8\%,5)(P/F,8\%,5)](A/P,8\%,10) = 700 \text{ 万元/年}$$

$$AC_B = 1\,500(A/P,8\%,10) + 500 = 724 \text{ 万元/年}$$

$$AC_A - AC_B = -24 \text{ 万元/年}$$

结论: 若 A 方案后五年选用经改良的设备,则在 10 年期间选用 A 方案比选 B 方案每年节约成本 24 万元。

例 5-17 中是假设分析人员已确知未来设备的全部情况(应当承认,这不是任何时候都能做到的)。若对最近 5 年内设备的改进情况知道得不确切应怎么处理?

第一,虽可用前面所例举的研究期法,但无法考虑设备因改进带来的影响。

第二,用寿命的最小公倍法,即以 A 换 A,以 B 换 B。这种方法除没有考虑技术进步的影响以外,还过度地夸大了差数。若 B 的寿命为 9 年,A 的寿命为 7 年,用最小公倍寿命期计算所得的结论为:在 9 年内 B 每年比 A 节约 76 万元,这样 B 的利益成了最小公倍的函数,而被过分夸大了。

第三,以目前最经济的设备作为设备更换时的计算基础。因为未来设备的改进肯定会在目前最经济设备的基础上进行的。用这种方法得到的是一个极限值,表明如果未来设备不再改进起码可得到的节约额,若设备改进了节约额会更多。

【例 5-18】 条件同例 5-16。因例 5-16 中已证明 A、B 两设备比较 B 是最经济的,故今后两方案都用 B 来更换,具体见图 5-10。

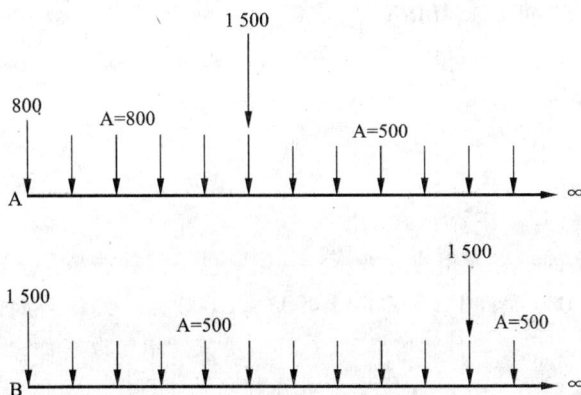

图 5-10　例 5-18 的现金流量图

分析: 按图 5-10 计算 $AC_A - AC_B$ 仍应为 76 万元。是否可决定选 B,还应考虑以下因素:

A 方案的最大优点是寿命期较短,故若选 A 则在五年后就有机会选择更便宜的设备。若预计近期有比 B 更经济的设备出现,则决策应慎重。另外以 B 代 A 方案每年可节约 76 万元,这个节约额对决策有多大吸引力,取决于未来改进设备的节约幅度。

总之,上述计算结果虽然不能作为决策的确切依据,但也提供了一个考虑分析问题时很有参考价值的极限值。

4. 寿命期不同各互斥方案经济决策举例

【例 5-19】 A、B 两方案,参数如下表,$MARR$ 为 5%,进行方案择优。

方案	投资(元)	年运行费(元)	寿命(年)	残值(元)
A	12 000	2 200	10	0
B	40 000	1 000	25	10 000

解: 采用最小公倍法,确定共同寿命期为 50 年。

$$NPV_A = 12\,000 + 12\,000(P/F,5\%,10) + 12\,000(P/F,5\%,20)$$
$$+ 12\,000(P/F,5\%,30) + 12\,000(P/F,5\%,40)$$
$$+ 2\,200(P/A,5\%,50) = 68\,533 \text{ 元}$$

$$NPV_B = 40\,000 + (40\,000 - 10\,000)(P/F,5\%,25) + 10\,000$$
$$(P/F,5\%,50) + 1\,000(P/A,5\%,50) = 67\,987 \text{ 元}$$

结论: B 方案的现值成本比 A 方案少 546 元,故 B 方案优。

分析: 这种方法研究期太长,一般大于 15~20 年,对一般工业的评价已不太适合。目前 B 方案优,但在 15 或 20 年后,B 的优势是否存在还难肯定。B 方案在长达 50 年的期间才节约 546 元,而 A 方案寿命期仅 10 年,且对未来变化所担的风险较小,故最优方案是否取 B 是值得考虑的。

【例 5-20】 某公司有甲、乙两个分厂,甲厂有一台 18 吨的锅炉,因容量小需要更新。现有两个方案供选择,公司要求 $MARR$ 为 10%。

A 方案:将 18 吨锅炉用 1 000 元运费运至乙厂使用,该锅炉尚可使用 8 年,每年运行费比新锅炉多 200 元。

B 方案:旧锅炉尚有残值 2 000 元,若就地处理可得 1 400 元,乙厂购置新锅炉需 5 000 元,使用寿命为 20 年。

对以上两方案进行经济评价。

题意分析: A 方案的投资费用应为多少?可能有以下四种选择:(a)2 000 + 1 000元;(b)1 000 元;(c)1 400 + 1 000 元;(d)(2 000 - 1 400) + 1 000 元。关键是如何看待旧锅炉的残值问题。2 000 元的残值是已经支付过的费用,是目前决策所不能改变的,属于沉没成本。对 A、B 两方案的决策均不应当考虑。故 A 方案的投资额应为 1 000 元。但若取 B 方案,则旧锅炉可出售收回 1 400 元,这可以作为 B 方案在零年的一个收入值。因此两方案的现金流量应如下表所示:

方案	投资(元)	年经营费差值(元)	处理残值(元)	使用年限(年)
A	1 000	200	—	8
B	5 000		1 400	20

解一: 采用既定服务期限法取最小使用的年限(n = 8 年)作为共同的寿命期,如图 5-11 所示。

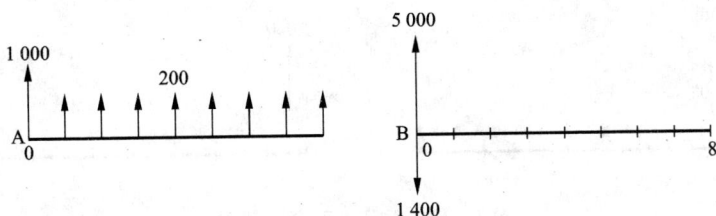

图 5-11　解一的现金流量图

$$PW_A = 1\,000 + 200(P/A,10\%,8) = 2\,607 \text{ 元}$$
$$PW_B = 5\,000(A/P,10\%,20)(P/A,10\%,8) - 1\,400 = 1\,733 \text{ 元}$$
$$PW_A - WP_B = 334 \text{ 元} \qquad \therefore \quad \text{取 B 方案}$$

分析：残值收入 1 400 元属零年的一次性收入，新锅炉的投资与残值大小无关。此解中主观规定 $n = 8$ 年故投资与残值不能直接相减，若以 3 600 元(5 000 - 1 400)作为投资，这样可能带来错误的结果。

解二：以 20 年为共同寿命期，则 A 方案的旧锅炉只能使用 8 年，8 年后则需购买新锅炉，故其现金流量如图 5-12 所示。

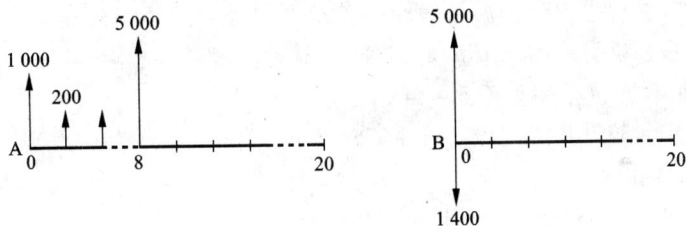

图 5-12　解二的现金流量图

$$PW_A = 1\,000 + 200(P/A,10\%,8) + 5\,000(A/P,10\%,20)$$
$$(P/A,10\%,12)(P/F,10\%,8) = 3\,934 \text{ 元}$$
$$PW_B = 5\,000 - 1\,400 = 3\,600 \text{ 元}$$
$$PW_A - PW_B = 334 \text{ 元} \qquad \therefore \quad B \text{ 方案优}$$

解三：用年成本指标进行评价。
$$AC_A = 200 + 1\,000(A/P,10\%,8) = 387 \text{ 元}$$
$$AC_B = 5\,000(A/P,10\%,20) - 1\,400(A/P,10\%,8) = 326 \text{ 元}$$
$$AC_A - AC_B = 62 \text{ 元} \qquad \therefore \quad B \text{ 方案优于 A 方案。}$$

解四：由于采用了 A 方案致使公司少收入了 1 400 元(设备残值费)，故可将它视为 A 方案的机会成本。因此两方案的现金流量图如图 5-13 所示。
$$AC_A = 200 + 1\,000(A/P,10\%,8) + 1\,400(A/P,10\%,8) = 650 \text{ 元}$$
$$AC_B = 5\,000(A/P,10\%,20) = 587 \text{ 元}$$
$$AC_A - AC_B = 63 \text{ 元} \qquad \therefore \quad B \text{ 方案优于 A 方案。}$$

【例 5-21】 价格上涨对于不同寿命期互斥方案评价的影响。

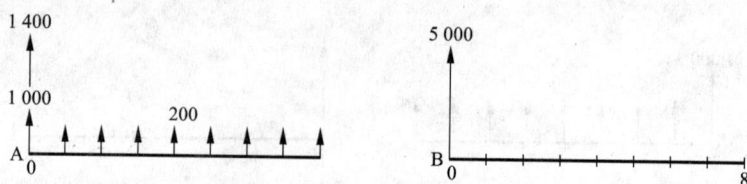

图 5-13　解四的现金流量图

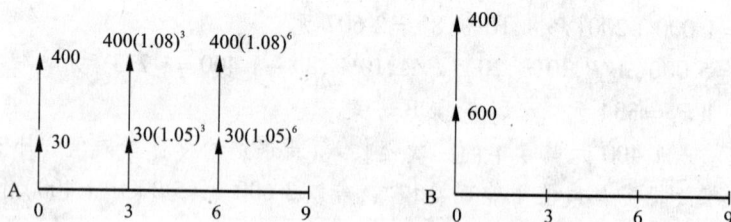

图 5-14　例 5-21 现金流量图

某设备准备刷防锈涂料,涂料 A 需费用 30 元,可使用 3 年;涂料 B 需 600 元,可使用 9 年。刷涂料的人工费均为 400 元。已知涂料价格预计每年以 5% 的速率上涨;工资以每年 8% 的速率上涨,若公司要求的 MARR 是 12%,应选用哪种涂料?

解: 两方案的现金流量图如图 5-14 所示。

$$PW_A = 30 + 539(P/F,12\%,3) + 675(P/F,12\%,9) = 1\ 156\ 元$$

$$PW_B = 1\ 000\ 元$$

$$PW_A - PW_B = 156\ 元 \qquad \therefore\quad 应选 B 涂料$$

分析: 若没有涨价因素的影响则 $WP_A = 954$ 元,比 PW_B 少 46 元,故 A 方案优。

5.3　资金限额下多方案的经济评价

5.3.1　资金限额下多方案选择的特点和基本方案

在资金限额下进行多方案的选择具有以下特点:

(1)待选方案彼此是独立的,即若选定了其中某一方案,并不排斥其他方案的选择。

(2)由于资金有限,所有方案不能全部实施。

(3)确定投资的最大目标是使总投资的效益最大。

在资金限量条件下,评选投资项目可以采用互斥组合法。互斥组合法就是在资金限量条件下,选择一组不突破资金限额而经济效益最大的互斥组合投资项目,作为分配资金的对象。按内部收益率、净现值、等年值等指标计算各互斥组合的经济效益。互斥组合法的优点是简单明了,但只适用于备选项目很少的情况。当备选项目增多时,互斥组合数目很多,计算工作量会很大。有必要借助于数学模型和计算机来解决,要采用整数规划法。

取舍率法是一种在资金限额内先选择内部收益率或净现值指数大的投资项目,直到资金限额分完为止的项目选择方案。其具体做法是把能满足最低期望收益率的投资项目,按内部收益率或净现值指数由大至小的顺序排列,首先将资金分配给内部收益率或现值指数最大的项目,直到全部资金分完为止。最后一个获得资金的项目,其内部收益率或净现值指数,称为取舍率,它代表在资金限额条件下投资项目的实际取舍标准。盈利水平大于取舍率的投资项目都可采用,小于取舍率的则应舍去。取舍率法应用简单,一般能得到投资经济效益较大的项目组合,但不一定能取得最优的项目组合。

在进行方案决策时,也可同时运用上述方法以便取得经济效益高的投资方案,在下述各例题中将对以上方法进行具体运用。

5.3.2　收益率解法

用收益率法解决各方案间资金分配问题时,一般按以下步骤进行。

(1)计算各方案的自身 IRR 值,并将 $IRR < MARR$ 的方案舍去。

(2)从具有最大收益率者开始,将各方案依次递减排列。

(3)从排列好的方案中按取舍率法选择投资方案,直至符合资金预算的限额条件为止。

按上述方法选择的结果,如果有一部分资金没有得到利用时,则应从可接受的各方案中再加以组合,以求得到最大的总体投资收益率。

【例 5－22】　现有七个独立的备选方案,见图 5－15。已按各方案的 IRR 值由大至小进行排列。已知该企业的资金成本曲线为 K。① 企业现在可投资的资金为 B_0,确定最优投资方案组合。

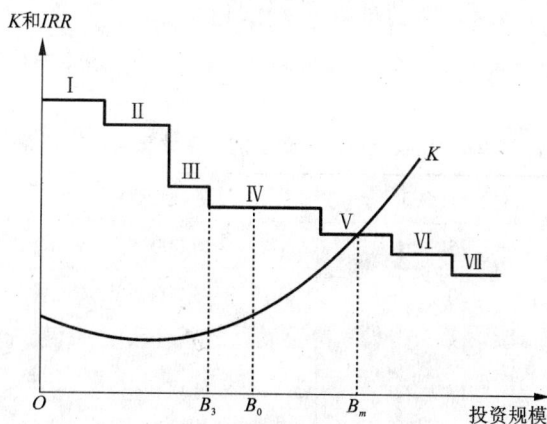

图 5－15　例 5－22 IRR 与资金成本曲线图

解:用取舍率法进行择优。

(1)由图 5－15 可看出,该厂最大投资规模是 B_m。在此规模下 $IRR = K$,即企业的内部收益率正好能偿还资本成本,并保证利润总额最大化。进一步扩大投资规模,则造成 $IRR < K$,企业将不能收回资本成本。

---

① 由于企业不能按某一固定资金成本无限制地增加资金,一般随着资金总额的增加,集资的成本会升高,故 K 曲线呈上升趋势。

（2）企业现有资本为 B_0，而 $B_0 < B_m$，故企业只能投资于Ⅰ、Ⅱ、Ⅲ方案及第Ⅳ方案的一部分。鉴于项目的不可分割性，只能投资Ⅰ、Ⅱ、Ⅲ三个方案。其余的费用（$B_0 - B_Ⅲ$）可投到零方案。若Ⅳ方案可以缩小规模，削减投资，则可把（$B_0 - B_Ⅲ$）这部分投资，投向削减后的Ⅳ方案。

（3）所选方案组是在 B_0 的约束下最好的组合方案。由图5–15不难看出，B_0 本身并没有达到最优的投资规模 B_m。

【例5–23】 表5–11中列出六项独立方案，若 $MARR$ 为14%，且规定总投资额为35 000元，试用收益率准则选择方案。

表5–11　各备选的独立投资方案

方案	投资额（元）	寿命（年）	每年现金流量（元）	内部收益率（%）	排列次序
A	10 000	6	2 870	18	3
B	15 000	9	2 930	13	否
C	8 000	5	2 680	20	2
D	21 000	3	9 500	17	4
E	13 000	10	2 600	15	5
F	6 000	4	2 540	25	1

第一步：按取舍率法确定可行的投资方案。

按照收益率由大到小依次排列各方案及其累计投资额见表5–12。

表5–12　按收益率由大到小的顺序计算累计投资额

方案	收益率（%）	投资额（元）	累计投资额（元）
F	25	6 000	6 000
C	20	8 000	14 000
A	18	10 000	24 000
D	17	21 000	45 000
E	15	13 000	58 000

考虑到总投资额仅有35 000元，应该选择F、C、A三方案。但是尚有11 000元资金没能利用。假设这未被利用的资金投向0方案（$MARR$ 为14%），则方案组合的总体收益率为：

$$i = \frac{1}{35\ 000} \times (6\ 000 \times 0.25 + 8\ 000 \times 0.20 + 10\ 000 \times 0.18 + 11\ 000 \times 0.14)$$

$$= 0.184 = 18.4\%$$

第二步：用互斥组合法进一步择优。

为了更充分的利用现有投资,在可接受的各方案间还有其他的组合形式,这些组合形式、投资总额及总体收益率列入表 5 - 13。

表 5 - 13　几种可能组合方案的总体收益率

组合方案	总投资额(元)	总体收益率(%)
F,C,D	35 000	19.1
F,C,A	24 000	18.4
C,A,E	31 000	16.9
F,A,E	29 000	17.4

结论: 为使总体收益率为最大值,应选择方案 F、C 及 D。

5.3.3　现值解法

在解决限额资金情况下的方案评价时,也可采用现值法。用现值法求解时其目标是使净现值(或净年值)最大。先用 *MARR* 将各方案贴现之后只具有正净现值的方案才予以考虑。

当各方案的服务寿命不同时,首先把寿命进行调整,使其符合可比性原则,再进行 *NPV*、*AC* 值的计算。具体解法如下:

(1)分别按共同的寿命期计算各方案的 *NPV* 值,或计算各方案的净年值(*AC*)。

(2)按照各方案净现值(或净年值)由大到小的顺序依次排列各方案。

(3)在不超过投资总额的条件下,从排列的方案中选定现值最大的方案。

【例 5 - 24】　参看表 5 - 11 所列各方案,若预计投资 35 000 元,且 *MARR* 为 14%,试选择总净现值为最佳的组合方案。

解: 第一步:计算各方案在其寿命期中当收益率为 14% 时的 *AC* 值。例如,方案 A 的 *AC* 值为:

$$AC_A = 2\,870 - 10\,000(A/P, 14\%, 6) = 298 \text{ 元}$$

各方案的 *AC* 值列于表 5 - 14 第 4 列。

第二步:计算各方案在共同寿命期 $n = 10$ 年,*MARR* = 14% 时的净现值。

如方案 A 的现值为:

$$NPV_A = 298(P/A, 14\%, 10) = 1\,556 \text{ 元}$$

其他各方案的净现值可按 $NPV = AC(P/A, 14\%, 10)$ 计算,并列于表 5 - 14 第 5 列中。

表 5 - 14　寿命不等方案的现值计算

方案	期初投资(元)(1)	寿命(年)(2)	每年现金流量(元)(3)	AC(4)	NPV(5)	排列次序(6)
A	10 000	6	2 870	298	1 556	4
B	15 000	9	2 930	-103	-535	否

方案	期初投资（元）(1)	寿命(年)(2)	每年现金流量（元）(3)	AC (4)	NPV (5)	排列次序 (6)
C	8 000	5	2 680	350	1 826	3
D	21 000	3	9 500	455	2 372	2
E	13 000	10	2 600	108	562	5
F	6 000	4	2 540	481	2 508	1

表 5-14 中第 6 列依 NPV 和 AC 值的递减顺序对方案进行排序，NPV_B 为负值的 B 方案应舍弃。按排列顺序计算的累计投资额列于表 5-15。

表 5-15　按现值由大到小的顺序计算累计投资额

方案	净现值（元）	投资额（元）	投资额累计（元）
F	2 508	6 000	6 000
D	2 372	21 000	27 000
C	1 826	8 000	35 000
A	1 556	10 000	45 000
E	562	13 000	58 000

在总投资为 35 000 元的条件下，应选择方案 F、D 和 C，其净现值最大。

5.3.4　NPV 法与 NPVI 法联合应用

【例 5-25】　某公司有资金 600 000 元，现有八个投资方案可供选择，应选择哪几个方案？

表 5-16 列出了八个方案（A，B，…，H）的投资额及每个方案的 NPV 及 NPVI 值。

表 5-16　各方案的 NPV 及 NPVI 值

计划方案	投资额（元）	NPV（元）	NPVI
A	200 000	120 000	0.60
B	120 000	54 000	0.45
C	40 000	5 000	0.13
D	90 000	22 500	0.25
E	130 000	28 600	0.22
F	360 000	64 000	0.18
G	30 000	4 200	0.14
H	150 000	57 000	0.38

如果按 *NPV* 值的大小选择方案,则各方案的优先顺序如表 5 – 17 所示。

若为满足 600 000 元的投资限额要求,应选择 A、F、C 三方案(表 5 – 18),*NPV* 总值为 189 800 元。

按 *NPVI* 值的大小进行方案选择其先后顺序如表 5 – 19。

为满足投资总额不超过 600 000 元的要求,应选择 A、B、H、D 和 C 方案,组合方案 *NPV* 总值为 258 500 元(见表 5 – 20)。

可见按 *NPVI* 值选择的方案比按 *NPV* 值选择的方案,净现值多 68 700 元。

表 5 – 17　按 NPV 值由大到小排列方案

顺序	计划方案	*NPV*	投资额(元)
1	A	120 000	200 000
2	F	64 800	360 000
3	H	57 000	150 000
4	B	54 000	120 000
5	E	28 600	130 000
6	D	22 500	90 000
7	C	5 000	40 000
8	G	4 000	30 000

表 5 – 18　按 NPV 值选择方案

计划方案	*NPV*	投资额(元)
A	120 000	200 000
F	64 800	360 000
C	5 000	40 000
合　计	189 800	600 000

表 5 – 19　按 NPVI 值由大到小排列方案

顺序	计划方案	*NPVI*	投资额(元)
1	A	0.60	200 000
2	B	0.45	120 000
3	H	0.38	150 000
4	D	0.25	90 000
5	E	0.22	130 000
6	F	0.18	360 000
7	G	0.14	30 000
8	C	0.13	40 000

表 5 – 20　按 NPVI 值选择方案

计划方案	NPVI	NPV(元)	投资额
A	0.60	120 000	200 000
B	0.45	54 000	120 000
H	0.38	57 000	150 000
D	0.25	22 500	90 000
C	0.13	5 000	40 000

反复试算决定优先顺序:若进一步观察,在预算限额内,按最大的 NPV 合计值选择方案的话,A、B、H 不变,以 E 代替 C 及 D,该组合方案 NPV 的总额为 259 600 元(见表 5 – 21)

表 5 – 21　同时考虑 NPV 及 NPVI 两项指标进行方案选择

计划方案	NPVI	NPV(元)	投资额(元)
A	0.60	120 000	200 000
B	0.45	54 000	120 000
H	0.38	57 000	150 000
E	0.22	28 600	130 000
合　计		259 600	600 000

由上例可知,在限定投资总额的条件下确定投资组合,一般用 NPVI 法比 NPV 法要好。然而,为得到组合方案的最大收益,应二者联合使用,首先根据 NPVI 法排出优先顺序,再进一步反复试算,找出 NPV 最大的组合方案。

5.3.5　资金限额下多项互斥方案的经济评价

在有限资金条件下对互斥方案进行选择时,用追加投资收益率原理进行分析,同时也要考虑资金的合理利用问题。

【例 5 – 26】 某厂生产出口产品,原有设备已老化。方案 I 是对原有设备进行大修后使用,大修费用 100 万元,还可用 5 年,但每年产量有限,每年可得利润 57.6 万元。方案 II、III、IV 是引进的三种不同的新设备,购入费用分别为 500 万元、700 万元及 900 万元,寿命期为 5 年。由于产量增加每年纯利分别为 174.6 万元、228.9 万元、249.7 万元。现有资金 900万元,平均利润率(MARR)为 10%,选哪一组方案好?

首先计算出各方案的内部收益率列于表 5 – 22。

表 5 – 22　各方案的整体收益率

方　案	投资(万元)	每年收益(万元)	收益率(%)
Ⅰ	100	57.6	50
Ⅱ	500	174.6	22
Ⅲ	700	228.9	19
Ⅳ	900	249.7	12

由内部益率的计算结果可知,Ⅰ方案的收益率最高为 50%,但采用方案Ⅰ,还余资金 800 万元,这 800 万元只能取得平均利润 10%,是不合理的。可以将Ⅰ方案作为基础方案对其他方案的追加投资收益率进行分析(表 5 – 23)。

表 5 – 23　各方案的追加投资收益率

	追加投资(万元)	增加年收益(万元)	相当于每 100 万元收益
舍Ⅰ方案取Ⅱ方案	400	117	29.3
舍Ⅱ方案取Ⅲ方案	200	54.3	27.2
舍Ⅲ方案取Ⅳ方案	200	20.8	10.4

对于平均收益率 10% 而言,寿命为 5 年,则每年每 100 万元投资可得收益 26.4 万元 $[$(收益 $=100(A/P,10\%,5)\doteq26.4$ 万元$)]$。

因此从方案Ⅰ改为方案Ⅱ,每 100 万元追加投资所得利润为 29.3 万元 > 26.4 万元, ($\frac{174.6-57.6}{4}=29.3$),故Ⅱ方案可取。

从方案Ⅱ改为方案Ⅲ,每 100 万元追加收益为 27.2 万元 > 26.4 万元,故方案Ⅱ舍去,选方案Ⅲ。

从方案Ⅲ改为方案Ⅳ,每 100 万元追加投资的收益为 10.4 万元 < 26.4 万元。即若把Ⅲ方案多余的 200 万元,不投入Ⅳ方案而转入其他项目投资,取得基准收益 10% 时,每年可得到的利润额要大于Ⅳ方案。故Ⅳ方案不可取。

结论: 把现在资金 900 万元中的 700 万元投入方案Ⅲ,余下 200 万元转入以平均收益率为 10% 的其他投资项目。

5.3.6　在进行资金限额下的方案选择时应注意的问题

(1)当收益率解法及现值解法所得结果不相符时,应在保证不超出总投资的条件下,取组合方案中净现值最大者。

【例 5 – 27】　某公司有 400 万元资金,*MARR* 为 5%,六个方案的现金流量、收益率、净现值及净现值指数均列于表 5 – 24,该公司应采用哪几个方案?

表 5 - 24 某公司投资方案资料(万元)

方案	$t = 0$(年)	NPV	内部收益率(%)	NPVI
1	-100	23.5	30	1.24
2	-100	21.6	28	1.22
3	-400	59.8	21	1.15
4	-300	42.0	20	1.14
5	-200	24.2	18	1.12
6	-200	18.5	15	1.09

从以上结果可看出,用最大收益率评价方案应首先选 1、2 两方案;而按 NPV 值选则应首先选第 3 方案,难于决策。现把各方案按投资总额不大于 400 万元的原则进行各种组合,计算出各组合中的净现值,净现值最大的组合即为所选的方案。各组合方案净现值如下:

方案	净现值(万元)	方案	净现值(万元)
1,4	65.5	1,2,5	69.3
2,4	63.5	1,2,6	63.3
3	59.8	5,6	42.7

该公司应采取 1、2 和 5 组合方案,可得净现值 69.3 万元。

(2)当备选方案数目较多时,寻找限额下方案的合理组合比较繁杂,可采用线性规划法。

【例 5 - 28】 将表 5 - 24 的资料,用线性规划法求解,目标函数要求 NPV 值最大。

$$23.5X_1 + 21.6X_2 + 59.8X_3 + 42X_4 + 24.2X_5 + 18.5X_6 = NPV_{max}$$

限制条件:

(1)$100X_1 + 100X_2 + 400X_3 + 300X_4 + 200X_5 + 200X_6 \leqslant 400$

(2)$X_j = \begin{cases} 1 \\ 0, \end{cases}$ $j = 1, 2, \cdots 6$;

解后答案为:$X_1 = 1$;$X_2 = 1$;$X_3 = 0$;$X_4 = 0$;$X_5 = 1$;$X_6 = 0$

所得答案与例 5 - 27 相符,应选 1、2、5 三方案。

(3)在有限资金条件下选择投资方案时,除考虑单项方案的经济效果外,还应考虑最大限度地利用现有资金带来的经济效果。

【例 5 - 29】 设有三种独立方案可供选择(数据见表 5 - 25),现有资金 500 万元,MARR 为 10%,应选择哪个方案?

表 5 – 25　例 5 – 29 的基本数据

方案	投资额(万元)	收益率(%)
甲	300	30
乙	250	28
丙	250	28

按收益率大小择优应选方案甲可得到单方案的最大收益率,但只能用 300 万元的资金,其余 200 万元,只能做 0 方案投资,则 500 万元投资的年收益为:

$$300 \times 0.3 + 200 \times 0.1 = 110$$

若把资金投入乙、丙两方案,虽然每个方案的收益略低,但资金得到了有效的利用,其总收益额为:

$$500 \times 0.28 = 140\ \text{万元}$$

考虑到资金有效利用带来的效果,应舍弃甲方案,而选乙、丙方案。

5.4　经济评价中值得研究的几个问题

5.4.1　评价指标的选择

1. 各种评价指标的经济内涵

所介绍的各种评价指标中,应用最广泛的是贴现现金流量法——DCF(discount cash flow),主要包含 NPV、AC、IRR 等评价指标。投资回收期法只能作为辅助性方法,一般不单独使用。按照各指标的表达形式,可分为差额指标(绝对指标)与效率指标(相对指标)两大类。按照是否考虑的时间价值因素,可分为动态指标与静态指标两大类,详见表 5 – 26。

各种指标从不同的侧面反映了投资项目的经济效益,如 NPV 值反映了项目是否能够回收资本及其成本而不至亏损;$NPVI$ 表示每一元投资额将带来多少盈利;投资回收期表明了投资回收的时间尺度;而 IRR 则告诉我们项目自身的报酬率为多少,能否承担资本成本和风险的设定要求。

表 5 – 26　评价指标分类

按是否 考虑时间价值 因素分　　　按指标性 质分	差　额	效　率	
		用百分率表示	用时间表示
静　态		简单投资收益率	静态回收期
动　态	净现值 净终值 净年值	内部收益率 外部收益率 净现值指数	动态回收期

2. 各评价指标间的关系

内部收益率反映了投资项目的固有本性和自身素质。它是各评价指标之本,而其他各指标则可视为内部收益率之表。年值(AC)法可视为净现值(NPV)法派生出来的,它们都是评价投资项目的数量指标,它们在不同时点上所表示的经济价值是等价的(等值)。现值成本(PW)法和年成本(AC)法,分别是净现值法和年值法的特例(如果各项目的收益相当只需将成本进行比较),两者也是等值的。投资回收期和投资效果系数互为倒数,两者等价;以净现值和投资回收期为主脉的其他评价指标,均可视为内部收益率指标的数量外现。我们根据以上的分析可给出各指标关系的网络图,如图5-16所示。

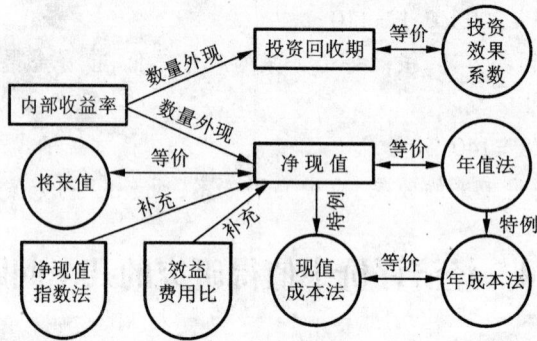

图5-16　各评价指标的网络图

3. 评价指标的选择

(1)判断方案可行性时,各动态方法的评价是等效的,结论完全一致。

(2)方案择优时,评价方法的适用性与方案的特点密切相关。同时还应考虑投资者追求的目标,以选用相应的评价方法。净现值法适用于评价寿命相等时的互斥方案;寿命不等的互斥方案,当不考虑技术的改进时,采用年值法为好;在资金限额下对独立方案进行优化组合时,采用内部收益率指标最简捷有效。

(3)净现值法(NPV)与内部收益率法(IRR)相比较,当对独立方案进行决策时,两种方法将提供一致的结论。当对互斥方案评价,或在资金限额下对不同方案进行排序时,则两种方法可能导致相反的结论,此时最好用差额现金流的内部收益率进行评价。一般认为净现值法在理论上较为优越,因为它体现了在现有资源的约束下,实现经济效益最大化的目标;而在实际工作中,内部收益率则容易形成直观的感觉,其经济含意更容易被决策人所理解,在国外被普遍采用。IRR法适用于评价那些期初投资较大,之后只需少量维持经营费用的项目。除此之外,宜用NPV法或B/C比值法。对于IRR相同的两个方案,应取NPV较大者。一般来说,IRR有利于寿命期较短的项目,而NPV对寿命期长的项目更有利。

(4)各种贴现现金流量法,对同一方案的评价虽然是等价的,但由于各方案现金流量的构成特点不同,在进行评价的时应注意指标的选择,表5-27列出了各种评价指标的适用范围。

表 5 - 27 动态评价适用范围

利 润	费 用	寿 命	采用方法	判断准则
逐年变动		相 同	NPV	最 大
		不 同	NPVI	最 大
一 定		不 同	IRR	最 大
			投资回收期	最 短
		相 同	IRR	最 大
	一 定	不 同	AC（年成本）	最 小
		相 同	AC	最 小

5.4.2 利息率、动态收益率与静态收益率之间的关系

1. 静态收益率和按单利计算的利息率

利息率 与投资收益率的概念并不一样。当资金存入银行时,每年可获得一定的利息,而本金期末可全部回收。当资金投入企业时,每年可获得一定的净利,但年净利中已包括了以折旧形式逐年回收的本金。当资金相等时,年净利必须大于年利息额才能有相同的收益。

$$利息率 = \frac{利息}{本金}$$

$$静态投资收益率 = \frac{年净利}{投资额}$$

$$年净利 = 年利润 + 折旧$$

若本金相当于投资额,把年利润看作利息,则利率与静态投资收益率之间的差别在于折旧。如果有相同的本金存入银行得到的利息和投入企业得到的年利润相等时,则利息率小于投资收益率。这就表明当利息和年利润相等时,资金投入企业有利(在不考虑风险的情况下),因为投入企业可以由折旧形式提前逐步回收本金,这笔回收的款项又可以另行生利,而银行存款只能在期末一次性回收本金,在期间没有再投资的机会。

2. 动态收益率和静态收益率的关系

(1)同一现金流的动态收益率与静态收益率的数值差别很大。静态投资收益率不能反映资金的时间价值,即所占用的资金与其所得的利润不是在货币的时间等值基础上计算出来的。而动态投资收益率则是按现金流量贴现法,在货币时间等值基础上计算出来的,故两者不应混淆。

【例 5 - 30】 某项目投入总资金为 1 500 万元,年利润为 215 万元,企业正常服务年限为 10 年,求动态收益率及静态收益率。

$$i_{静} = \frac{215}{1\,500} \times 100\% = 14.33\%$$

$$1\,500 = 215(P/A, i, 10)$$

$$i_{动} = 7.18\%$$

结论: 在同样的投资及收益的条件下,$i_{静}$ 与 $i_{动}$ 的值相差近一倍。

(2)收益率与回收期的关系。表 5 - 28 示出动态收益率与期望回收期的关系。在表中

所列数据范围内,期望收益率每增加 1%,回收期平均递增约 2 年。因期望收益率越高,各年收益贴现到零年的贬值程度越大。而静态投资收益率与静态投资回收期之间却成反比的关系,即静态投资回收期随静态收益率的增加而减少。在表 5-29 所示的范围内 i 每增加 1%,n 平均递减 1.21 年。

表 5-28 动态投资收益率与动态投资回收期的关系

	$i(\%)$	$n(年)$	递增(年)
1	7.18	10	—
2	8.14	10.72	0.72
3	10	12.54	0.82
4	11	13.98	1.44
5	12	16.02	2.04
6	15	21.95	5.93

表 5-29 静态投资收益率与静态投资回收期的关系

	$i(\%)$	$n(年)$	递减(年)
1	7.18	13.93	—
2	8.14	12.29	1.64
3	10	10.00	2.29
4	11	9.09	0.91
5	12	8.33	0.76
6	15	6.67	1.66

从以上分析可知,考虑了时间因素 i 与 n 的关系与不考虑时间因素的 i 与 n 的关系是两套不同的指标体系。这两套指标体系是彼此独立的,不能混淆。当资金收益率同为 12% 时,动态体系的相应投资回收期为 16.02 年;若为静态体系,则相应的投资回收期为 8.33 年。两者差别近一倍。

3. 动态收益率与利息率的关系

利息率(单利)与动态投资收益率不同之处是同一个利率每年所得不一样,前者不包括本金,而后者包括本金。在同等的本金和利率的情况下,按单利计算时每年得到的利息,不管年代多长都是一样的。而用作投资所得的平均年净利却随着寿命年限不同而变化,但无论如何,平均年净利总大于单利的利息,只是年限越长,差额越小。

【例 5-31】 本金 100 元,年利率为 10%,若期望收益率也为 10%,求存入银行(按单利计)每年应得的利息额与投资企业每年应得的年净利额。

$$利息 = 100 \times 0.1 = 10 元(直到任意年期)$$
$$年净利 = 100(A/P, 10\%, n)$$

当 $n=10$ 年,年净利 $=100(A/P,10\%,10)=16.3$ 元。

当 $n=20$ 年,年净利 $=100(A/P,10\%,20)=11.7$ 元。

可见 n 值越大,按期望收益率计算出的收益值越接近利息值(10 元/年),同时又大于利息值。

【例 5－32】　设有现金 100 元,存入银行时每年可得利息 10 元,投入企业所得产品需年经营费 10 元,销售收入为每年 20 元,试计算利息率和投资收益率并分析其所得的利益。

$$利息率 = \frac{10}{100} = 10\%$$

$$静态投资收益率 = \frac{20-10}{100} = 10\%$$

动态投资收益率:

$$100(A/P,i,n)+10=20 \quad \therefore \quad (A/P,i,n)=0.1$$

当 $n=15$ 年,则 $i=6\%$;$n=20$ 年,则 $i=8\%$。

可见,资金应存入银行。除每年可得利息 10 元外,还可收回本金 100 元。如投入企业,则除少量残值外,本金不能再收回。

动态收益率与复利的利息率两者是可比的。而 MARR 是作为动态评价方法的比较标准,故应采用动态收益率而不应当用静态收益率。在确定 MARR 水平时,若银行利率是按复利计算的,则可把银行的利息率作为确定 MARR 值的参考,若银行采用单利计息时,其利息率不能直接作为参考数据,应首先把它换算成复利的利息率后再做参考。

5.4.3　MARR 的水平对选择方案的影响

期望收益率是一件很细致的工作,除考虑到资金来源、风险大小、利息率高低及利息率与收益率间的关系等因素以外,还应考虑到基准收益率的水平对正确选择方案的影响。期望收益率过低时,使项目经济效果被高估,则可能接受只是收支相抵甚至造成亏损的方案;过高的期望收益率时,一些项目的经济效果被低估,使收益较好的投资方案遭到拒绝。

从资金投入及收益的时间上考虑,当期望收益率订得偏高时,则时间间隔越长的未来价值在总现值中的比重越小,可见当期望收益率的值订得过低时,对具有长远效益的项目有利;如果订得过高,则对近期效益较好的项目有利。当一个国家资金困难时,应当把收益率标准稍提高一些,这样可把资金投在获利高且短期效益好的项目,有利于资金的增值。

5.4.4　期望收益率的确定方法

期望收益率的经济内涵是对投资项目进行决策时应考虑的资金机会成本。科学地确定期望收益率是一个非常困难的问题。对于每个投资项目而言,由于项目的行业不同、用途不同、外部条件不同、面临的风险不同以及投资人对风险的态度不同,都影响期望收益率的水平。尤其是对风险的估计和量化,尚缺乏绝对科学的方法。因此在确定期望收益率时,要根据行业特点、项目特点、外部条件、风险大小、企业目标等因素综合考虑才能确定。不存在一个绝对正确的统一的期望收益率。

目前所采用的确定期望收益率的方法很多,其中较经常采用的有:累加法(在无风险利率基础上加上风险利率);行业平均收益率;公司的目标收益率;项目资本的机会成本(投入其他项目可获得的收益)和资本成本等方法。关于资本成本也有不同的取值,例如,加权资本成本(*CAMM*)[1]、资本资产定价模型(*CAPM*)确定的资本成本[1]和股东资本成本[1]。

采取行业的平均收益率作为期望收益率,虽然反映了行业的基本要求,但却不能反映项目本身的经营特点和风险收益等情况。如果用于对行业内各项目收益进行比较的标准可以作为参考,而不能作为企业对项目决策的期望收益率。采用公司目标收益率,项目资本的机会成本以及各种资本成本,为基础确定的期望收益率可以反映企业或项目的具体要求。具体选择哪一种取决于项目自身和公司的特点以及决策人的要求来决定。累加法也是确定期望收益率较常用的方法。无风险利率一般以国债利率为参考值,选择国债利率时应注意两点:首先将以单利表示的国债利率换算成复利的利率值;另外选择与项目寿命期限相接近的国债利率值(如果项目寿命期为15年,最好选择以15年为期限的国债利率作为无风险利率)。风险利率水平则根据项目的特点和投资人对风险的态度来决定(对于同一个项目,好风险的投资者所确定的风险利率将低于恶风险的投资者)。对于同一个项目而言,由于评价的角度、目的、决策人特点不同,可能采取不同的期望收益率。例如资产评估机构对一项资产的评估可能采用该行业的风险利率值,而购买该资产的人,考虑到跨行业经营风险性,可能取较高的风险利率作为期望收益率。

期望收益率的水平不能由公式计算,而是各因素综合考虑的结果。

思　考　题

1. 投资方案是怎么分类的?
2. 独立方案及互斥方案决策各有什么特点?
3. 现值法及年值法在进行多方案评价时有什么优点和缺点?
4. *IRR*法及*B/C*法进行多方案评价时有什么优点和缺点?
5. 什么是淘汰法?
6. 什么是0方案?
7. 有资金限制条件下进行多方案评价时,追求的主要目标是什么?
8. 在资金限额的条件下,若既有独立方案又有互斥方案,则选择的原则及步骤是怎样的?
9. 有资金限额时,进行多方案评价应注意哪些问题?
10. 动态收益率、静态收益率、单利利息率及复利利息率之间有什么区别和联系?
11. 如何确定*MARR*?说明各种确定方法的适用范围。
12. *MARR*水平的高低对方案评价有什么影响?
13. 现有100万元,若存入银行年利率为15%,若投入企业收益率也是15%,问:
(1)若银行为单利计息,企业的静态收益率为15%,你把钱投向哪里?
(2)若银行为复利计息,企业的动态收益率为15%,你把钱投向哪里?

---

① 加权资本成本、资本资产定价模型、股东资本成本详细内容将在筹措资金的有关章节中予以介绍。

练 习 题

1. 某项目的预计费用如下,五个方案为互斥方案。

单位: 万元

方案	投资	年经营费	销售收入
A	1 000	500	800
B	1 500	650	1 150
C	2 300	825	1 475
D	3 200	1 025	1 800
E	4 500	1 250	2 155

若 $MARR$ 为 10%,寿命期均为 10 年,试用净现值法,增额收益率法和增额利润/成本比率法选优。

2. 有三项寿命不等的互斥方案,若 $MARR$ 为 15%,试用(1)AC 分析法;(2)相对投资收益率分析法选择最佳方案。

	A	B	C
期初成本(元)	−6 000	−7 000	−9 000
残值(元)	0	+200	+300
利润(元)	+2 000	+3 000	+3 000
寿命(年)	3	4	6

3. 下表列出七个独立方案可供选择
(1)$MARR$ 为 12%,预计总投资额为 60 000 元。
(2)$MARR$ 为 15%,总投资额为 85 000 元。

方案	投资额	收益率(%)
1	12 000	16
2	18 000	21
3	9 000	13
4	3 000	8
5	25 000	23
6	11 000	19
7	18 000	14

按内部收益率选择投资方案,并计算总体收益率。

4. 有甲、乙两个互斥方案,现金流量如下表。用 *NPV*、*IRR*、*NPVI* 法进行择优,你选哪个方案? 为什么? 若 *MARR* = 10%。

方案	现金流量(元)		
	$t = 0$	$t = 1$	$t = 2$
甲	− 6 000	+ 5 000	+ 3 000
乙	− 10 000	+ 7 000	+ 6 000

5. 现有资金 400 万元,有六个独立方案可供选择,用 *NPV*、*NPVI*、*IRR* 及 *B/C* 法进行评价,排列出可能的投资方案组合,并指出最优组合。若 *MARR* = 5%,其余参数如下表:

方 案 号 码	现金流量(万元)	
	$t = 0$	$t = 1$
1	− 100	+ 130
2	− 100	+ 128
3	− 400	+ 434
4	− 300	+ 360
5	− 200	+ 236
6	− 200	+ 230

第6章　风险和不确定情况下的经济分析

6.1　风险性和不确定性

6.1.1　风险性和不确定性的概念

在上述各章的评价方法中,指标的计算均建立在现金流确定的基础上。实际上,绝大多数投资项目的现金流是不确定的。通过对现金流的贴现解决了资金时间价值问题,但没有解决现金流不确定的问题。不确定的问题渗透在投资评价的全过程,所以要把不确定性带来的问题及其解决办法进行专题研究。

区分风险和不确定性:未来现金流确定与否,与投资者获取信息的程度有关。确定性是指决策者掌握了影响决策各因素的充分信息,故可精确确定项目的后果。当信息把握得不充分时,会产生不确定性。信息不充分又可分为两种状态:风险(risk)和不确定性(uncetainty)。存在风险和不确定性时,对项目分析评价预计的可能结果很多,但在项目进行之后只会出现一个结果。假定所有可能结果都是可识别的,风险与不确定性的两种状态的不同之处就在于决策者是否知道各种可能结果的概率。风险是指决策者有足够的信息确定每一可能结果发生的概率。而在不确定的条件下,决策者可识别每一种可能结果,但是没有足够的信息来决定每一种可能结果的概率。可见,风险是一种不确定性,但不确定性不一定都表现为风险。两者既有联系又有区别。

按照对未来状况确知的程度,可把项目分为确定性、风险性和不确定性三种。三者间的区别见图6-1。

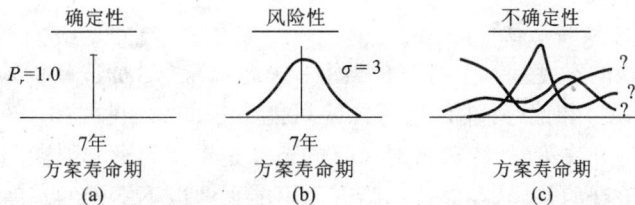

图6-1　项目寿命的确定性(a)、风险性(b)和不确定性(c)

6.1.2　风险和不确定性的产生原因

风险理论认为,风险和不确定性是由于客观事物的不确定性和人类认识、处理事物的能力有限性造成的。有限性主要表现在两个方面:一是决策时缺乏可靠的信息;二是决策者不能控制事物未来发展的过程。不确定性有程度之分,有关信息掌握得越充分,不确定性越小。

通常把缺乏确定性的情况区分为与企业(项目)未来收益有关的风险和与项目融资有关的风险,前者称为商业风险,后者称为金融风险。此外企业也面临外部条件影响带来的风险,参见图6-2。

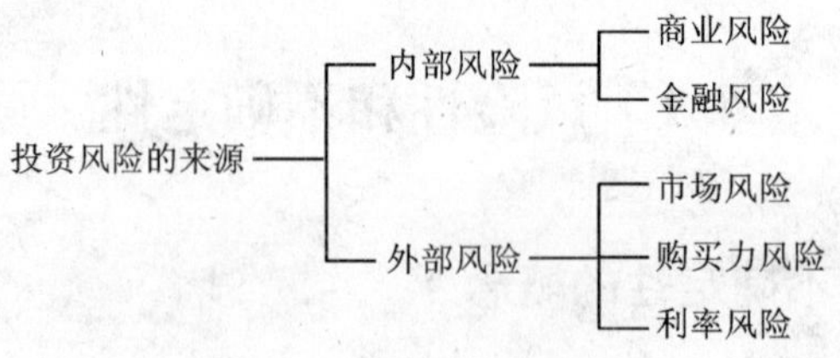

图6-2 投资风险的来源

商业风险与总体商业状况有关。如产品需求状况(需求水平或新产品需求)、利率水平、商品售价、竞争者的行为等,都不能确切知道。这些直接影响到企业现金流量的不确定性。如果估计的未来现金流量与实际现金流量之间产生了差异就构成商业风险。

金融风险与企业融资有关。当企业收益不足以履行债务偿还的金融责任时,则发生金融风险。一般企业资本结构中债务比例越高,金融风险越大。

投资项目具有的一次性的特点,难以从历史经验中获得进一步的信息。因此投资项目的不确定性比其他经济活动大,项目风险的可预测性也较差。项目的风险与不确定性在项目的不同阶段表现是不同的,一般随着项目进展而变化,最大的不确定性会在项目的早期。在对项目评价的过程中,处理风险和不确定性问题时必须充分估计到估计值和实际值之间的差异,应设法减轻风险和不确定性对决策的不良影响。这正是本章的基本目的。

在项目评价和决策时,虽然风险和不确定性的讨论涉及商业和金融两种风险,但本章只重点讨论商业风险。金融风险在介绍投资决策时进行分析。

6.1.3 如何看待风险

1. 决策者对待风险的态度

决策者对待风险的态度基本上有三种类型:厌恶风险(尽量选择保险的方案)、风险中性(对风险取漠视态度)和偏好风险(追求风险可能带来的高额收益)。在对风险性和不确定性的项目进行评价和决策时,决策者对风险的态度是重要的影响因素。评价时应予重视。

由于决策者价值观的差异,在对待风险方面可能采取以下不同的态度:

回避风险:尽量选择保险的方案。如在新产品开发方面,多选用现成的专利,或采取"紧跟主义",不是以创新,而是以薄利多销取胜。

减少风险:尽量掌握必要的信息,提高决策的可信性。一旦决定实施则采取积极的营销策略,尽量使情况好的概率增加。

接受风险:在人、财、物等方面均留有必要的储备,使工作安排富于弹性,以适应外部条件的变化。

转移风险:例如参加保险或进行多种经营等。其实质是把风险转移给他人,或在经营各产品之间分担风险。

　　2. 人们为什么要冒风险

　　风险投资的重要特点是效益与风险并存。风险既是机会又是威胁。所谓机会是指一个项目所冒风险越大,可能得到的收益也越高。人们冒风险是为了得到风险报酬。风险报酬(risk premium)是指决策者因冒风险而获得了超过正常报酬(无风险报酬)的那部分额外报酬。风险越大,要求的风险报酬就越高。由于事物未来发展的不确定性,风险是客观存在的,社会经济的发展需要人们去冒风险,风险报酬是对风险行为的认同,是对冒风险的一种鼓励,一种补偿。风险也存在威胁(各种不利的后果)。所以人们又要尽可能确切地评价风险,并设法回避、减少或转移、分散风险。

　　由于风险双重特性的存在,导致人们对风险的态度因人、因时、因地、因条件而有很大的差别。在对风险和不确定性项目的评价过程中,必须考虑人的因素。在对风险的识别、度量、模拟以及对风险性和不确定性项目的评价决策方面的方法很多。本章重点介绍损益平衡分析法、敏感性分析法和概率分析法等最普及的方法,下一章介绍风险和不确定性评价和决策的其他方法。

　　3. 项目决策时的避险措施

　　为了在项目决策之前尽量减少风险是风险管理的主要目标。回避风险(risk-avoiding)最常用的方法是获取更多的信息和采取组合投资(投资多样化)。

　　(1)获得更多的信息。在很多情况下,决策所面临的风险是因缺乏信息或信息不够确切而产生的。为了获取更多的信息应对项目所涉及的市场状况进行详细的市场调查,也可通过有关的技术、管理、经济专家等个人咨询或向咨询公司、证券公司等组织购买信息,以提高评价的准确性,降低风险。获取信息的度取决于所获取信息的边际价值是否大于边际成本。

　　(2)组合投资。多数投资者属于恶风险者,他们追求较高的收益率并要求避免风险。降低非系统风险的方法就是组合投资(分散投资)。

　　在对风险投资项目进行决策时,为达到投资者期望收益最大化和风险最小化这个看似矛盾的决策目标,必须对项目精心选择和搭配。注意项目之间的相关程度。

　　4. 项目实施时的避险措施

　　(1)当单一产品经营时应设法改善概率,如通过各种经营手段,加强生产和市场、存货之间的及时沟通,按市场需要组织生产等各种方式,增加好情况出现的概率,减少坏情况出现的概率。

　　(2)参加保险:通过参加保险,企业可把一种可能的巨大损失转移给保险公司。对企业而言,把一个不确定的(或带有风险的)事物转变为确定性的,这样企业便可大胆开拓。

　　在减少风险损失方面我们应当强调两个问题:①风险是客观存在的,它不能完全消除,通过上述措施只能使风险适度降低或转移。②风险的减少一般总是伴随着费用的增加或收益的减少。例如,大量占有情报就必须花费情报费;参加保险要交保险费;多种经营虽可分散风险,但因必须要经营一些收益率不高而风险较小的产品,将导致总投资收益率的下降。

6.2　损益平衡分析法

损益平衡分析就是要确定一个项目投产以后,一定时期内产量、成本和利润之间的关系,找出一个损益平衡值(switching value),在这一点上收入和支出持平,净收益等于零,故而损益平衡分析又叫做盈亏平衡分析、收支平衡分析、量本利分析。

损益平衡分析法常用来分析短期内的问题,即在这个期间内有一些数量是被假设为不变的,是一种静态分析的方法。当方案中有某一因素属于不确定状态时,则可采用损益平衡分析法。用损益平衡法进行不确定性分析时,可用下式计算:

$$BEP = \frac{f}{r - V} \tag{6-1}$$

其中 BEP 为达到损益平衡点时的生产能力利用率;r 为达到设计能力时的销售收益;V 为总可变成本;f 为总固定成本(包括折旧费)。

6.2.1　价格因素变动对生产能力利用程度的影响

【例 6-1】　某项目设计能力为　　　　2 000 万件
　　　　　　　固定生产成本　　　　　2 500 万元
　　　　　　　折旧费　　　　　　　　　780 万元
　　　　　　　可变生产成本　　　　　6 500 万元

计算不同条件下,在达到损益平衡点时,生产能力的利用水平。

设计价格为 6.25 元/件;当价格降为 5.75 元及 5.50 元时,生产能力利用率达到什么程度才能保证不盈不亏?

1. 计算价格变动对损益平衡点的生产能力利用率的影响

按设计价格(6.25 元)计算的损益平衡时的生产能力利用水平:

$$BEP = \frac{2\,500 + 780}{(2\,000 \times 6.25) - 6\,500} \times 100 \approx 55\%$$

当价格降至 5.75 元时:

$$BEP = \frac{3\,280}{(2\,000 \times 5.75) - 6\,500} \times 100 \approx 66\%$$

当价格降至 5.50 元时:

$$BEP = \frac{3\,280}{(2\,000 \times 5.5) - 6\,500} \times 100 \approx 73\%$$

也可将生产能力利用率折成相应的产值和产量(见表 6-1)。

表 6-1　生产能力利用率折算成产值及产量

生产能力利用率	产量(万件)	产值(万元)
55%	2 000×55% = 1 100	1 100×6.25 = 6 875
66%	2 000×66% = 1 320	1 320×5.75 = 7 950
73%	2 000×73% = 1 460	1 460×5.5 = 8 030

由表(6-1)可看出损益平衡点的水平随着销售价格的降低而向上移动,其示意图见图6-3。

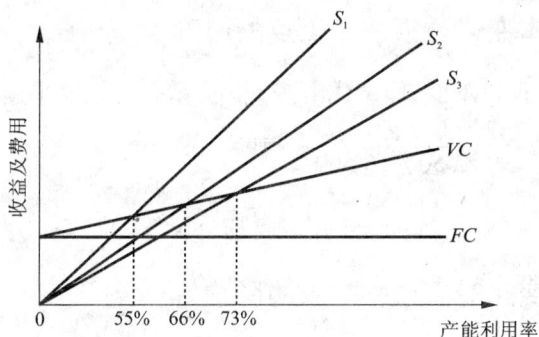

图 6-3 价格变化平衡点示意图

S_1, S_2, S_3——表示不同的销售价格

结论: 为保证企业不盈不亏,当单价为 6.25 元时,只开动 55% 的生产能力即可,而单价降到 5.75 元及 5.50 元时,则生产能力分别利用到 66% 及 73% 才能保证损益平衡。可见,价格的降低,使企业的安全边际减少,由 45%(6.25 元时)逐步降到 34%(5.75 元)及 27%(5.5 元),而安全边际(100% - 产能实际利用率)的减少意味着企业的经营风险增加。

若新建项目的供电受季节性影响,全年平均生产能力利用率仅达 60%,问应否建厂?

若售价按设计价格,则在开工率为 60% 时,企业略有盈余[$2\,000 \times (0.60 - 0.55) \times 6.25 = 625$ 万元],若价格降到 5.75 元以下时,因开工率 60% 已小于损益平衡点的生产能力利用水平 66%,企业将出现亏损。

2. 计算损益平衡点的最低销售价格

根据例 6-1 的数据,若保证企业不亏本,价格最低可降到多少?

$\because 2\,000 \times P = 6\,500 + 3\,280, \quad \therefore P = 4.89$(元)

结论: 若企业开工率为 100% 时,价格不低于 4.89 元,可保证企业不亏损。

$$\text{价格的安全幅度} = \frac{6.25 - 4.89}{6.25} \times 100 \approx 21.8\%$$

这个安全幅度就是企业为打开市场可以自由控制的价格升降范围,即为渗进市场的需要,产品降价的幅度不能超过 21.8%(与原设计的价格相比),否则企业将发生亏损。

6.2.2 可变成本变化对损益平衡点的影响

若所设计的企业由于原辅材料来源不稳定,则可能使产品的可变成本在 ±10% 的范围内波动,故应计算这种波动对损益平衡点的影响。

当可变成本增加 10% 时:

$$BEP_{(+10\%)} = \frac{3\,280}{12\,500^{①} - (6\,500 + 650)} \times 100 \approx 61\%$$

---

① 根据例 6-1 的数据,2 000 万件 × 6.25 元/件 = 12 500 万元。

当可变成本减少 10% 时：

$$BEP_{(-10\%)} = \frac{3\ 280}{12\ 500 - (6\ 500 - 650)} \times 100 \approx 49\%$$

6.2.3 固定成本变化对损益平衡点的影响

折旧费和可变成本保持不变,固定成本按 ±10% 变化对损益平衡点的影响：

$$BEP_{(+10\%)} = \frac{2\ 500 + 250 + 780}{12\ 500 - 6\ 500} \times 100 \approx 59\%$$

$$BEP_{(-10\%)} = \frac{2\ 500 - 250 + 780}{12\ 500 - 6\ 500} \times 100 \approx 51\%$$

6.2.4 折旧费变化对损益平衡点的影响

可变成本及固定成本不变,五年中提取了全部折旧费,计算五年后的损益平衡点。

$$BEP = \frac{2500}{12\ 500 - 6\ 500} \times 100 \approx 42\%$$

当折旧提取完以后,则产品的最低售价为：

$$2\ 000 \times P = 6\ 500 + 2\ 500 \qquad \therefore \ P = 4.5(元)$$

结论：若开工率为 100%,折旧已提取完毕,则单位产品售价只要不低于 4.5 元,企业就不会发生亏损。

用损益平衡点法对不确定因素进行分析,方法简单、方便。在利用损益平衡法进行分析时,假设各因素间是互相独立的,而在实际方案中各因素间可能是互相影响而共同起作用的,在这些情况下,平衡点分析法的应用受到限制。

6.2.5 损益平衡方法评价

这是一个应用较广泛的方法,它简单直观。但作为测算风险程度的依据尚存以下问题：

(1)该方法有一系列的假设前提条件如：产量等于销售量;各批量的固定成本相等;价格不变;生产成本是产量、销售量的线性函数等,与生产实际不完全吻合,降低了其分析结果的可信度。

(2)该方法只能从整体上反映项目的运营负荷率等一系列指标,给出总体抗风险能力。而不能反映各风险因素的影响程度。

(3)没考虑时间价值,不能动态地反映项目资金的运营情况及盈利水平,所得出的平衡产量值小于考虑了时间价值的产量值,客观上是夸大了项目的可行性。甚至可能把风险较大的项目误认为良好的盈利项目,增加了投资的风险。

虽然在损益平衡分析中也可以考虑时间价值,但这已经失去了其简单直观的优点,采用其他测定风险程度的方法,如敏感性分析法或概率分析法则更为可取。

6.3 敏感性分析

6.3.1 敏感性分析概念

敏感性分析(sensitivity analysis)是在无风险投资决策的基础上,考虑相关因素变动对投资方案效益影响的一种分析方法。了解在相关因素的变动范围内,对投资效益影响的程度,找出最敏感的影响因素,从而揭示风险可能产生的原因和大小。某因素变化引起项目评价指标的变化程度称为敏感度。变化幅度大表示敏感,幅度小表示不敏感。找出主要影响因素,及时采取有效措施,确保项目达到预期目标。通过敏感性分析能够帮助决策者对项目作出正确选择,帮助分析评价人员找到提高评价质量的重点因素。敏感度高的因素,数据要全面、准确,多花一些时间去收集整理。敏感度低的因素,数据相对可以粗略一些。

敏感性分析有助于把有限的资金用在关键信息的获取和研究方面,以保证项目评价在较低成本的情况下达到较高的准确度。

敏感性分析考虑了资金的时间价值,是一种动态分析方法。显然不同项目的敏感和非敏感因素是不完全相同的,但是在进行敏感性分析时都要回答两个共同性问题:

(1)如果所采用的估计数(如未来成本、收益等)不够正确应该怎么办? 其中的某些误差允许有多大,而该项目仍属可行?

(2)各项数据的准确性对分析工作是否具有同等的重要性? 其中的某些数据是否比其他数据更显得重要?

投资项目经济效益随其现金流量中某个或某几个参数的变化而变化的程度称为投资经济效益对参数的敏感性。若某参数值的较小变化能导致经济效益较大的变化则称投资经济效益对该参数的敏感性大;反之,则称对该参数的敏感性小。

对参数的变动范围与程度以及其对方案效益的影响所进行的描述就是敏感性分析应进行的工作。在经济评价中敏感性分析的主要作用在于:

(1)通过投资经济效益对不同参数的敏感性的比较,从中发现对经济效益的不确定性影响最大的参数。

(2)通过敏感性分析可大体揭示投资经济效益的变动范围或幅度,在一定程度上反映了投资经济效益的风险和不确定程度。

6.3.2　估算取舍方案的最低界限

估算取舍方案的最低界限在于使人们预见到,预期参数值在多大范围内变动,还不会影响原决策的有效性;超过一定的范围,原来认为是可接受的方案可能会变成不可接受的;原视为最优方案会变成不是最优的。此参数的最低界限值即为在评价过程的允许误差极限范围。

【例 6-2】　与投资方案 M 有关的数据如下:原投资额 3 791 万元,有效期限 5 年;每年净收益 1 000 万元。若该项目规定 $MARR$ 为 8%,计算该方案各参数取舍方案的最低界限。

(1)方案的净现值 $NPV = 1\ 000(P/A, 8\%, 5) - 3\ 791$

$$= 1\ 000(3.993) - 3\ 791 = 202\ 万元$$

$NPV = 202$ 万元 > 0,方案可取。

(2)进行敏感性分析:

①确定年净收益的下限临界值:

$$x = 3\ 791(A/P, 8\%, 5) = 950\ 万元$$

分析:如项目有效年限为 5 年,每年的净收益不能少于 950 万元,否则不能保证最小收

益率（8%），即与原订年净收益（1 000 万元）比较，年净收益值下降幅度不能大于

$5\%(\dfrac{1000-950}{1000}\times100\%)$；否则方案不可取。

②确定有效年限的下限临界值：

设有效年限的下限临界值为 x，则

$$1\ 000(P/A,8\%,x)-3\ 791=0$$

$$(P/A,8\%,x)=\frac{3\ 791}{1\ 000}=3.791$$

查表得：$(P/A,8\%,x)=3.993$；$(P/A,8\%,4)=3.312$

$$x=5-\frac{3.993-3.791}{3.993-3.312}\times(5-4)=4.7\ 年$$

分析：如果年净收益值不变，项目的有效服务年限要≥4.7 年，投资收益率才能≥8%。若有效服务年限小于 4.7 年（即服务年限降低率大于 6%），则投资收益率就达不到 8%，原方案则从可行变为不可行。

6.3.3 确定敏感性因素

确定敏感性因素是为了研究在有关方案的分析评价中如果预期参数值在一定范围内变动时，对有关指标影响的程度。也就是说，通过敏感性分析，就可避免决策者对原来分析评价所得的结论作绝对化的理解，以便事先考虑好较灵活的对策和措施，在工作中争取主动，防止决策失误带来的损失。若预期参数值在较小的范围内变动，就影响原结论的正确性，说明这个参数的敏感性强，反之则弱。所以正确地进行敏感分析，是经营决策分析评价中的一个重要步骤。

1. 确定敏感性因素的步骤

（1）根据已确定的基础数据，计算在无不确定状态下项目是否可行。

（2）在其他参数不变的情况下，考察某一参数的变化对项目经济评价指标产生的影响。

（3）比较各因素对项目主要评价指标的影响程度，以确定主要评价指标对于各因素的敏感度，并找出最敏感的影响因素。

一般用敏感性曲线（投资效益和敏感性因素之间函数曲线）的斜率来评价投资方案敏感性的大小。在其他条件不变的情况下，敏感性曲线越陡，投资不确定性越大；反之，则说明投资不确定性较小。

敏感性分析根据其涉及因素的多少可分为：单因素敏感性分析、双因素敏感性分析和多因素敏感性分析。

2. 单因素敏感性分析

【例 6-3】 某投资项目的基本参数如下表：

项 目	投资（万元）	寿命（年）	残值（万元）	年收入（万元）	年支出（万元）	期望收益率（%）
参数值	10 000	5	2 000	5 000	2 200	8

分析该项目的寿命期（n）、期望收益率（$MARR$）、年支出（D）三个因素，每变化一项，对

该项目净年值(AC)的影响。

第一步,确定方案的可行性。

$AC = -10\,000(A/P,8\%,5) + 5\,000 - 2\,200 + 2\,000(A/F,8\%,5)$

$\quad = 636.32\ 万元$

$AC > 0$,该方案可行。

第二步,分别计算 n、$MARR$、D 各参数变化时对 AC 值的影响。即将各参数变化以后的数值分别代入以下各式进行计算。

$AC = -10\,000(A/P,8\%,n) + 5\,000 - 2\,200 + 2\,000(A/F,8\%,n)$

$AC = -10\,000(A/P,MARR,5) + 5\,000 - 2\,200 + 2\,000(A/F,MARR,5)$

$AC = -10\,000(A/P,8\%,5) + 5\,000 - D + 2\,000(A/F,8\%,5)$

第三步,将所计算的结果绘成该项目的净年值敏感性分析图,见图6-4。

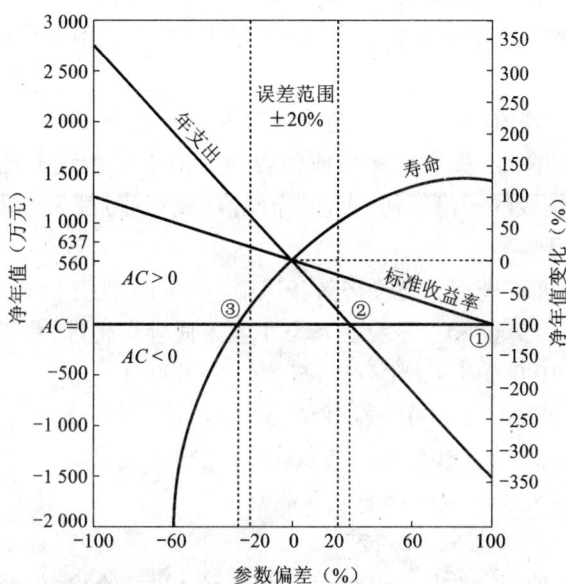

图 6 - 4　净年值单因素敏感性分析图

第四步,分析各参数的影响度,找出敏感性较大的因素。

(1)参数在 ±20% 的变化范围内,AC 值对 n、D 的变化是敏感的,而对 $MARR$ 的变化,相对而言不十分敏感。

(2)从各曲线与 $AC = 0$ 时的交点可以看出,项目的 $MARR$ 不大于原估计值的两倍,即 $MARR$ 的参数偏差达 100% 时(图 6-4 中①点)、年支出的增加不超过原估计值的 28%(图 6-4 中②点)以及寿命期缩短在原估计值的 30% 以内(图中③点)方案均属可行。

(3)从寿命期曲线整体变化规律分析,当项目寿命期减少时,对 AC 值的影响程度大,而寿命期比预计延长时,对 AC 值的影响相对较小。

同理也可以分析各参数的变化对项目的 NPV、IRR 等指标的影响。此处不加赘述。

方法评价:这个例子简述了敏感度分析中的一般方法。这个方法使决策人在决策时意识到不定性可能导致的影响程度。对决策影响大的因素,要作一个详细的预测,也引导了决策人把注意力放在这些敏感因素上。这个方法的问题之一是假设当每个预算的项目变更时,其他各因素固定不变,因此,计算出的敏感度只有在其他各因素结果均是正确的条件下才成立。如果有两个以上的因素同时发生变化,则不能用此法进行分析。敏感性分析的另一个缺点是只能指出敏感性因素,不能具体反映项目风险的大小,也没能指导决策者如何去修正原有参数,以及如何最后进行决策。因此,除了进行单因素敏感性分析以外,还应进行多因素敏感性分析及风险的概率分析。

3. 双因素敏感性分析

(1)敏感面分析法 假设方案现金流量中其他因素保持不变,仅考察两个因素同时变化对经济效益的影响,称为双因素敏感性分析。双因素敏感性分析是在单因素敏感性分析的基础上进行的。一般是先通过单因素敏感性分析确定出两个主要因素,然后用双因素敏感性图来反映两个因素同时变化对经济效益产生的影响。

绘制双因素敏感性图的步骤是:

①令坐标图的 x 轴与 y 轴各代表一个因素的变化率,参数值变化幅度用%表示,并以参数的预测值为坐标原点。

②求出经济效益净现值(或净年值)等于零时两因素变化率的一系列组合,并据此在坐标图上作出一条相应的曲线,称为平衡线或临界线。由于平衡线上任何一点的净现值(或年值)都等于零,故平衡线的一侧任何一点的净现值(或年值)都大于零,另一侧任何一点的净现值(或年值)都小于零。

敏感性图作出后,即可进行方案经济效益风险与不确定性分析。

【例 6-4】 数据同例 6-3。若投资额与年收入同时变化时,分析对 AC 值的影响。

$$AC = -10\ 000(1+x)(A/P,8\%,5) + 5\ 000(1+y)$$
$$-2\ 200 + 2\ 000(A/F,8\%,5)$$
$$= 636.32 - 2\ 504.60x + 5\ 000y$$

其中 x、y 分别代表投资额及年收益的变化百分数。

当 $AC=0$ 时,则有:$y = 0.5x - 0.127$

据此式,取一组 x 值,可求出一组相对应的 y 值,并可绘出敏感面分析图,如图 6-5 所示。

x	0	+5%	+10%	+20%
y	-12.7%	-10.2%	-7.7%	-2.7%

根据图 6-5 可作出如下分析:

①图中按 x 与 y 值的 ±10%、±20% 围成了两个正方形,由斜线将其分成两部分,斜线上方 $AC>0$,其下方 $AC<0$。

②各正方形中,盈利区面积占总面积的比例表明了投资及净年值在此幅度(正方形)内变化,对方案发生亏损可能性的大小。由图 6-5 可看出,两因素在 ±10% 的范围内变化时,发生亏损的可能性极小(带阴影的小三角形),而在 ±20% 的范围内变化时,亏损面积几乎占有四分之一,即参数变化过大,亏损风险增加。

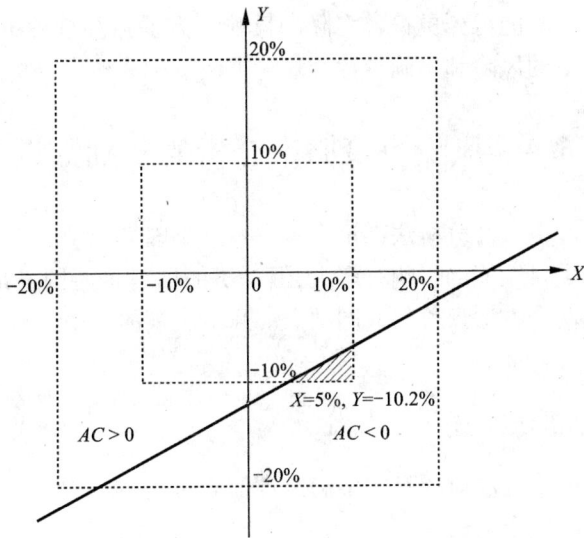

图 6 - 5　两个因素的敏感性分析图

（2）列表分析法　当研究两个因素同时变化的影响结果时,可采用二维矩阵的方式显示出计算的结果。这种显示方法比较清楚,并且有利于做出决策。

表 6 - 2 示出某产品的销售价格及生产能力利用率同时发生变化时对投资收益率的影响。

表 6 - 2　各种生产能力利用率和不同售价组合下的投资收益率

销售价格 （元）	生 产 能 力 利 用 率 （%）					
	50	60	65	70	75	80
16. 00	- 16. 7	5. 6	16. 8	28. 3	39. 3	50. 8
15. 50(3%)*	- 30. 1	- 7. 8	3. 4	14. 9	25. 9	37. 4
15. 20(5%)	- 38. 7	- 16. 4	- 5. 2	6. 3	17. 3	28. 8
14. 80(7. 5%)	- 48. 7	- 26. 4	- 15. 2	- 3. 7	7. 3	18. 8

*括号内数字表示销售价格降低率。

由表中示出的数据可做如下的经济分析:

①表 6 - 2 中,左下方的几个方案,其投资收益率为负值,故不可取。

②当生产能力利用率低于 60% 时,对于各种销售价格(生产能力为 60%,销售价格为16 元者除外),其投资收益率均为负值。若企业开工率小于 60% 时,此投资方案不可取。

③若销售价格降到 14. 8 元时,则生产能力利用率应在 75% 以上,方案才可取。

方法评价：敏感性分析描述的是衡量一个或多个因素变化的效果。敏感性分析虽可对方案经济效益的不确定性进行初步的定量描述,但对参数不同值发生的可能性并未加以估计,故敏感性分析是说明各影响因素的重要性,而不能说明发生的可能性。因此方案经济效益的风险和不确定性还不能得到更符合实际的反映。为了弥补这种不足,可运用概率与数理统计理论来描述方案的风险和不确定性。这种方法就称为概率分析法。

6.4　风险决策概率分析的基础知识

损益平衡分析法和敏感性分析法都没有考虑各影响因素变动的概率。它们虽然能够回答各个因素的变动对项目性能的影响有多大,但是不能回答这些因素最可能的变化以及发生变化的概率。这是两个方法评价的共同缺点。风险决策的概率分析法正可以补救以上两个方法的不足之处。

6.4.1　概率分析法概述

概率分析法是用概率方法对项目的不确定性因素进行的定量分析,是风险分析的常用方法之一。项目实施的整个寿命周期中,很多现象的出现带有偶然性或不肯定性。它们在一定条件下可能出现,也可能不出现。这种偶然现象叫做随机现象。随机现象的结果叫做随机事件。随机事件出现与否,虽然不能事先肯定,但是根据历史经验,当时各种客观条件,可以估计其可能性的大小,并用一个确定的数值来表示,这种数值叫做概率。可见,概率是未来各种可能事件发生的频率和可能性,是概率分析法的核心。在风险决策中,只有在概率已知的条件下,才能测定、度量、评估风险以及相关的数量指标。

风险投资过程的某些变化是随机变量,服从一定的统计规律。因此,概率分析的基本原理是:假设各参数是服从某种分布的相互独立的随机变量,在进行概率分析时,先对参数值作出概率估计,并以此为基础计算方案的经济效益,最后通过经济效益期望值、累计概率、标准差以及离差系数等指标反映出方案的风险和不确定的程度。在风险性研究中,正态分布、贝塔(Beta)分布应用最为广泛。

1. 风险投资的概率分析法特点

(1)存在着决策人要求的一个明确目标,如最大利润或最高资金收益率。

(2)存在着决策人可以选择的两个以上的行动方案。

(3)存在着不以决策人的意志为转移的两种以上客观的自然状态(state of nature)(如销路好、销路坏)。

(4)不同方案在不同自然状态下的损益可以计算出来。

(5)未来将出现哪种自然状态,决策人不能肯定,但其出现的概率,决策人可以大致预先估计出来。

2. 风险投资概率分析法的决策准则

(1)期望报酬或期望效用极大化准则

如果投资者是风险中性者(risk neutral),他关心的是期望报酬的大小,而不是风险的高低,所以他的决策目标是期望报酬最大化。但是在现实决策中,人们对风险的三种不同态度:好风险(risk preferring)、恶风险(risk averse)、风险中性,其中厌恶风险者居多。在对风险项目进行决策时,为了对收益与风险进行权衡,则要以效用评价为基础。以期望效用最大化作为标准就能形成与个人的真正偏好相符合的决策。图6-6示出某项目的三个不同方案的风险－报酬平面示意图。纵坐标代表期收益率($\overline{E}$)，横坐标代表风险等级(σ)。按照风险和效益成正比的原则，该项目有三个方案(A、B、C)可供选择。对风险厌恶者可能选择A方案;好风险者可能选择C方案;而风险中性者可能更喜欢B方案。他们各自都在所选择的方案中实现了自己效用最大化目标。

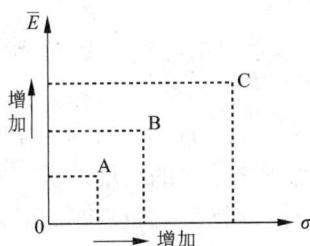

图6－6　某项目三个不同方案的风险－报酬平面示意图

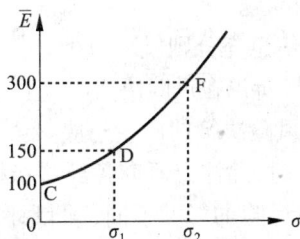

图6－7　风险报酬抵换线示意图

(2)确定等量准则

风险和报酬具有正相关关系参见图6－7中的风险报酬抵换线(risk-return trade off curve)。图中C方案的风险为零，期望收益为100万元，D方案的期望收益为150万元，风险度为σ_1，两者的期望收益值因风险程度不同而不具备可比性。为保证决策的可靠性，应当把有风险的期望值通过风险当量系数转化为无风险的期望值，以便进行评价。

(3)风险校正贴现率准则

根据风险与收益成正比的原则，在对项目进行可行性分析时，期望收益率(k)的值，应在无风险期望收益率(i)的基础上增加风险报酬率(σ)。

$$k=i+\sigma \tag{6-2}$$

σ与风险大小成正比。如何确定σ值将在后续内容中介绍。

3. 树立风险型决策的正确观念

决策实践证明，质量不高的决策常是决策者判断的失误而造成的。而造成这种错误的原因之一，是忽视了随机规律的重要性，把随机现象当成因果关系处理。为了提高决策的质量，决策者应树立以下观念。

(1)因为经济事务是在不断变化的，而我们又不能确切了解这些变化，故不确定性问题会渗透到经济生活的许多方面。

(2)正因为我们永远也不能全部知道未来的发展，所以对于不确定分析不仅看做是一种专门的知识，而且要把它作为一种思想方法。

(3)在不确定的条件下，任何决策在事后来看都不是最优的，这并不说明决策水平低，而是存在不确定性的必然结果。

(4)风险型决策的方法多种多样并且在不断的改进，所以不应当把它们视为不变的教条。在风险项目的决策中，用不同的方法对项目进行评价的过程，应当视为是对项目加深了解的过程。但是这些方法都不能提供绝对正确的答案，只能对决策者起指导作用，不能代替最终决策。这些方法的价值就在于它们为决策者提供了有用的信息和指出在项目的全过程中问题产生的不同途径。由于各种评价指标都有自身的局限，所以不能作为决策的绝对标准,而是帮助决策者提高明智决策的可能性。

4. 风险决策与确定型决策的比较

(1)在确定型决策时所用的评价指标在风险型决策条件下仍然适用。但在计算过程中应考虑风险的度量,确定风险的补偿方法,考虑对风险的承受能力等。这些都是风险决策中最基本的问题。

(2)信息充分则风险减少。但信息是有价的,过分追求信息的完整性常会带来负面的经济效果,所以在风险决策时应当考虑取得信息的经济性。

(3)风险决策的质量与决策人的素质以及决策者对风险的态度密切相关,因此在进行风险决策时,除注意研究各经济指标达到的水平外,也要考虑决策者的效用因素。虽然不同投资者对风险的态度不同,项目评价者在考虑投资机会时一般应该假设决策者是厌恶风险的。

(4)由于风险决策中人的因素影响较多,在决策时应考虑个人决策与集体决策的不同特点。个人和集体决策的差别是以决策过程中参与者的目标或利益的兼容性为基础的。如果所有的参与者都具有相同的主要目标,那么该决策问题就可以按照个人决策的方式来进行分析。如果两名或多名参与者的目标之间存在着冲突,那么该决策将按照集体决策分析。这种集体决策的情况被称为一种"博弈",要使用博弈论的方法来分析。

(5)一个好的评价模型应当包括以下内容:可以度量的总风险;能够区分需要补偿的风险和不需要补偿的风险;风险的度量应当标准化,以便分析和比较;能将风险度量转化为期望收益;方法应行之有效。

(6)风险因素影响机理极其复杂。风险分析考虑的因素侧重点不同,决策者对待风险的态度不同,相应选择的方法也将有所不同。即使风险程度相同,发生在项目的不同时点上,对项目效益的影响也是不同的。故应采用动态的风险分析方法。

总之,在进行经济分析时,风险性与不确定性对决策有很大的影响,而它们的影响程度又无法确切加以分析,因产生风险的因素除了由于项目不同而不同外,还存在众多的其他因素的影响。若对风险性及不确定性因素逐项进行分析,因成本较高,不符合经济效益要求。因此对风险性和不确定性的分析可确立一条简单的原则——只要对未来的研究所产生的节约能够大于其研究所花费的成本,则可进行研究。

6.4.2 概率分析的基本指标及其经济含义

1. 期望值

期望值(expected value)是各种可能的报酬额按其概率进行加权平均的结果。对于一个投资项目来说,未来各年净现金流量的期望值越大,表明该项目收益越大;反之,期望值越小,则收益越小。

期望收益的计算公式如下:

$$期望收益(均值)\overline{E} = \sum \left[概率(A_i) \times 收益(A_i) \right] \tag{6-3}$$

其中 A_i 为第 i 个情况的数据。

方法评价:期望值是一个常用的,很有用的指标,可作为投资决策的指导,但不能机械的应用。用该指标进行风险项目决策时应注意以下问题:

(1)期望值指标(如期望净值)没有考虑期望净现值的概率分布和决策者对风险的态

度。一个期望净现值高的项目可能同时风险也很大。

（2）从期望值的性质分析，当某种行为重复多次时，期望值是一个很有用的概念。但投资不可能多次重复而只进行一次。如果某项目有两种可能：已知情况不好时，$NPV = 40$ 万元，概率为 0.6；情况好时，$NPV = 50$ 万元，概率为 0.4；则该项目期望净现值为 $40 \times 0.6 + 50 \times 0.4 = 44$ 万元；由于投资只进行一次，实际上只可能出现 40 万元或 50 万元，而不可能出现 44 万元。故期望净现值指标在一次性投资中的作用是有限的。期望值本身也是有风险的。因此除期望值外，我们还必须计算能反映风险大小的指标。

2. 方差和标准差（也称标准离差）

方差（variance）和标准差（standard deviation）两指标是用来表示各种可能的报酬偏离期望报酬的综合差异，是反映离散程度的度量指标。

从数学角度来看，投资风险，可以用未来可能收益水平的分散程度来表示风险的大小，即未来可能收益水平围绕着预期收益变化区间的大小。随机变量取值区间大小，在概率论中，是用随机变量的方差表示的。这样我们便可以把投资风险的评价转化为对投资未来收益方差的计算。方差和标准差可以通过投资方案各随机变量与期望利润值之间的差值计算出来，具体公式如下：

$$方差\ \sigma^2 = \sum_{t=0}^{n} \left[(投资净收益 - 净收益期望值)^2 \times 概率 \right]$$

$$即方差\quad \sigma^2 = \sum_{t=0}^{n} \left[(NPV - \overline{E}_{NPV})^2 \times P_r \right] \tag{6-4}$$

$$标准差\quad \sigma = \sqrt{\sigma^2} \tag{6-5}$$

项目寿命期内的标准差（D）：

$$D = \sqrt{\sum_{t=0}^{n} \frac{\sigma_i^2}{(1+i)^{2t}}} \tag{6-6}$$

按照统计学理论，不论整体分布是正态还是非正态，当样本很大时，其样本平均数都呈正态分布或近似服从正态分布。以此为依据我们可以确定置信区间（用预期收益率 $\pm x$ 个标准差表示），进而得出相应的置信区间，即表明预期报酬率实现的可能性。标准差是目前运用较为广泛的一种风险衡量指标。

决策原则：在期望值相同的情况下，投资方案的风险程度取决于收益的概率分布（probability distributions）。概率分布越集中，实际投资收益就会越接近期望值。投资的风险程度也就越小；概率分布越分散，投资的风险程度就越大（见图 6 - 8）。

3. 离差系数 R（也称变异系数）

标准差是一个绝对数，标准差的大小与项目的变量以及其期望值的大小有关。变量及期望值越大，一般情况下，其标准差也越大。因此，用标准差来判断方案的风险时，有时不够准确。当比较投资规模相差较大的投资方案时，最好要换算成离差系数（coefficient of variation）指标进行比较。单期离差系数用标准差与期望值之比表示，

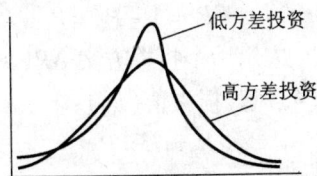

图 6 - 8　两项投资的收益分布

即
$$R = \frac{\sigma}{E} \tag{6-7}$$

离差系数是对方差指标的补充。在对多个投资项目的风险进行评价时,如果各项目的净现金流量期望值相同,则可用方差来衡量其风险,如果上述条件不成立,则需用离差系数来衡量,离差系数是衡量偏离净现金流量期望值的相对程度,即代表每单位期望报酬的风险程度。

决策原则:离差系数越大,表明投资项目的风险越大;反之,离差系数越小,则投资项目的风险越小。

多期间离差系数的计算:

以上关于离差系数的计算,为了便于说明计算原理,只涉及一个期间。而一个方案的现金流量实际会涉及多个期间,全寿命期的离差系数可按(6-8)式计算。

$$Q = \frac{D}{EPV} \tag{6-8}$$

其中　　EPV——期望(净)现值(expected net present vluae);

　　　　Q——多期间的离差系数;

　　　　D——多期间标准差,见式(6-6)。

方法评价:这里的离差系数实际上是一个综合指标,考虑了时间和风险等因素。评价时比较各投资项目的离差系数,根据离差系数的大小作出合理的选择[1]。

4.风险决策的其他指标

(1)单位投资期望净现值(P_0):

$$P_0 = \frac{期望净现值}{投资总额现值} = \frac{\overline{E}_{NPV}}{K}$$

P_0表示一个风险投资方案经济的相对值,它是风险投资者追求的主要目标之一。

(2)投资失败率(P_d)

$$P_d = P_r \quad (NPV < 0)[2]$$

这里,$0 < P_r < 1$,P_d越大,则项目的风险越大。根据风险投资效益与风险并存的特点。排除了$P_d = 0$(毫无风险)和$P_d = 1$(绝对风险)两种极端的情况。

(3)投资成功的概率(P_s)

$$P_s = 1 - P_d = P_r \quad (NPV \geq 0)$$

P_s表示一个投资方案$NPV \geq 0$的概率。

(4)风险损失值(F_d):

$$F_d = K \times P_d$$

(5)风险盈利值(F_s):

$$F_s = \overline{E}_{NPV} \times P_s$$

其中　$\overline{E}_{NPV}$为期望净现值。

(6)累计概率分析

---

① 可以利用$SPSS$(statistical program for social sciences)软件进行计算和评价。

② $P_r(NPV < 0)$表示净现值小于0的概率。

在风险与不确定性分析中,有时需要评估方案经济效益值发生在某一区间接的可能性。这时,就需计算这个区间内所有可能取值的概率之和,即累积概率。

【例6-5】　累积概率计算步骤:

(1)计算方案净现值累积概率,其结果列于表6-3中。

表6-3　净现值累积概率计算

净现值(元)	概率	累积概率	净现值(元)	概率	累积概率
-112 045	0.06	0.06	53 120	0.10	0.54
-73 440	0.06	0.12	116 400	0.04	0.58
-38 020	0.15	0.27	123 960	0.25	0.83
-24 090	0.10	0.37	188 960	0.05	0.88
-5 520	0.03	0.40	204 950	0.10	0.98
19 880	0.04	0.44	286 200	0.02	1.00

(2)根据表6-3中的数据,作净现值累积概率图,见图6-9。

(3)根据图6-9作方案经济效益风险分析。从图中可以看出,方案净现值小于零的累计概率约0.4,即方案亏损的可能性约占40%。同理,根据累计概率估计,净现值在 $0 < NPV < 150\,000$ 元区间的可能性略大于40%;超过150 000元的可能性约为15%,这些数字从不同角度反映了方案经济效益的不确定程度。

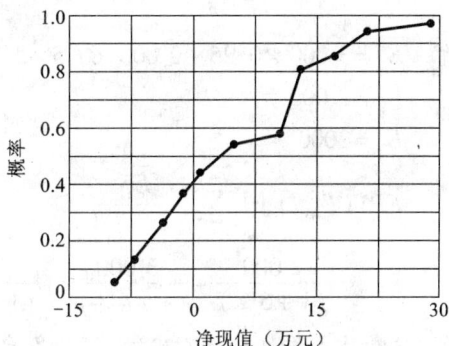

图6-9　净现值累积概率图

6.5　风险决策的概率分析方法

6.5.1　期望收益值法

期望收益值的计算公式参见式6-9。

期望收益(值)$\overline{E} = \sum[$概率$(P_i) \times$收益$(A_i)]$　　　　(6-9)

1. 各年收益相等的情况

【例6-6】　有一项目,一次投资10 000元,每年收入相同,可能的年收入值及期概率如表,计算年期望值。

年收入(元)	2 000	3 000	4 000	5 000
概率	0.1	0.2	0.3	0.4

解：年收入期望值：

$\overline{E} = 2\ 000(0.1) + 3\ 000(0.2) + 4\ 000(0.3) + 5\ 000(0.4) = 4\ 000$ 元

又若：项目 $n = 4$ 年，预期收益率20%，该项目的净现值期望值是多少？

$\overline{E}_{NPV} = 4\ 000(P/A, 20\%, 4) - 10\ 000 = 354.80$ 元

2. 各年收益不等的情况

【**例6 - 7**】 某项目 1~3 年的净现金流量如表6 - 4，计算净现值（NPV）的期望值。期望投资收益率为6%。

表6 - 4　例6 - 6的净现金流量及出现的概率

第一年		第二年		第三年	
净现金流入量（元）	概率	净现金流入量（元）	概率	净现金流入量（元）	概率
3 000	0.25	4 000	0.20	2 500	0.30
2 000	0.50	3 000	0.60	2000	0.40
1 000	0.25	2 000	0.20	1 500	0.30

解：$\overline{E}_1 = 3\ 000 \times 0.25 + 2\ 000 \times 0.5 + 1\ 000 \times 025 = 2\ 000$ 元

同理：　$E_2 = 3\ 000$ 元

　　　　$E_3 = 2000$ 元

$$EPV(\overline{E}_{NPV}) = \sum_1^n \frac{\overline{E}_t}{(1+i)^t} \tag{6 - 10}$$

$$E_{NPV} = \frac{2\ 000}{(1+6\%)} + \frac{3\ 000}{(1+6\%)^2} + \frac{2\ 000}{(1+6\%)^3} = 6\ 236\ 元$$

3. 投资及各年收益均不确定，而且各自具有独立的概率分布（指一次性投资发生的概率与净现金流发生的概率无关）

【**例6 - 8**】 某项投资过程其税后收益率要达到12%，服务年限15年，残值为0。具体数据如表6 - 5，计算 $\overline{E}_{NPV}$ 值。

表6 - 5　例6 - 8的现金流量及出现的概率

年收益，F（元）	概率，P_r	投资（元）（P）	概率，P_r
10 000	0.5	136 220	0.3
20 000	0.5	68 110	0.7

解：因为年收益及投资具有独立的概率分布，针对不同的概率组合可能有以下四种情况，其 $\overline{E}_{NPV}$ 值如表6 - 6。

表 6-6　计算净现值和期望值

年收益(元)(P/A,12%,15)		-	投资(P)	=	净现值(元)	出现的概率
20 000	× 6.811	-	68 110	=	68 110	(0.5)(0.7)=0.35
20 000	× 6.811	-	136 220	=	0	(0.5)(0.3)=0.15
10 000	× 6.811	-	68 110	=	0	(0.5)(0.7)=0.35
10 000	× 6.811	-	136 220	=	-68 110	(0.5)(0.3)=0.15

$$\overline{E}_{NPV} = 68\,110 \times 0.35 + 0 \times 0.15 + 0 \times 0.35 - 68\,110 \times 0.15 = 13\,562 \text{ 元}$$

结论： 该方案的期望净现值为正，故方案可行。

分析： 这是一项含风险的决策，其风险在于：若接受此方案，则只有35%的概率 $NPV = +68\,110$ 万元；有50%的概率 $NPV=0$；有15%的概率 $NPV = -68\,110$ 元。企业能否冒这个风险，取决于企业对各种投资可能性的态度：

(1)对于风险中性者因该方案能获得和超过12%收益率的概率高达85%，故可接受此方案。

(2)对于恶风险，即重视降低风险而对盈利多少看得比较轻。此时计算 $\overline{E}_{NPV}$ 则就要加上反映观点的权数。

$\overline{E}_{NPV}$	×	P_r	×	权数	=	加权后的 $\overline{E}_{NPV}$ 值
-68 110		0.15		3		-30 650
0		0.50		2		0
68 110		0.35		1		23 839
$\overline{E}_{NPV}$					=	-6 811(元)

结论： 原来可行的方案，因考虑了决策人的主观因素，方案已变为不可行。

分析： 第一，期望收益指标包含了未来收益可能变动的风险因素，故期望值的计算过程预示有风险存在，但是并没有反映各投资方案风险的大小。统一用12%收益率计算体现。风险价值大者，风险率就高的原则。如果以期望收益值作为评选投资方案投资的标准，那就忽视了各种投资方案风险大小的差别。也没有考虑投资者对风险的承受能力。第二，在期望利润值一定时，所含风险价值越多，则含时间价值就越少。在上述计算中，考虑了资金的时间价值，而没有考虑风险价值。因为贴现时考虑了期望投资收益率，而没有考虑风险率。第三，在通常情况下，投资额越大则收益越多。投资大的方案收益的绝对值大，不一定表明投资收益优于投资小的方案。故投资规模不同的风险性投资，不能直接用期望收益指标进行评价。由以上分析可以看出，期望收益值只能用于风险程度相同，投资规模相当的方案比较。

4. 考虑到外部经济环境和竞争者策略变化的影响导致的决策风险

【例6-9】 某企业计划利用现有生产条件再增加少量投资可生产一种新产品。企业要求 MARR 为12%。新产品的销售水平将主要取决于两个因素：整体经济状况及竞争对手的反映。据调查可能面临四种状态,各状态下的概率和 NPV 值见表 6 - 7。

该公司推出新产品项目的期望净现值(E_{NPV})为:

$$E_{NPV} = (-1\,709 \times 0.27) + (-6\,921 \times 0.33) + (12\,242 \times 0.18) + (2\,610 \times 0.22)$$
$$= 32.40 \text{ 万元}$$

结论:该方案的 $E_{NPV} > 0$,即保证了 12% 收益率还有剩余,故方案可行。

表 6 - 7　整体经济状况的概率

经济状况　　　　　　　　　　　　　　竞争对手表现	经济状况一般,概率为 0.6	经济状况高涨,概率为 0.4
竞争对手无反应概率为 0.45	状态 1: $NPV = -1\,709$ 概率 $= 0.6 \times 0.45 = 0.27$	状态 3: $NPV = 12\,242$ 概率 $= 0.4 \times 0.45 = 0.18$
竞争对手推出新产品概率为 0.55	状态 2: $NPV = -6\,921$ 概率 $= 0.6 \times 0.55 = 0.33$	状态 4: $NPV = 2\,610$ 概率 $= 0.4 \times 0.55 = 0.22$

分析:不能机械地按照数字进行决策。首先计算的结果没有考虑投资者对风险的态度。如果还有一个互斥方案 B,只有一种状态(确定性投资)其 $E_{NPV} = 30$ 万元,则投资者可能选择后者。因为 B 方案的 E_{NPV} 虽然比原方案少 2.4 万元(32.40 - 30),但它的 NPV 始终大于 0。而新产品投资方案在状态 1 和状态 2 的 NPV 为负,两者合计的概率为 0.6(0.27 + 0.33)。其次,期望值是多次重复后可能产生的结果,而投资是一次性的,故实践中真正出现的结果不是 $E_{NPV} = 32.40$ 万元,而是四种状态中的一种,而这四种状态中有 0.6 的概率 NPV 为负值,故此项目应慎重投资。再次,期望收益法是一个处理风险投资的极为简单的方法。它是在现金流不确知的情况下,根据与投资结果相关的一组估计数据(如销售水平、劳动及原材料成本)得出的现金流估计值并据此进行项目评价。其结果含有较大不确定性。如能以多种情形为基础进行大量的现金流量估计,会进一步提高评价的准确性。

尽管按 E_{NPV} 的指标进行决策存在某些缺陷,只要仔细对结果进行分析,不是机械的执行,期望净现值法确实能为决策者提供重要信息。其最重要的作用就在于要求决策者考虑每一种可能发生的情况,并对每种净现值的细节进行详细的调查。所以在进行风险决策时,期望净现值仍为评价的主要指标。在决策时不应把它当成机械的标准,须借助于全面的经济分析、经验进行科学的判断。

6.5.2　期望收益率法

对风险程度相同,而投资规模不同的方案进行比较时,可采用期望收益率指标进行评价。其计算方法与期望收益值的计算方法相同。

1. 各年收益相等,投资及收益的概率相同

【例 6 - 10】　某项目需资金 200 000 元,具体数据如表 6 - 8,计算期望投资收益率。

表6－8　计算期望投资收益率

反映	概率	投资收益(元)	投资(元)	投资收益率	投资收益率×概率
好	0.4	50 000	200 000	25%	10%
普通	0.35	20 000	200 000	10%	3.5%
坏	0.25	－10 000	200 000	－5%	1.25%

期望投资收益率 $= 10\% + 3.5\% - 1.25\% = 12.35\%$

2. 投资及收益均不确定而且各自具有独立的概率

【例6－11】　数据如例6－8(表6－5),计算该项投资的期望收益率。

解:$[0.5(20\,000) + 0.5(10\,000)](P/A, \overline{E}_i, 15) - [0.3(136\,220) + 0.7(68\,110)] = 0$

$\overline{E}_i = 15.4\%$

6.5.3　方差、标准差及离差系数的计算

1. 计算方差及标准差

【例6－12】　数据同例6－6。已知某项目的收益期望值 $\overline{E} = 4\,000$ 元,根据式(6－4)和式(6－5)可计算出:

$\sigma^2 = (2\,000 - 4\,000)^2 0.1 + (3\,000 - 4\,000)^2 0.2 + (4\,000 - 4\,000)^2 0.3 +$

$\quad (5\,000 - 5\,000)^2 0.4 = 1\,000\,000$ 元

$\sigma = \sqrt{1\,000\,000} = 1\,000$ 元

【例6－13】　计算项目全寿命期的标准差数据同例6－7。

(1)计算各年的期望值:

$\overline{E}_1 = 2\,000(元) \qquad \overline{E}_2 = 3\,000(元) \qquad \overline{E}_3 = 2\,000(元)$

(2)计算各年的标准差:

$\sigma_1 = 707.1 \qquad \sigma_2 = 632.5 \qquad \sigma_3 = 387.3$

设收益率 $r = 6\%$,据(6－6)式则整个方案的"标准差"为:

$$D = \sqrt{\frac{(707.1)^2}{(1.06)^2} + \frac{(623.5)^2}{(1.06)^4} + \frac{(387.3)^2}{(1.06)^6}} = 926.7 \ \text{元}$$

分析: 从标准差的计算公式可以看出,标准差的大小是由随机变量与期望值之间的差距所决定的。差距越大,投资方案的标准差就大,风险也大,反之则小。标准差实际上是风险大小的标志。在期望收益相同时,可用标准差进行决策。

1)运用期望值和标准差指标进行方案择优

【例6－14】　已知方案 A、B 的净现值的可能取值及其概率如表6－9所示,试计算方案的经济效益期望值及标准差,并作方案风险和不确定性比较。

表 6-9 方案的净现值及其概率

方案 A		方案 B	
净现值(元)X_j	概率 P_j	净现值(元)X_j	概率 P_j
2 500	0.1	1 500	0.1
3 500	0.2	3 000	0.25
4 000	0.4	4 000	0.3
4 500	0.2	5 000	0.25
5 500	0.1	6 500	0.1

解:

(1)计算方案净现值的期望值。

$\overline{E}_A = 2\,500 \times 0.1 + 3\,500 \times 0.2 + 4\,000 \times 0.4 + 5\,000 \times 0.2 + 5\,500 \times 0.1$

$= 4\,000$ 元

$\overline{E}_B = 1\,500 \times 0.1 + 3\,000 \times 0.25 + 4\,000 \times 0.3 + 5\,000 \times 0.25 + 6\,500 \times 0.1$

$= 4\,000$ 元

(2)计算方案净现值的标准差。

$\sigma_A = \sqrt{(2\,500-4\,000)^2 \times 0.1 + (3\,500-4\,000)^2 \times 0.2 + (4\,000-4\,000)^2 \times 0.4 + (4\,500-4\,000)^2 \times 0.2 + (5\,500-4\,000)^2 \times 0.1}$

$= 741.62$ 元

$\sigma_B = \sqrt{(1\,500-4\,000)^2 \times 0.1 + (3\,000-4\,000)^2 \times 0.25 + (4\,000-4\,000)^2 \times 0.3 + (4\,500-4\,000)^2 \times 0.25 + (6\,500-4\,000)^2 \times 0.1}$

$= 1\,322.8$ 元

(3)设方案净现值服从正态分布,根据期望值与标准差,作两方案净现值概率分布图(见图 6-10)。

(4)根据计算结果和分布图作出分析。由计算结果和图 6-10 可知,方案 A、B 的净现值期望是相等的,均为 4 000 元。这说明在存在风险的条件下,方案具有相同的盈利水平。但是,两个方案的风险是不相同的。由于方案 B 净现值的标准差比方案 A 大(1 322.8 元 > 741.62 元),表明方案 B 的风险比方案 A 大。方案 A 优于 B。

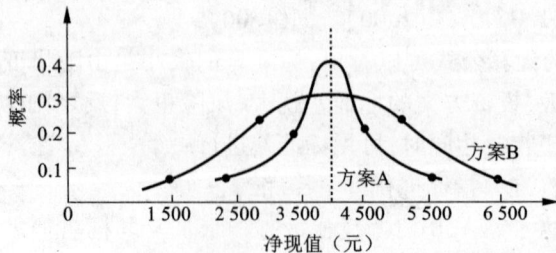

图 6-10 方案 A、B 净现值概率分布图

2)利用期望值及标准差进行方案决策

【例 6-15】 某公司要从四个互斥方案中选择一个。各方案不同的净现值出现的概率如表 6-10 所示。

表 6 – 10　计算净现值期望值及方差

方案 ＼ 净现值(万元)	不同净现值的概率					净现值期望值 (万元)	方差 (百万元)
	-4 (1)	1 (2)	6 (3)	11 (4)	16 (5)	(6)	(7)
A	0.2	0.2	0.2	0.2	0.2	6.0	5 000
B	0.1	0.2	0.4	0.2	0.1	6.0	3 000
C	0.0	0.4	0.3	0.2	0.1	6.0	2 500
D	0.1	0.2	0.3	0.3	0.1	6.5	3 850

以 B 方案为例计算净现值的期望值:

$$\overline{E}_{NPVB} = 0.1 \times (-4\,000) + 0.2 \times 10\,000 + 0.4 \times 60\,000 + 0.2 \times 110\,000 + 0.1 \times 160\,000 \approx 60\,000 \; 元$$

其他方案的净现值期望值照上法计算,所得结果列于表 6 – 10 的(6)列中。

计算净现值的方差(以 B 方案为例):

$$\sigma^2 = 0.1 \times (-40\,000)^2 + 0.2 \times 10\,000^2 + 0.4 \times 60\,000^2 + 0.2 \times 110\,000^2 + 0.1 \times 160\,000^2 - 60\,000^2 = 3\,000 \times 6^6$$

各方案和方差计算结果列于表 6 – 10 的(7)列中。

分析:只从现值额期望值来看,四个方案的差别不大,只有 D 方案净现值多 5 000 元,如果从方案的净现值小于零的概率来看则有:

$$P(NPV_A \le 0) = 0.2 \qquad P(NPV_B \le 0) = 0.1$$
$$P(NPV_C \le 0) = 0.0 \qquad P(NPV_D \le 0) = 0.1$$

由此可见,方案 C 似乎更好。

其次,考虑各方案概率分布的方差。方案 C 的方差也最小。

结论:根据以上两点,方案 C 显然优于方案 A 和方案 B。至于方案 D 和方案 C 比较,就不是那么明显,从期望值看,方案 D 较好,从现值额不小于零和方差较小两方面看,方案 C 较好,方案选择要看决策者的判断和倾向。

期望值法和标准差法是风险型决策的基本方法。由于风险决策的不确定性,即使同一个项目,决策者从不同利益角度去评价,结果也可能不相同。从对项目的经济评价的角度着重研究项目的总体风险;从公司的风险观考虑,它关心的是既定风险程度下,公司分散风险的能力;对公司股东而言,因他可通过买卖股票寻找不同的投资机会,他只关心不可避免的风险部分,而可避免的风险,股东可以用其他证券予以分散。对风险决策的不同理解和要求,就需要有多种的指标,从不同的侧面描绘风险和收益,以满足不同风险观的人们的不同需求。现在再介绍几种指标表达方式供参考。

2. 计算离差系数 R(也称变异系数 variance)

【例 6 – 16】　设有两个投资方案,其投资收益及概率见表 6 – 11,计算各方案的标准差及离差系数。

根据公式(6 – 7):$R = \sigma / \overline{E}$

方案 A 的期望收益 $= 3\,000 \times 0.25 + 2\,000 \times 0.5 + 1\,000 \times 0.25 = 2\,000 \; 元$

方案 B 的期望收益 $= 300 \times 0.25 + 200 \times 0.5 + 100 \times 0.25 = 200$ 元

方案 A 的标准差为 707.1

方案 B 的标准差为 70.71

表 6-11 例 6-16 中各自然状态的投资收益及出现概率

	方案 A		方案 B	
	投资收益(元)	概　率	投资收益(元)	概　率
最乐观	3 000	0.25	300	0.25
最可能	2 000	0.50	200	0.50
最悲观	1 000	0.25	100	0.25

若按标准差判断风险大小,则方案 A 比方案 B 的风险要大 10 倍。仔细研究两方案的基础数据可看出,方案 B 不同于方案 A 只是前者的数值缩小为后者的 1/10,概率分布完全相同,理应认为二者的风险相同。为克服标准差的这一缺陷,可用离差系数来衡量风险的大小。

$$R_A = \frac{707.1}{2\ 000} = 0.354$$

$$R_B = \frac{70.71}{200} = 0.354$$

两者的 R 值相同,故两方案具有相同的风险。

多期间离差系数的计算:根据公式(6-8),即 $Q = \frac{D}{EPV}$ 进行计算。

【例 6-17】 同例 6-6 数据。

由例 6-6 和例 6-13 的计算结果已知,$E_{NPV} = 6\ 236$ 元,$D = 926.7$ 元

$$\therefore \quad Q = \frac{926.7}{6\ 236} = 0.15$$

离差系数在方案评价中的运用。

【例 6-18】 已知方案 A、B 的净现值及其概率预测值如表 6-12 所示,试用标准差及离差系数作方案经济效益与风险性比较。

表 6-12 方案净现值及概率

方案 A		方案 B	
净现值(万元)X_j	概率 P_t	净现值(万元)X_j	概率 P_t
200	0.1	200	0.2
300	0.8	400	0.6
400	0.1	600	0.2

解:计算方案 A 的净现值期望值、标准差及离差系数。结果如下:

$$\overline{E}_A = 200 \times 0.1 + 300 \times 0.8 + 400 \times 0.1 = 300 \text{ 万元}$$

$$\sigma_A = \sqrt{(200-300)^2 \times 0.1 + (300-300)^2 \times 0.8 + (400-300)^2 \times 0.1}$$

$$= \sqrt{1\,000 + 0 + 1\,000} = 44.7 \text{ 万元}$$

$$R_A = \frac{\sigma_A}{\overline{E}_A} = \frac{44.7 \text{ 元}}{300 \text{ 元}} = 14.9\%$$

计算方案 B 的净现值期望值、标准差及离差系数。结果如下：

$$\overline{E}_B = 200 \times 0.2 + 400 \times 0.6 + 600 \times 0.2 = 400 \text{ 万元}$$

$$\sigma_B = \sqrt{(200-300)^2 \times 0.2 + (400-400)^2 \times 0.8 + (600-400)^2 \times 0.2}$$

$$= \sqrt{800 + 800} = 126.49 \text{ 万元}$$

$$R_B = \frac{\sigma_B}{\overline{E}_B} = \frac{126.49 \text{ 元}}{400 \text{ 元}} = 31.6\%$$

分析：从期望值来看，方案 B 的期望净现值比方案 A 大，说明若风险相同，方案 B 优于方案 A。从标准差看，方案 B 也比方案 A 大，所以必须比较离差系数才能作出最后判断。根据离差系数的计算结果，方案 B 大于方案 A，故方案 B 的风险大。

6.5.4　风险贴现率的调整

1. 风险调整贴现率法的基本思路

在有风险的情况下，投资者会要求项目具有较高的收益率以补偿其承担风险所付出的代价。高出的部分称为风险溢价。风险调整贴现率法。是决策者根据风险的大小对不同的项目分别确定不同的贴现率，参见图 6 - 11。

投资收益一般包括资金时间价值和投资风险价值，在不考虑通货膨胀的情况下，投资者在无风险情况下进行投资得到的价值，称为无风险投资收益率（仅反映资金时间价值）。投资者在风险条件下进行投资，就要求获得超过资金时间价值的额外收益，以补偿投资风险，即风险补偿收益率（反映投资风险价值）。其中投资风险价值可用风险额表示，风险收益相对投资额的比率为风险收益率，投资风险价值与风险程度成正比，其关系如下所示：

风险投资收益率 = 无风险投资收益率 + 风险补偿收益率

或用数学式表达为：

$$R_i = R_f + b \cdot R \tag{6-11}$$

其中 b 为风险价值系数，也是风险报酬曲线的斜率；R 为表示风险大小的离差系数；R_f 为无风险收益率；R_i 为风险投资收益率。

无风险收益率（R_f）的确定：除用国债利率外，对一项具体投资项目，可用项目融资的资本成本做无风险收益率。因为资本成本是企业投资活动预期投资报酬率的最低点。只有当投资收益率高于资本成本时，投资活动才有意义。因此企业的加权资本成本就是在平均风险水平下投资者要求的最低收益率。项目总投资收益率 = 融资资本成本 + 投融资风险价值率，故总投资收益率应理解为考虑到风险溢价后应达到的投资收益率。

风险报酬率（$b \cdot R$）的确定：风险报酬率因其受多种因素影响，尤其是受决策者主观因素的影响，故有多种不同的确定方法。以下介绍几种常用的方法：

（1）确定风险价值系数 b：由图 6 - 11 和式（6 - 11）可知，风险报酬率可由风险价值系数与风险程度的乘积($b \cdot R$)表示,离差系数R可以通过概率有关计算求得[参看(6-7)式]。风险价值系数b,主要由决策者主观确定,敢于冒险者b值定得低一些,稳健的决策者b值定得高一些。

(2)按投资项目风险等级调整贴现率。这种方法是对影响投资项目风险的各因素进行评分,根据评分确定风险等级,再根据风险等级调整贴现率。

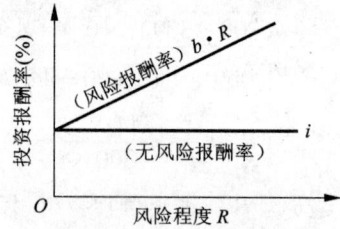

图6-11 风险报酬率

假定政府长期债券利率为7%(作为无风险利率),决策者将风险程度分为六个等级,并确定相应的风险溢价,针对待选项目的风险程度"对号入座"(见表6-13)。

表6-13 按项目风险等级调整贴现率* （无风险利率为7%）

风险分类	风险报酬	总投资收益率(Ri)	项目类型实例
很低	1%	8%	公司债券转期发行
低	3%	10%	现有工厂改造
中等	5%	12%	增加现有产品产量
高	8%	15%	推出新产品
很高	11%	18%	现有领域内研究与开发
极高	15%	22%	全新领域内研究与开发

*(英)菲尔·荷马斯著:《投资评价》,机械工业出版社1999年版,P81。

(3)按项目类别调整贴现率。该方法首先把投资项目分成若干类别,然后根据对每一类别投资项目的贴现率进行调整。

如设备更新决策属于一般性风险项目,可根据厂商的资本成本进行评估;扩大生产设施这样的高于平均风险水平的项目,可以设定一个高于厂商资本成本3%的风险溢价;对于全新业务或引进新产品的投资,由于都具有高风险,可以设定一个高于厂商资本成本8%的风险溢价。

2. 对风险调整贴现率法的评价

(1)使用风险调整贴现率法进行投资评价是一种常识性的做法,容易被人理解和接受。在实际中应用比较广泛。

(2)风险调整贴现率法把时间价值和风险价值混在一起,并以此值对现金流进行贴现,这意味着风险随着时间的推移而加大,这种假设有时与事实不符。

(3)由于每个项目的风险溢价都是主观确定的,而且对于项目现金流量的变化没有给予明确的考虑,所以这种方法有可能形成次优决策。一般地,在评估投资相对不大,而且经常重复的项目,风险等级法是最有效的。在这种情况下,人们对项目的潜在收益了解甚多,可能就没有多大必要去计算更为"准确"的风险溢价了。

(4)当项目的后期现金流出量较大时,提高贴现率水平可能得到错误的决策。

例如①,某一高风险项目,其 0 ~ 4 年的现金流量见下表,无风险贴现率为 8% ;风险贴现率为 20% 。

年	0	1	2	3	4
现金流量(万元)	- 100	+ 100	+ 80	+ 77. 5	- 170

结果: $\overline{E}_{NPV(8\%)} = -2.2543$ 万元

$\overline{E}_{NPV(20\%)} = +1.7403$ 万元

以上结论明显与事实相悖。产生的原因是由于项目后期现金流出量较大,贴现率的提高降低了后期现金流出的负面影响。故风险贴现率法不适用于具有这种现金流量结构的项目评价。考虑到对风险的补偿,对风险性现金流入量采取高贴现率是正确的,对风险性现金流出量却不应当这样做。

3. 借助标准离差率调整风险贴现率

所谓贴现率调整法指在计算投资项目的期望净现值时,贴现的利率应考虑到无风险利率和风险补偿利率两个因素。

即: $\overline{E}_{NPV} = \sum_{t=2}^{n} \frac{Ft}{(1 + r + \theta)^t} + \frac{SV}{(1 + r + \theta)^n} - P$

其中 F_t 为 t 期的收益; θ 为风险补偿率; r 为无风险利率; SV 为残值; P 为投资。

风险补偿率的确定: 前面已介绍过,标准差(σ)是风险大小的标志。离差系数(R)是反映期望利润率的风险程度,但不等于风险补偿率。风险补偿率可由期望利润率和离差系数的乘积表示:

$$风险补偿率(\theta) = 期望利润率 \times 离差系数 \times 100\% \tag{6-12}$$

【**例 6 - 19**】　某产品的市场需求情况有两种可能,销路好的概率为 0.7,销路差的概率为 0.3 。现有两个生产方案可供选择。具体收益情况如下表。两方案的寿命期均为 10 年,用贴现率调整法进行择优。已知无风险投资收益率为 8% 。

投　资　方　案	投　　资 (万元)	年　度　利　润(万元)	
		销路好(0. 7)	销路差(0. 3)
甲:新建流水线	220	80	- 25
乙:技术改造	80	40	10

(1)计算期望利润值、标准差、离差系数及风险补偿率

$\overline{E}_{甲} = 80 \times 0.7 + (-25) \times 0.3 = 48.5$ 万元

$\overline{E}_{乙} = 40 \times 0.7 + 10 \times 0.3 = 31$ 万元

$\sigma_{甲} = \sqrt{(80 - 48.5)^2 \times 0.7 + (-25 - 48.5)^2 \times 0.3} = 48.1170$ 万元

$\sigma_{乙} = \sqrt{(40 - 31)^2 \times 0.7 + (10 - 31)^2 \times 0.3} = 13.7477$ 万元

---

① 　[英]菲尔·荷马斯:投资评价(中译本),机械工业出版社 1999 年版,P82.

$$R_甲 = 48.117\ 0 \div 48.5 \times 100\% = 99.21\%$$

$$R_乙 = 13.747\ 7 \div 13 \times 100\% = 44.35\%$$

$$\theta_甲 = 48.5 \div 220 \times 99.21\% \times 100\% = 21.87\%$$

$$\theta_乙 = 31 \div 80 \times 44.35 \times 100\% = 17.19\%$$

（2）进行方案评价：分别计算两个方案在整个寿命期内的期望利润现值$\overline{E}_P$：

$$\overline{E}_{P甲} = 48.5[P/A,(8\% + 21.88\%),10] = 150.432\ 6\ \text{万元}$$

$$\overline{E}_{P乙} = 31[P/A,(8\% + 17.19\%),10] = 110.948\ \text{万元}$$

结论： 甲方案的期望利润值大于乙方案，故甲方案为最佳投资方案。

方法评价： 用调整后的贴现率计算出的期望利润现值指标，考虑了资金的时间价值和风险价值，但没有考虑投资规模的影响因素。因此，适用于对投资规模相当的方案进行比较。当投资规模相差较大时，可采用投资期望利润率指标进行分析。

投资期望利润率评价法举例。

【例 6 - 20】 数据见例 6 - 19。

（1）甲、乙两方案的期望利润率分别为：

$$\overline{E}_甲 = 48.5 \div 220 \times 100\% = 22.05\%$$

$$\overline{E}_乙 = 31 \div 80 \times 100\% = 38.75\%$$

（2）甲、乙两方案的最低期望利润率为：

$$甲方案最低期望利润率 = 8\% + 21.88\% = 29.88\%$$

$$乙方案最低期望利润率 = 8\% + 17.19\% = 25.17\%$$

（3）对方案进行评价

甲方案：期望利润率（22.05%）＜最低期望利润率（29.88%），即该项投资所得的期望利润率不能满足投资者最低期望利润率的要求，方案不可行。

乙方案：期望利润率（38.75%）＞最低期望利润率（25.19%），即方案能够满足投资者对最低期望利润率的要求，故方案可行。

乙方案与甲方案相比，还具有利润水平高（38.75＞22.05%）和风险小（$R_乙 = 44.35\%$＜$R_甲 = 99.21\%$）的优点。故乙方案优于甲方案。

关于期望利润率评价的评价标准问题。上例是以最低期望利率作为方案的评价标准。但实际上，投资的最低利润率对投资者的吸引力并不大，因为若投资达到这一水平，也只获得最低限度的利润率，而且投资一旦失败，不仅得不到风险价值，还可能失去时间价值，甚至失去投资额本身。因此还应确定一个大于最低期望利润率的、满足投资者理想的期望利润率作为评价的标准。这一利润率的水平依投资者的风险观及客观情况的不同而异。

思 考 题

1. 风险与不确定性有何异同？
2. 什么是经营风险及财务风险？
3. 风险大的方案不是好的方案吗？
4. 风险能减小吗？什么情况下能减少风险？如何减少风险？
5. 敏感性分析要求回答哪两个基本问题？

6. 如何确定最敏感因素？

7. 对有风险的项目如何确定期望投资利率？

8. 用什么指标表示风险的大小？

9. 什么叫离差系数？有什么作用？

10. 敏感性分析重点解决什么问题？不能说明什么问题？

11. 标准差(σ)大一定是坏事吗？

12. 期望值本身并不代表肯定出现的结果,为什么用它来评价风险型项目？

13. 风险降低会伴随什么情况发生？

14. 图上各分布曲线,哪个方案风险最大？哪个方案风险最小？

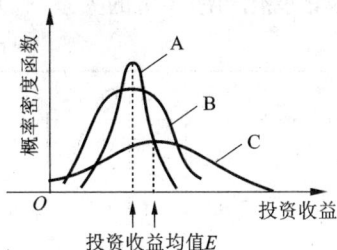

15. 风险本身可以消除吗？为什么？

练 习 题

1. 某项目预计未来的盈利情况为：每年盈利 5 000 万元,其概率为 0.5;每年盈利 50 000 万元,其概率为 0.45;而无利可得的概率为 0.05。

计算：①收益的期望值;②标准差;③离差系数。

2. 某方案期初投资为 10 000,每年收益扣除支出后预计尚余 2 800 元,残值依预期寿命变动,其概率如下表：

预期寿命(年)	残值(元)	概率
3	4 000	0.25
5	2 000	0.50
7	0	0.25

若 MARR 为 8%,计算期望净年值及标准差。

3. 某厂曾使用过自动挤压设备,目前该设备成本为 5 000 元,寿命 3 年。预测的实际现金流量及相关的概率如下表,它是依经济的衰退、稳定或高涨的不同而定。试以期望净现值分析决定当 MARR 为 15% 时,是否应购买该设备。

单位：元

年次	衰退($P_r = 0.2$)	稳定($P_r = 0.6$)	高涨($P_r = 0.2$)
0	−5 000	−5 000	−5 000
1	+2 500	+2 500	+2 000
2	+2 000	+2 000	+3 000
3	+1 000	+2 000	+3 500

4. 某项目的收支情况如下表，如果预期寿命、年支出额及利率在 ±100% 范围内变动，对净年值有什么影响？作出各因素变化与净年值的关系图，并找出最敏感的因素。

	期望值
期初投资	10 000 元
预期寿命	5 年
残值	2 000 元
年收入	5 000 元
年支出	2 000 元

第 7 章　不确定型及风险型决策的其他方法

7.1　最大效用期望值原则——考虑主观因素的决策法

7.1.1　决策人的态度与期望值间的关系

面对风险和不确定性,项目评价者应考虑出资人对风险的态度。这样就能理解对非确定型投资项目进行评价时,从不同的出发点设计辅助决策方法的重要性。

【例 7-1】　某厂投资 200 万元,发生火灾的概率 $P_r = 0.001$,若参加保险,每年保险费为 2 500 元,问该厂应否参加保险。

企业不发生火灾的概率为: $P_r = 1 - 0.001 = 0.999$

企业不发生火灾参加保险每年概率损失为: $\overline{E}_1 = 2\,500 \times 0.999 = 2\,497.5$ 元

而发生火灾又没参加保险,其概率损失为: $\overline{E}_2 = 2\,000\,000 \times 0.001 = 2\,000$ 元

结论:从期望值来分析企业不应参加保险,因为 $\overline{E}_1 > \overline{E}_2$。而实际上企业会参加保险的,因万一发生火灾损失不是期望值 2 000 元而是全部投资 200 万元,即不参加保险企业承担的风险太大。

分析:可见完全用损益期望值作为决策标准,会把决策过程变成机械的计算过程,把决策人的作用排除在外,而决策人的主观因素对决策过程是有重要作用的,对风险项目的决策投资人的态度尤其重要。

决策人的态度与期望值之间的关系如下:

(1)当同一决策重复多次,且风险数字较小时,决策人兴趣的大小与期望值的高低大体一致;

(2)当同一决策只进行一次,且风险较大时,决策人的兴趣与期望值之间常出现较大的区别;

(3)在期望值相同的情况下,不同决策人的反应会不相同;同一决策人在不同的时间及不同的条件下,反应也有区别。

鉴于以上原因,本节将介绍几种考虑到人的主观因素的风险型决策方法。

7.1.2　效用函数法——效用期望值最大化

如果在风险决策中不能以期望货币价值最大化作为标准,恰当的标准是什么? 冯·纽曼(Von neumann)和摩根斯泰恩(Morgenstern)在他们关于博弈论的著作中提供了以效用评价为基础的系统框架。认为只要个人能对问题中的可能结果估算为一系列的效用,则期望效用最大化就会成为与偏好相符合的决策标准。

所谓效用(utility)指决策人对于利益和损失具有的独特的兴趣、感觉和反应。效用大小

常用数字表示,且效用值总是介于0与1之间。

所谓效用曲线是以损益值为横轴,效用值为纵轴划出的曲线。效用曲线有三种类型如图7-1所示。

(1)上凸曲线代表A型决策人的效用曲线。这种类型的决策人对于风险的反应比较敏感,而对收益的反应比较迟钝,属于一种不求大利、避免风险、谨慎小心的保守型决策人。这种人的决策特点是:认为可以肯定得到收益值的效用值总是大于等量的期望收益值的效用值。他们宁愿选择肯定得到1 000元收益

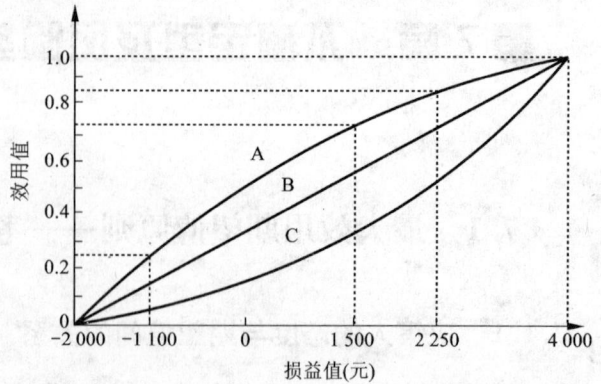

图7-1 效用曲线

(甚至更少一些的收益)的机会,而不愿选择收益4 000元和亏损2 000元概率均在50%的方案[$0.5 \times 4\,000 + 0.5 \times (-2\,000) = 1\,000$元]。

(2)下凹曲线代表C型决策人曲线。他们对风险的反应比较迟缓,而对收益的反应则比较敏感,属于一种谋求高利,甘冒风险的进攻型决策人。他们的决策特点是:认为期望收益值的效用值应大于能肯定得到的相等收益的效用值,即宁愿选$0.5 \times 4\,000 + 0.5 \times (-2\,000) = 1\,000$元的机会,而不愿选择可以肯定获益1 000元(甚至更多一些收益)的机会。因为选择$\overline{E}_{NPV} = 1\,000$虽有一半可能亏损,但还有一半可获益4 000元,经努力也许能得到。

(3)中间一条直线代表B型决策人的曲线。属风险中性者。认为肯定得到1 000元与期望得到1 000元两个机会没有差别,效用值相等。对B型决策者只要利用期望值作为选择方案的标准就可以了,不需要利用效用曲线进行决策。

不同的决策者有自己的效用曲线。实际上,大多数决策者属于保守型。

【例7-2】[①] 某厂商计划推出一种新产品,需投资40 000元,成功的概率为0.2;失败的概率为0.8;如果失败,最大损失为40 000元,如果成功,则可获利160 000元。该厂商应否进行投资?

表7-1 投资决策问题的收益表

不同行动方案(决策)		产品成功	产品失败
	对产品投资	160 000美元	-40 000美元
	不向产品投资	0	0
	出现概率	0.20	0.80

---

① [美]詹姆斯R·麦圭根等:《管理经济学应用、战略与策略》第8版,机械工业出版社2000年版,第590~593页。

解 1： 按 $\overline{E}_{NPV}$ 评价：

投资方案：$\overline{E}_{NPV} = 160\,000 \times 0.2 + (-40\,000) \times 0.8 = 0$

不投资方案：$\overline{E}_{NPV} = 0 \times 0.2 + 0 \times 0.8 = 0$

结论： 投资的按期望值决策两方案无差异。

解 2： 按照期望效用(expected utility)值最大化评价：

第一种情况：决策者属于风险厌恶型，其效用曲线见图 7-2。

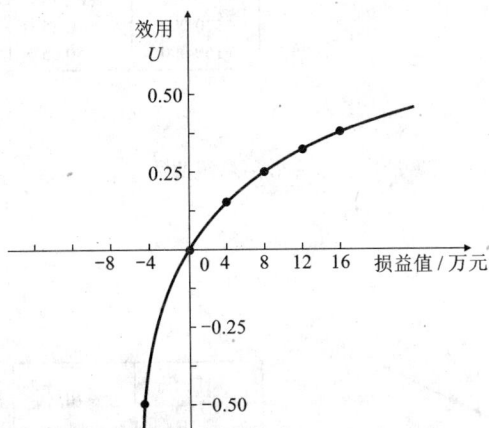

损益值 /万元	效用
−40 000	−0.50
0	0
+40 000	0.15
+80 000	0.25
+120 000	0.32
+160 000	0.375

(a)图形表示　　　　　　(b)表格表示

图 7-2　风险厌恶决策者的损益值-效用对照

解： 投资的期望效用值($\overline{E}_{U_1}$)：

$$\overline{E}_{U_1} = U(160\,000)^{①} \times 0.20 + U(-40\,000) \times 0.80$$
$$= 0.375 \times 0.2 + (-0.50) \times 0.8 = -0.325$$

不投资的期望值：

$$(\overline{E}_{U_1})\overline{E}_{U_2} = U(0) \times 0.20 + U(0) \times 0.80 = 0 \times 0.2 + 0 \times 0.8 = 0$$

结论： 期望效用值为"负"，不应投资。

第二种情况：决策者属于好风险型，效用曲线见图 7-3。

解： 投资期望效用值($\overline{E}_{U_1}$)：

$$\overline{E}_{U_1} = U(16\,000) \times 0.2 + U(-40\,000) \times 0.8$$
$$= 0.65 \times 0.2 + (-0.10) \times 0.8 = +0.05$$

不投资的期望效用值：$\overline{E}_{U_2} = 0$

结论： 投资的期望效用值为(0.05)大于不投资的效用值(0)。根据期望效用最大化原则，应进行投资。

第三种情况：决策者属风险中性者效用曲线，见图 7-4。

解： 投资的期望效用值($\overline{E}_{U_1}$)：

---

① $U(160\,000)$ 和 $U(-40\,000)$ 分别表示对应于收益为 160 000 元和 −40 000 元时，该决策者的效用值，由曲线和表可得到其对应值。

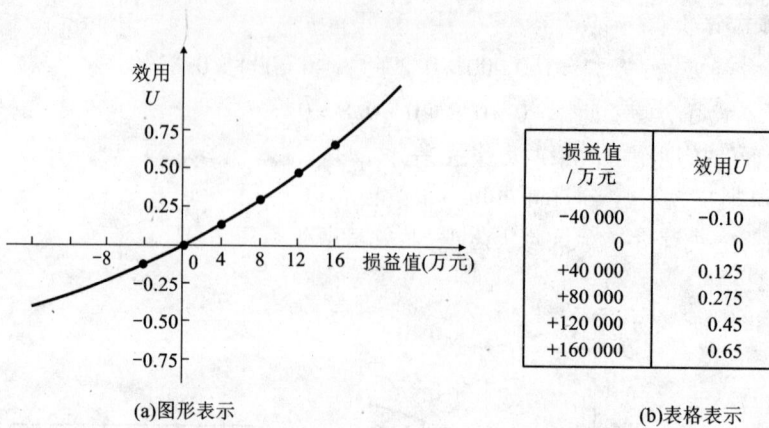

图7-3　好风险决策者的损益值-效用对照曲线

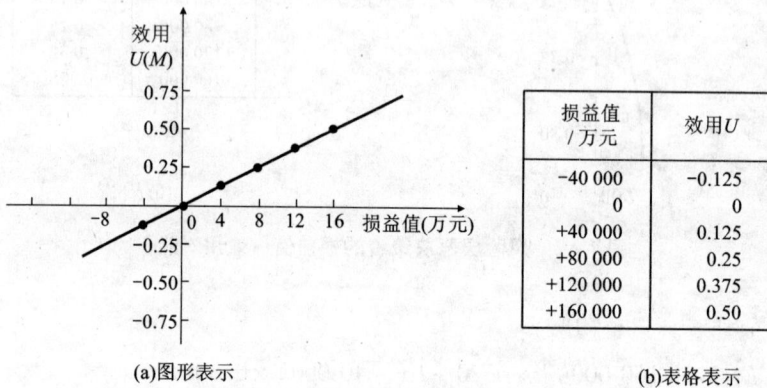

图7-4　风险中性决策者的损益值-效用对照曲线

$$\overline{E}_{U_1} = U(16\,000) \times 0.2 + U(-40\,000) \times 0.80$$
$$= 0.5 \times 0.2 + (-0.125) \times 0.8 = 0$$

不投资的期望效用值：$\overline{E}_{U_2} = 0$

结论： 因风险中性者在决策时基本上不考虑风险的影响，用期望值最大化（$\overline{E}_{NPV}$）和用期望效用最大化（$\overline{E}_U$）决策结果是一样的，故用 $\overline{E}_{NPV}$ 决策也同时代表了决策者的偏好。

方法评价： 尽管这种方法考虑到决策者对风险的偏好，可能使决策更符合客观实际。但实施时也存在一些困难：首先，在大型组织中股东可能有多人；其次，决策时用谁的效用函数？如何取得准确的效用函数？虽然可用提问法测验决策者对不同方案的选择，描绘出他的效用曲线，实践中也不一定得到满意的结果。尽管如此，我们在决策时还是应当尽可能地考虑决策者的偏好。

7.1.3　夏普指数法——收益及标准差权衡评价法之一

当采用期望值及标准差进行风险型决策时，若两方案的期望值相同，则可根据标准差的

大小进行决策,由图 7 - 5 可见甲、乙两
方案期望净值相等均为 $\overline{E}_{NPV}$。乙方案的
不确定性大于甲方案,考虑到人们往往
对风险持回避态度,故在此情况下甲方
案优于乙方案。

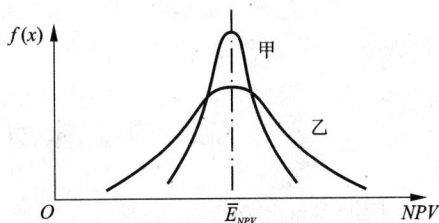

图 7 - 5　项目净现值的概率分布 I

　　但在多数情况下,各备选方案的期
望值及标准差并不相同,如图 7 - 6 所
示。乙方案的期望值大,标准差也较大。
这样存在一个期望值与标准之间的权衡
问题。为了使风险型决策建立在更科学
的基础上,介绍两种期望收益及标准差权衡的决策方法之一——夏普指数法。

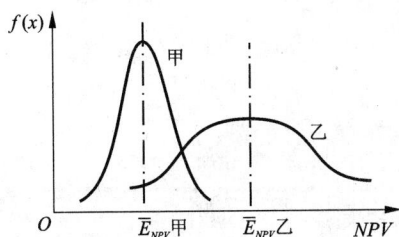

图 7 - 6　项目净现值的概率分布 Ⅱ

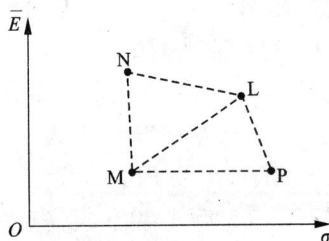

图 7 - 7　支配原理图

　　夏普指数法系指在有两个或两个以上投资方案供决策选择时,可以运用支配原理
(dominance principle)来比较两个方案之间的优劣。支配原理可用图 7 - 7 表示。

　　图 7 - 7 横坐标用标准差 σ 代表风险,纵坐标用 $\overline{E}$ 代表期望利润,假设有四个投资方案
M、N、L、P 可供选择,N 和 M 两项目风险相同,但 N 的期望利润大于 M;M 和 P 两项目的期
望利润相同,但 P 的风险大于 M;N 和 L 两项目利润和风险均不同,但 N 的利润大于 L,风险
小于 L;N 和 P 两项目,N 的利润大于 P,风险小于 P。上面四个项目,通过两个项目之间的
直接比较,很容易判断两个项目之间的优劣。但是,如果 L 和 M 两个项目进行比较,L 的利
润和风险大于 M,这两项目之间的优劣就不能直接予以判断。1966 年夏普(W. Sharpe)提出
夏普指数可用来比较 L 和 M 的优劣,其公式为:

$$S_j = \frac{\overline{E}_j - \overline{E}_i}{\sigma_j} \tag{7-1}$$

其中, S_i 为 j 项目的夏普指数; $\overline{E}_j$ 为 j 项目的期望利润; $\overline{E}_i$ 为无风险的利润; σ_j 为 j 项目的标
准差。

　　例如上述 L 和 M 两个投资项目,L 项目投资 100 000 元,每年期望利润14 000元,标准
差 3 500 元;M 项目投资 50 000 元,每年期望利润 8 000 元,标准差2 000元,如果市场的无风
险利率为 10%,采用夏普指数法,得

$$S_L = \frac{14\,000 - 100\,000 \times 10\%}{3\,500} = 1.14$$

$$S_M = \frac{8\,000 - 50\,000 \times 10\%}{2\,000} = 1.5$$

由于 $S_M > S_L$，所以投资于 M 项目要比投资于 L 项目好。

7.2　不确定型项目的评价方法

不确定情况下的投资决策主要研究在概率无法预测情况下的决策方法。这种决策方法适用于以下情况：有几个方案供选择，每个方案都存在几种不同的自然状态和收益值；但每一种收益可能实现的概率却不知道。对于不确定情况下的决策，根据博弈原理可采用不同的原则，不同原则的选择取决于决策者主观上从乐观到悲观的程度、决策者的直观判断以及外在环境的影响。

【例 7 - 3】　企业制定未来五年的发展战略，有五个互斥方案可供选择：

方案一：试探在新行业中发展的可能性；

方案二：维持现有产品，加大推销力度，进一步提升市场占有率；

方案三：降低产品成本，吸引低收入顾客群体；

方案四：增加产品功能，提高产品价格，服务对象锁定在白领阶层；

方案五：推出行业全新的产品。

企业认为各方案的运作前景与市场状况密切相关。据预测今后市场可能存在三种自然状态。甲：经济繁荣；乙：经济一般；丙：经济萧条。各方案在不同市场状态的收益见表 7 - 2。

表 7 - 2　各方案的收益情况　　　　　　　　　　　　单位：万元

方案	自然状态		
	甲	乙	丙
一	- 4 000	1 000	2 000
二	1 200	1 000	4 000
三	- 2 000	1 500	6 000
四	0	2 000	5 000
五	1 000	3 000	2 000

按照不同法则对其进行决策。

直观判断，在三种自然状态下，五个投资方案中不能直接选出一个最优方案。但是，在三种自然状态中，方案一的收益均为最低，因此可以淘汰。

以下考虑方案二至方案四的问题（方案一可直接淘汰）。

下面介绍五种决策方法，虽然这些方法不能给决策者提供确切的答案，但它们有助于决策者获得更重要的信息、开阔视野。这五种方法可能会给出相互矛盾结论。决策者可以根据个人的偏好进行选择。

1. 贝叶斯 - 拉普拉斯法则

贝叶斯 - 拉普拉斯法则(The Bayies-Laplace criterion)认为,决策者应该赋予每种情况一个相同的概率,并根据相同的概率计算出方案的期望净现值。表 7 - 3 中共有四个方案,每种自然状态的出现概率为 0. 25,则可以很容易地计算出四种方案的期望净现值结果,参见表 7 - 3。

表 7 - 3 净现值计算表

单位:万元

方案	期望净收益
二	$E_{NPV_2} = 0.25 \times 1\ 200 + 0.25 \times 1\ 000 + 0.25 \times 4\ 000 = 1\ 550$
三	$E_{NPV_3} = 0.25 \times -2\ 000 + 0.25 \times 1\ 500 + 0.25 \times 6\ 000 = 1\ 375$
四	$E_{NPV_4} = 0.25 \times 0 + 0.25 \times 5\ 000 + 0.25 \times 5\ 000 = 1\ 750$
五	$E_{NPV_5} = 0.25 \times 1\ 000 + 0.25 \times 3\ 000 + 0.25 \times 2\ 000 = 1\ 500$

决策分析和方法评价:

(1)从计算结果可以看出,方案四的期望净现值最大,应作为最优方案。

(2)在不知道各种可能概率情况时,假设出现每种情况的概率相等看起来具有一定的合理性。它的缺点是:除了具有期望净现值法本身的缺点以外,它还没有考虑决策者对风险的态度。如本例中的方案四虽然期望净现值比较高,但是在甲的自然状态下有可能期望净现值为 0(见表 7 - 2)。而方案二和方案五在三种自然状态下,期望净现值为正值,显然风险较方案四小。

(3)这个方法多用于综合分析,找出 E_{NPV} 最大的方案以便对此方案进一步获得信息。

2. 最大最大法则(或者最小最小法则)

投资决策的最大最大法则(maximax criterion)基于一种假设:认为决策者具有乐观倾向。决策者假定一旦确定选取某一方案,最好的结果就会出现。具体的选择方法是,选取每一方案中收益最大值(见表 7 - 4),然后再从中选取最大者为最优方案(方案三)。

即:$\max_i [\max_j P_{ij}]$,其中 P_{ij} 为方案 i 在自然状态 j 下的收益。

表 7 - 4 列出各方案最大收益值,按最大最大原则应选方案三。

表 7 - 4 各方案的收益最大值

单位:万元

方案	$\max_j P_{ij}$	方案	$\max_j P_{ij}$
方案二	4 000	方案四	5 000
方案三	6 000	方案五	3 000

结论: 按 $\max_i [\max_j P_{ij}]$ 决策原则,就取方案三,收益值最大,为 6 000 万元。

决策分析和方法评价:

(1)决策者选择方案三,情况好时可获得 6 000 万元的期望净现值,但也面临着可能亏损 2 000 万元的风险,这是一个高收益高风险的决策。

（2）同理，当已知数据是成本时，则用最小最小法则选取最佳方案。

（3）这种判断方法的问题在于，只考虑每种方案的一种可能结果，没有考虑各种可能结果的离散情况，也没有考虑决策者对待风险的态度。

应用乐观（optimistic）原则决策是要冒很大的风险，应十分慎重。一般只有在没有损失或损失不大时或者有十分把握时才可采用。

3. 最大最小法则（或者最小最大法则）

最大最小法则（maximin minimax criterion）认为决策者具有悲观倾向，相信不管采取哪个方案，都会出现最坏的结果。决策方法是，先找出各方案的可能收益最小值（见表 7 - 5），然后再从各可行方案的最小值中选取最大者为最优方案。

表 7 - 5　各方案的收益最小值　　　　　　　　　　单位：万元

方案	$\min_{j} P_{ij}$	方案	$\min_{j} P_{ij}$
方案二	1 000	方案四	0
方案三	-2 000	方案五	1 000

结论：按 $\max_{i}\left[\min_{j} P_{ij}\right]$ 原则，应选收益最小值中收益最大的方案，即方案二或方案五两者的期望收益值均数 1 000 万元。

决策分析和方法评价：

（1）决策只注意到最坏的一面，再企图将最坏的程度予以减少。所选方案最大的收益只有 1 000 万元。方案风险较小，三种自然状态下有较平稳的收入。

（2）同理，当已知数据不是收益而是成本时，则采用最小最大法则。先找出各方案成本最大值，再选最大成本值中最小者为最优方案。

（3）和最大最大法则一样，最大最小法则的缺陷是它只考虑了每个方案的一种可能的结果。在特殊情况下，这种方法可能是有用的。例如，公司财务状况极其危险，如果再遭受损失则可能导致破产的情况。但是，由于该方法只考虑了一种可能结果，是最保守的悲观（pessimistic）决策。

4. 胡尔维兹法则

胡尔维兹法则（hurwice criterion）是企业在最悲观的估计和最乐观的估计两者之间找出一个折中的办法。它要求决策人根据自己判断选择一个乐观指数 $\alpha(0 \leqslant \alpha \leqslant 1)$，当 $\alpha = 0$ 时，决策人对出现的状态持完全悲观的看法，当 $\alpha = 1$ 时，持完全乐观的看法，选定 a 以后，就可以按照下列标准进行选择：

即：　　　$\max_{i}\left[\alpha\left(\max P_{ij}\right) + (1 - \alpha)\left(\min_{j} P_{ij}\right)\right]$

当 α 取 0.2 时，根据表 7 - 2 的数据进行计算，结果列于表 7 - 6。

表 7 − 6　按胡尔维兹法则决策　　　　　　　　　　　　　　单位：万元

方案	$\alpha(\max_i P_{ij}) + (1-\alpha)(\min_j P_{ij})$
方案二	$0.2 \times 4\,000 + 0.8 \times 1\,000 = 1\,600$
方案三	$0.2 \times 6\,000 + 0.8 \times (-2\,000) = -400$
方案四	$0.2 \times 5\,000 + 0.8 \times 0 = 1\,000$
方案五	$0.2 \times 3\,000 + 0.8 \times 1\,000 = 1\,400$

结论：按照胡尔维兹法则，当 α 取值为 0.2 时，应选方案二。

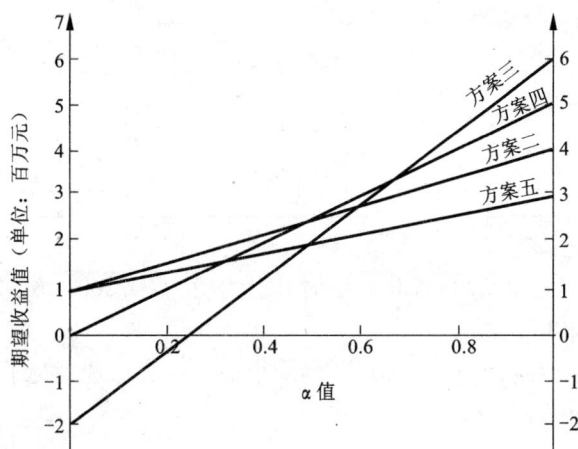

图 7 − 8　各方案期望收益值对 α 的关系曲线

分析：当 α 取值不同时对方案的选择有很大影响。图 7 − 8 示出了各方案期望收益值对 α 的关系曲线。可看出，当 $\alpha \leqslant 1/2$ 时，方案二最优。当 $1/2 \leqslant \alpha \leqslant 2/3$ 时，方案四最优。当 $2/3 \leqslant \alpha \leqslant 1$ 时，方案三最优。决策人可以根据自己对未来情况的估计选择相应的方案。

如果 $\alpha = 0$，则：$\max[\,0 \times (\max_i P_{ij}) + (1-0)(\min_j P_{ij})\,] = \max(\min_j P_{ij})$

这时，胡尔维兹法则给出和最大最小法则相同的结果。

如果 $\alpha = 1$，则：$\max[\,1 \times (\max_i P_{ij}) + (1-1)(\min_j P_{ij})\,] = \max(\max_i P_{ij})$

这时，胡尔维兹法则给出和最大最大法则相同的结果。

决策分析和方法评价：

(1) 最大最大法则和最大最小法则是胡尔维兹法则的两种特殊情况。

(2) 采用不同的权重按照同样的标准得出不同的选择结果，是该方法的一个明显的特点。它反映了决策者对待风险的态度，不同决策者会选择不同的权重。

5. 最小最大后悔值法则

最小最大后悔值法则（minimax regret criterion）主张选取决策者对各方案最大后悔值中后悔值最小的方案。

如果决策人选择了某一方案，而当以后出现的某种自然状态说明他本应选择另一方案时,他必然感到后悔。若他对今后出现哪种自然状态事先完全知道,则他必然选择收益值为最大的方案,这个最大收益方案与原来采取方案的收益值之差叫作后悔值。当然决策人尽量避免产生后悔,最低限度是要使最大后悔值最小,这就是最小最大后悔值的原理。

把这个法则应用到例7-3,首先从表7-2中找出自然状态甲的最大收益值1 200万元,自然状态乙是3 000万元,自然状态丙是6 000万元。其次,从各个最大收益中减去相应的收益值,即得到后悔值,如表7-7所示。

表7-7　不同自然状态下各方案的后悔值　　　　　　　　　单位:万元

后悔值 ＼ 状态 方案	自　　然　　状　　态		
	甲	乙	丙
方案二	0	2 000	2 000
方案三	3 200	1 500	0
方案四	1 200	1 000	1000
方案五	200	0	4 000

例:如果选了方案三,则在自然状态甲时其后悔值为:1 200－(－2 000)=3 200,其余各后悔值的计算方法相同。

如以R_{ij}代表方案i在状态j下后悔值,则最小最大后悔值选择标准:

即:　　　$\min_{i}\quad\max_{j}R_{ij}$

根据表7-7的数据找出各方案的最大后悔值列于表7-8。

表7-8　各方案的最大后悔值　　　　　　　　　单位:万元

方案	$\max_{j}R_{ij}$	方案	$\max_{j}R_{ij}$
方案二	2 000	方案四	1 200
方案三	3 200	方案五	4 000

结论:方案四的最大后悔值最小(1 200万元)故应选为最优方案。

决策分析与方法评价:

(1)这是一种更精确,更复杂的方法。它考虑了决策者在做完决定、知道实际结果后的态度。

(2)按照这个法则选择方案,可以保证决策者今后可能遭受的损失最小。这是一个比较安全可靠的结果,但其倾向性是保守的。

6. 五种决策方法比较

按照不同决策法则选择方案,所得到的结果不同(见表7-9)。

表 7 - 9　各决策方法的决策结果

决策法则	最优方案	决策法则	最优方案
贝叶斯－拉普拉斯法则	方案四	胡尔维兹法则	方案二
最大最大法则	方案三		
最大最小法则	方案二或方案五	最小最大后悔值法则	方案四

考察五种方法所得到的结果可以看出,各种方法都有它自己的优点。决策人究竟采用哪种方法,一方面看他对未来情况的估计——是乐观的还是悲观,另一方面也决定于他个人的特点——倾向于冒险还是保守。这种判断,必然带有很大的主观性。这是很难避免的,因为既然未来状态出现的可能性是不确知的,当然无法作出完全符合客观情况的决策。

不同的决策法则因为其侧重点不同,给出的结论是不一致的。这些方法都不能给出确切的决策建议。尽管如此,决策者根据自身的风险偏好和对风险的态度,可以选择一个或多个方法进行分析,以帮助决策者对所选方案的特性有更多的了解,能提高决策的可靠性。

7.3　模拟法在项目评价中的应用

7.3.1　模拟法概述

如前面所介绍的,敏感性分析方法一个重要的缺点就是一次只能考虑一个变量的变动情况。实际情况往往是两个或两个以上的变量同时变动。模拟法则弥补了这个缺陷。它能模拟几个变量同时发生变化时的情景。尤其是近年来将计算机的技术应用于经济决策,为模拟技术在决策中应用创造了良好的条件。模拟(simulation)就是一种把事件模型化的规划工具。一般要应计算机才能取得令人满意的结果,所以这种方法最适宜评价大型项目。模拟法的运作过程比较复杂,需要一些模拟模型的基本知识,本节只做一些简单介绍。

7.3.2　模拟的特点和方法

以前各章所介绍的评价方法中有一个共同问题没有解决,即在风险和不确定的情况下现金流量本身是不确定,而我们是以一种不确定的现金流量为基础计算出各种不同的评价指标,并将这些指标作为决策的依据,这就不可避免地给决策带来误差甚至错误。模拟法在一定程度上解决了这个问题。

在运用模拟法进行决策时首先需要对现金流量的每一个因素(收益、支出等)的概率分布进行估计。并把数据输入到模拟(仿真)模型中。例如,某厂商计划引进一种新产品,模拟的因素可能包括销售数量、市场价格、单位生产成本、单位销售成本、生产新产品所需要的设备成本以及资本成本等,然后把这些因素的概率分布输入到模拟型中,进而通过计算机运算可以得到此项目的净现值的概率分布。

在实际模拟过程中,每次使用不同的,随机选出的投入变量值,由电脑软件进行多次运行计算(可能运行在百次以上)。根据大量运算的结果就可以描绘出项目净现值的概率分布图,并计算出期望值和标准差。这些信息向决策者提供了投资项目预期收益和风险的估计值。根据净现值的概率分布和有关风险程度的信息,可以计算出实现某一净现值(大于或小于某一特定值)的概率,其具体步骤参见图7-9。

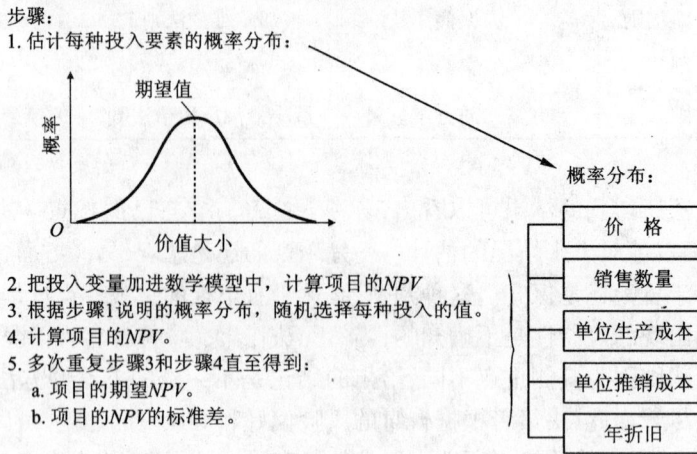

步骤:
1. 估计每种投入要素的概率分布:

期望值

概率

价值大小

概率分布:

| 价 格 |
| 销售数量 |
| 单位生产成本 |
| 单位推销成本 |
| 年折旧 |

2. 把投入变量加进数学模型中,计算项目的NPV
3. 根据步骤1说明的概率分布,随机选择每种投入的值。
4. 计算项目的NPV。
5. 多次重复步骤3和步骤4直至得到:
    a. 项目的期望NPV。
    b. 项目的NPV的标准差。

图7-9 模拟法图示①

为了帮助理解模拟方法,下面举一个示意性的简单例子。

【例7-4】 某食品公司需要购置一台混合设备,需投资10万元。预期寿命5年,年折旧费(D)2万元,税率(τ)50%,产品每年的需求量(q)、销售价格(p)、单位生产成本(c)、销售成本(s)均为随机变量。

第一次模拟投入变量的随机值选定为:

$$q = 20\,000 \text{ 件}, p = 10 \text{ 元}, c = 2 \text{ 元}, s = 1 \text{ 元}$$

已知:$D = 20\,000$ 元,$\tau = 50\%$,则年收益为:

$$年收益 = [20\,000 \times 10 - 20\,000 \times (2 + 1) - 20\,000]$$
$$\times (1 - 0.5) + 20\,000 = 80\,000 \text{ 元}$$

如果每年的收益相同,$MARR = 10\%$,根据第一次模拟得出的年收益80 000元,可以计算相应的净现值。

$$NPV = \sum_{t=1}^{5} \frac{80\,000}{(1 + 0.10)^t} - 100\,000 = 80\,000 \times 3.791 - 100\,000 = 203\,280$$

经过多次模拟运算的结果形成一正态分布图(7-10)。期望净现值为120 000元,标准差为60 000元。根据这个结果就可以找到项目净现值为0或者小于0的概率(即可能产生亏损的概率)。经计算正态分布的"x"值:

$$x = 120\,000 \div 60\,000 = 2.0$$

通过查表可以得出,此投资项目净现值为负的概率为2.28%(见图中曲线下的阴影面积)。

---

① [美]詹姆斯:R.麦圭根.管理经济学——应用、战略与策略(第八版).北京:机械工业出版社,2000

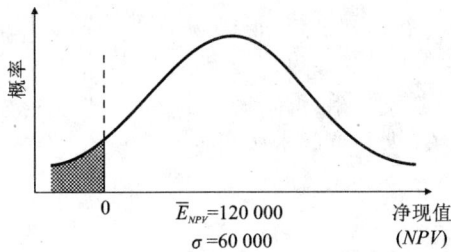

图 7 – 10　某项目 E_{NPV} 为负时的概率分析

7.3.3　模拟方法评价

模拟法是一种有效的方法:①它不仅提供了期望值,而且给出了标准差,能帮助决策者在风险与预期收益之间进行权衡。②通过模拟可以得到净现值的概率分布。为决策者提供丰富的信息。例如,项目净现值为负的概率是多少？或者净现值低于某一数值的概率是多少？这些都有助于正确的决策。③通过模拟法可以具体考察不同变量之间的相互关系。

模拟法的主要缺点是:①搜集相关信息并把数据输入模拟模型的过程需要花费大量的时间,费用也很高,这就限制了它应用的可行性。一般只用于大型项目的决策。②每个变量概率分布的信息不容易获得,尤其是对于全新的、一次性项目更是如此。③上面所举简单的例子是假定各变量之间是相互无关的,如果考虑到变量之间的多重关系,构建合适模型的过程变得更为复杂。

尽管存在这些不足之处,模拟法仍然是投资额较大时进行投资决策的一种很好的方法。在运用模拟法进行决策时,决策者必须考虑模型运行成本以及模型对高质量输入信息的要求。

7.4　决策树技术在方案评价中的应用

决策树法(decision tree method)是模拟树木生枝成长过程,从出发点不断分枝,表示所分析问题的各种发展可能性,并按照期望值决策准则,以各种分支中期望净现值最大方案为最优方案。在评价包含有相当数量不同方案和自然状态的投资项目时,可使用决策树分析法。

决策树常用的符号有:□代表决策点,从决策点画出的每一条直线代表一个方案,叫做方案枝;○代表机会点,从机会点画出的每条直线代表一种自然状态,叫做概率枝。整个图形称决策树。

决策树的计算方法 是从后开始,逐次确定各机会点及决策点的数值 ,直到最前面的决策点表示最后决策。机会点的数值由各概率枝的数据计算得出;而决策点的数据则应从各方案分枝中选择最佳者列入。

7.4.1　确定情况下决策树的计算

【例 7 –5】　决定旧机器是否更新。

旧机器的更新是属于"一次又一次分析"的决策问题。若决定保留旧机器,因维修成本日益增加,总应寻找一个适当的机会更换成新机器。现在通过决策树法来解决这一问题。

在每一方案里,箭头上方所示数字为现金流入,而箭头下方数字为投资成本。本例中三点均为决策点。由最远的决策点着手,选定最佳的方案,并且列出其定量值,再由连续的决策点倒推回来,重复评价方案,直到第一个决策点的最佳决策为止。本例的决策树图见图7-11;计算过程见表7-10。

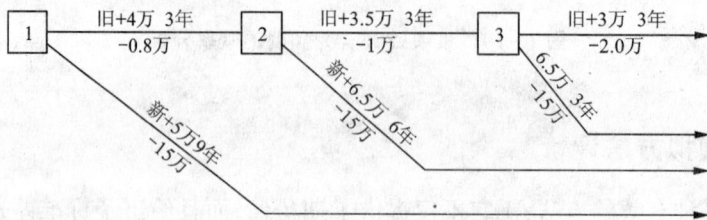

图7-11　确定性设备更新决策树

表7-10　确定性设备更新决策树计算结果　　　　　　　　单位:万元

决策点	方案	计算	抉择
3	旧	$3 \times 3(年) - 2 = 7.0$	旧
	新	$6.5 \times 3(年) - 15 = 4.5$	
2	旧	$7 + 3.5 \times 3(年) - 1 = 16.5$	新
	新	$6.5 \times 6(年) - 15 = 24.0$	
1	旧	$24 + 4 \times 3(年) - 0.8 = 35.2$	旧
	新	$5 \times 9(年) - 15 = 30.0$	

决策分析:此例并未考虑货币的时间价值,从表7-10列出的计算结果可知,第三决策点以保存旧机器为佳,其收入计达70 000元;第二决策点分析结果则以更换新机器为佳,其收入为240 000元;最后的决策点以保留旧机器为最佳,因其收益高,达352 000元。该问题的最后决策是保留旧机器,于三年后更换新机器。

7.4.2　确定情况下考虑资金时间价值的决策树分析

任何一种决策技术,若未考虑货币的时间价值往往将与实际不符,决策树技术也是一样。在决策树技术中考虑时间价值时常采用现值法。

如例7-5给出的条件,若利率为25%,则其计算结果列于表7-11。

表 7 – 11　确定性更新考虑时间价值的计算表　　　　　　　单位：万元

利率：25%

决 策 点	方案	计　算　现　值	抉择
3	旧	$3(P/A,25\%,3) - 2 = 3.85$	旧
	新	$6.5(P/A,25\%,3) - 15 = -2.30$	
2	旧	$3.85(P/F,25\%,3) + 3.5(P/A,25\%,3) - 1 = 7.80$	旧
	新	$6.5(P/A,25\%,6) - 15 = 4.20$	
1	旧	$7.89(P/F,25\%,3) + 4(P/A,25\%,3) - 0.8 = 11.05$	旧
	新	$5.0(P/A,25\%,9) - 15 = 2.30$	

决策分析： 由表 7 – 11 的分析结果，三个决策点均以保留旧机器为最佳方案，其原因甚明显，因利率高达 25%，购置新机器时，利息为负会严重影响决策的结果。

7.4.3　风险情况下决策树的应用

【例 7 – 6】　为生产某种新产品，有两个方案：建设大工厂或建设小工厂。两者的使用期都是 10 年。大工厂需要投资 300 万元，小工厂需要投资 160 万元。两个方案的每年损益以及自然状态的概率如表 7 – 12，决策树见图 7 – 12。

表 7 – 12　方案年损益及概率

单位：万元

自然状态	销路好	销路差
概率	0.7	0.3
大工厂	100	-20
小工厂	40	10

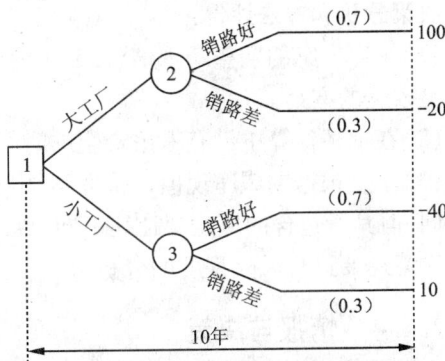

图 7 – 12　例 7 – 6 的决策树

计算各点的期望值：

点 2：$0.7 \times 100 \times 10 + 0.3 \times (-20) \times 10 - 300 = 340$（万元）

点 3：$0.7 \times 40 \times 10 + 0.3 \times 10 \times 10 - 160 = 150$（万元）

结论： 两者比较，建设大工厂的方案是比较合理的。

【例 7 – 7】　假定对上述例子分为前三年和后七年两期考虑。根据市场预测，前三年销路好的概率为 0.7，而如果前三年销路好，则后七年销路也好的概率为 0.9；如果前三年销路差，后七年的销路肯定差。在这种情况下，大工厂和小工厂两个方案哪个较好？

绘出决策树，如图 7 – 13 所示。计算各点期望值：

点 4：$0.9 \times 100 \times 7 + 0.1 \times (-20) \times 7 = 616$（万元）

点 5：$1.0 \times (-20) \times 7 = -140$（万元）

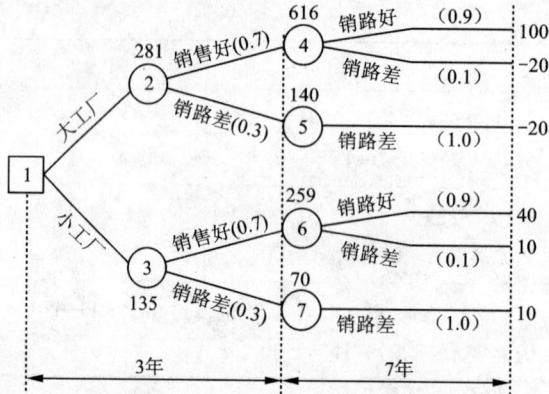

图 7-13　例 7-7 的决策树

点 2：$0.7 \times 100 \times 3 + 0.7 \times 616 + 0.3 \times (-20) \times 3 + 0.3 \times (-140) - 300 = 281$(万元)

点 6：$0.9 \times 40 \times 7 + 0.1 \times 10 \times 7 = 259$(万元)

点 7：$1.0 \times 10 \times 7 = 70$(万元)

点 3：$0.7 \times 40 \times 3 + 0.7 \times 259 + 0.3 \times 10 \times 3 + 0.3 \times 70 - 160 = 135$(万元)

决策分析和方法评价：

(1)小厂方案的期望净现值(135 万元)小于大厂方案的期望净现值(281 万元)，因此建大厂是较优的方案。

(2)在上述计算中没有考虑资金的时间价值，影响决策的准确性。

(3)本例根据期望净现值评价方案，由于期望值本身是有风险的，不同方案的期望净现值相同，但其所包含的风险却往往不同，故以期望净现值作为评价标准有其自身的局限性。最后决策还要进行风险程度的分析。

7.4.4　情报与决策

获得的情报资料越多，则对自然状态的概率估计就越正确，所作的决策就越合理。但是为了获得情报，往往需要进行调查、试验、咨询等等，需要花费资金。如果费用较大，就要评价用这笔费用获得情报是否值得。

【**例 7-8**】　某工厂准备大批生产一新产品，估计销路好的概率是 0.7，可获利 1 200 万元，销路不好将亏损 150 万元。为获得更多的情报，考虑建设一个小型试验工厂，先行试销。估计如果试销时销路好的概率是 0.8。则以后大批生产时销路好的概率为 0.85；如试销时销路不好，则大批生产时销路好的概率为 0.1。这个小型试验工厂的投资需要 4.5 万元，问是否值得建造。

画出决策树(如图 7-14 所示)，并计算各点的期望净现值。

点 5：$0.7 \times 1\,200 - 0.3 \times 150 = 795$(万元)

点 6：$0.85 \times 1\,200 - 0.15 \times 150 = 997.5$(万元)

点 8：$0.1 \times 1\,200 - 0.9 \times 150 = -15$(万元)

点 2：$0.8 \times 997.5 + 0.2 \times 0 = 798$(万元)

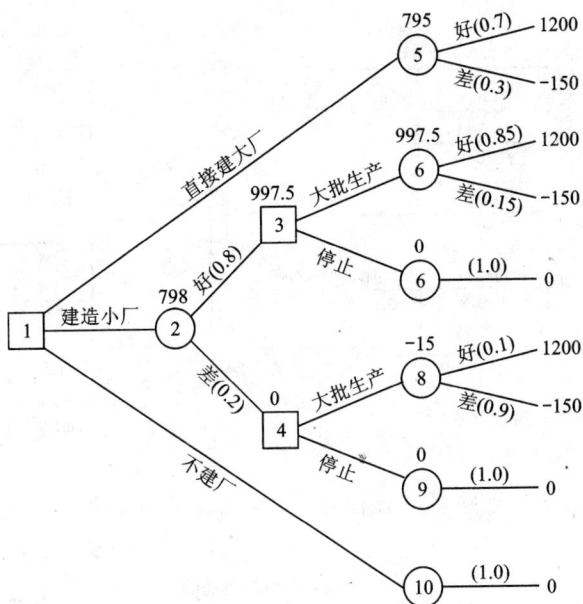

图 7-14 例 7-8 的决策树

决策分析：根据以上计算，通过建造小型试验厂而获取情报使期望值增加 3 万元（798 -795 =3 万元），比为获得该情报需支出的费用（建厂投资 4.5 万元）要少，故小型试验工厂不值得建造。

7.4.5 决策树用于独立方案的评价

【**例 7-9**】 数据同第 6 章例 6-8：某投资方案要求 $MARR = 12\%$, $n = 15$ 年, $SV = 0$ ，其余参数如下表，决策树见图 7-15。

年收益, F(元)	概率(P_r)	投资, P(元)	概率(P_r)
10 000	0.5	136 220	0.3
20 000	0.5	68 110	0.7

求解步骤：

第一步：计算每个分支的现值（NPV_x）

第二步：计算全方案的现金流期望净现值（$\overline{E}_{NPV}$）

第三步：判断：将 $\overline{E}_{NPV}$（13 662 元）值与 0 方案比较，净现值为正，则方案可取（具体计算过程参看第 6 章例 6-8）。

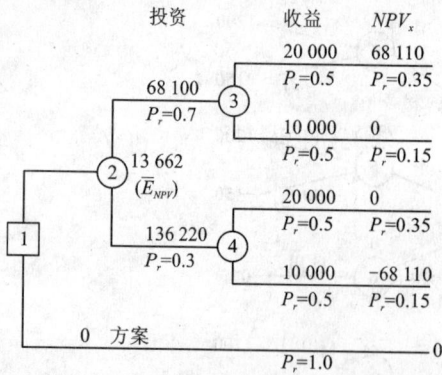

图 7-15　例 7-9 的决策树图

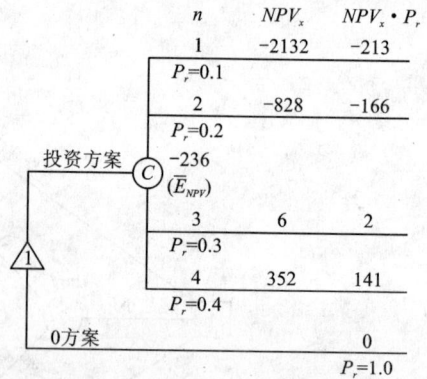

图 7-16　例 7-10 的决策树图

【例 7-10】 某企业计划购买一台旧机器,在买回后可能使用 1 年、2 年、3 年和 4 年,其使用成本分别为:$C_{1\sim2}=9\,560$ 元、$C_{1\sim3}=7\,542$ 元、$C_{1\sim4}=6\,997$ 元、$C_{1\sim5}=6\,864$ 元。企业年收益为 7 000 元;企业使用一年的概率为 0.1,使用两年的概率为 0.2,使用三年的概率为 0.3 元;使用四年概率为 0.4。问考虑到几种使用年限,企业应否购买此设备,若 $MARR$ 为 20%(参见图 7-16)。

解: 计算不同使用年限的净现值(年使用成本中已包含投资成本)。

使用期限	年收益 - 年成本 = 年净现金流	$(P/A,20\%,n)$	P_r	NPV_x
1~2	7 000 - 9 560 = -2560	0.883	0.1	-213
1~3	7 000 - 7 542 = -542	1.508	0.2	-166
1~4	7 000 - 6 997 = 3	2.106	0.3	2
1~5	7 000 - 6 864 = 136	2.589	0.4	141
				$\overline{E}_{NPV}=-236$

结论: 期望净现值为 -236,故不能买此旧机器。

本章介绍了不确定情况下投资决策的一些其他评价方法。虽然效用分析、决策树分析、模拟模型和不确定型项目评价法等方法有很多优点,例如,效用期望值法考虑了决策者的主观因素。决策树分析方法考虑了投资项目在寿命期内经济环境和经营条件可能发生变化,对期望净现值法进行了完善。提供了更多有关投资项目的各种可能结果的信息。模拟法则反映了不同变量之间的相互关系,并为决策者提供了更多的影响项目现金流量的有关因素的信息。不确定型项目评价法提供了可能选择的方法和一些重要的信息和结论。但是他们仍然不能给出确切的结论。决策者还是需要自己定夺。这些方法可以为决策者提供更多的分析素材,使决策者对项目有更多的了解,知道这些项目可能出现的各种结果。对于正确决策有重要的参考价值。本章介绍的方法要复杂一些,但是复杂并不表示准确,不要把这些方法看做是一成不变的决策教条。

思　考　题

1. 举出风险型及不确定型投资项目使用的评价方法。
2. 比较最大效用期望值与最大净现值期望值两个评价指标的特点及反映的因素。
3. 在对风险项目择优时,期望值与标准差的评价结果相矛盾,你用什么办法处理?
4. 模拟法与一般评价方法比较最大的优点是什么? 它存在什么局限性?
5. 如何确定获取信息量的"度"?
6. 对不确定型项目的评价可以采取哪些准则? 它们有好坏之分吗?
7. 决策树法的最大优点是什么?
8. 风险型决策和不确定型决策有什么区别?
9. 为什么要用效用期望值进行风险项目的评价? 有哪些具体方法?
10. 在不确定性项目决策中,如何运用博弈论进行决策?
11. 对风险项目进行评价时,用决策树法比按公式直接计算出 $\overline{E}_{NPV}$ 进行决策有哪些优点?

练　习　题

1. 有三个方案,每个方案有四种状态,用不确定情况下决策的各种法则,选择最优方案,并对结果进行分析评价。

单位: 万元

可行方案	自 然 状 态			
	A	B	C	D
I	3	1	1	0
II	4	0	-4	6
III	5	-1	1	3

2. 某公司为提高生产量,拟购置一些机器,可能采取的方案:第一种系自动化机器,购置成本 50 000 元,可使用 10 年,寿命终了后残值为零;第二种系手动机器,购置成本 30 000 元,可以使用 5 年,寿命终了残值为零。若采用第二方案,在 5 年终了要面临下列两种决策:一是购置同样特性的手动机器,另一是购置一台半自动化机器,购价 40 000 元,5 年终了残值为 20 000 元,各种机器的年经营成本如下:自动化: 10 000 元;手动: 14 000 元;半自动化: 11 000 元。

(1)绘出此问题的决策树图。
(2)用净年值法求各决策点的最佳方案(设利率为 10%)。

第8章 筹集资金的经济分析

资本是技术经济的重要研究对象。资本的研究包括资本的筹集、资本的投向选择、资本的运用及资本的回收几个方面。其中资本的运用范围广,主要包括在企业管理过程中,本书第9章所讲的短期决策即为合理运用资本的一个侧面。资本的投向选择在第3章至第6章中进行了研究。本章重点研究资本的筹集,资本的回收及其经济分析的有关问题。

8.1 筹资方式分析

8.1.1 筹资概述

1. 筹资概念

筹资是指投资人或商品生产和经营者如何通过自身的努力,从内部或外部筹措所需资金的活动。

为项目投资所筹的资金属长期资金。与中期资金比较,一般把没有固定还款日期的资金或还款期至少为10年的资金视为长期资金。

筹资与投资是研究资金运动过程是不可分割的两个方面。投资必须充分考虑筹资能力,筹资必须以投资的需要为依据。

采用哪种方式筹集资金是影响一个项目经济效益的重要因素。筹集资金的方式不同,还直接影响资金的成本水平及其使用方式。一些完美的工程计划可能由于筹资不当或资金成本过高而告失败。从技术经济分析的角度研究筹资问题,主要对各种筹资方式进行经济分析,即从企业角度来权衡各种筹资方式的利弊。而与筹集资本有关的金融市场等问题不是本节研究的内容。

2. 公司的外部融资模式——直接融资和间接融资

企业融资既包括不同资金持有者之间的资金融通,也包括某一经济主体通过一定方式在体内进行的资金融通,如盈余公积金和未分配利润。前者称为外源融资,后者称为内源融资。企业外源融资一般有两种基本模式,直接融资和间接融资。直接融资及间接融资的具体方式参见图8-1。

只有资金来源途径,而没有相应的融资方式是不能获得资金的。所以,企业的资金还必须以一定的模式取得。融资模式是指企业取得资金的手段。不同融资模式筹集的资金不仅资金的性质不同,其成本和风险也存在较大的差别。如股票融资形成资本金,债券融资形成应付债款,故应对融资模式进行详细分析。

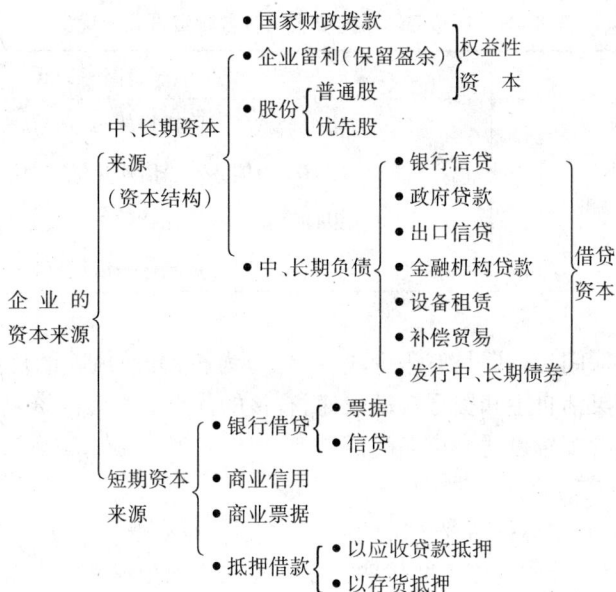

图 8-1 企业的资本来源图

（1）直接融资和间接融资的特点

直接融资：主要指发行有价证券进行资金融通的金融行为,主要金融工具是股权。它具有以下特点：①直接性。即资金直接从资金供给者流向需求者。②长期性。直接融资所取得的使用期限要长于间接融资。③不可逆性。采取发行股票形式进行的直接融资,所取得的资金是毋须还本的,投资者若需要变现就必须借助于流通市场,与发行人无关。④流通性。由于直接融资工具主要是股票和债券,而股票与债券是可以在证券二级市场上流通的。

间接融资：是通过金融机构作为媒介进行的融资活动,即通过银行贷款进行融资。其金融工具主要是债权(存款和贷款)。具有与直接融资截然相反的特性,即间接性、短期性(相对而言)、可逆性和非流通性。

（2）两种融资模式的运行效应分析

两种模式的区别与比较见表 8-1 和表 8-2。

表 8-1 直接融资与间接融资的主要区别

	体现产权关系不同	资金约束主体不同	融资风险不同	融资成本不同
直接融资	• 出资者有最终控制权 • 委托—代理关系	• 筹资人直接向居民财产负责,居民个人为约束主体	• 风险高于间接融资风险	证券利率和股息红利低于银行利率
间接融资	• 银行(中介)有相对控制权 • 债权债务关系	• 以还本付息为条件银行为约束主体	• 金融机构通过资金组合将风险降至最低限度	银行利率高于红利

表 8-2　从筹资的不同要求比较各融资方式的优劣

比较条件	优劣顺序　高——低
1. 融资成本的高低	银行贷款——信托贷款——债券——股票
2. 融资风险的大小	股票——债券——信托贷款——银行贷款
3. 机动性大小	银行贷款——信托贷款——债券——股票
4. 融资方便程序	股票——银行贷款——信托贷款——债券

从一般意义上说,间接融资具有积少成多、化短为长,分散风险的优点。直接融资则具有筹资成本低,投资灵活自主和资金流动快速、直接的优点。直接融资具有刺激企业改善经营管理的作用,使资源配置更适合市场的需要。

(3)两种融资模式需要的条件

两种融资模式的有效运行需要一定的条件。直接融资是一种最为分散的融资体制,需要完善而发达的市场经济的支撑。间接融资必须建立在一个灵活的金融制度基础之上。

融资模式的选择与企业自身的条件尤其是资信的优劣相关。资信优良的企业,可以选择任何一种融资模式;资信差的企业不能选择债券和股票的模式,最好的选择是银行贷款。

8.1.2　银行贷款筹资模式分析

贷款可分为信用贷款(credie)(相信借款人的偿债能力)和抵押贷款(collateral loan)两种。贷款的类型、期限多种多样,比较方便、灵活,筹资风险较小,不涉及产权转移问题。当贷款利率优惠时,可借提高贷款在总投资中所占比例来提高自有资金的收益率(运用财务杠杆原理)。贷方也可能提出分期还本付息等某些限制条件来降低风险。根据国外可行性研究的经验,只有当每年年净利(利润 + 折旧)收入额是当年偿还债务本息值的 $1.5 \sim 3$ 倍时,企业才能在经营上应付自如。一旦无力偿还贷款,可使企业陷入困境,甚至导致破产。因此贷款占总投资额的比重及偿还贷款的方式是应慎重考虑的。

抵押贷款系指要求贷款人以某种实物或某些支付方式作为贷款的抵押。如有些债权人要求借款人从获得收益起用全部收入偿还贷款,直到付完全部本息后企业的收入才能归自己所有。采用这种偿还方式,因贷款在投资中所占比例是逐年变化的,故没有一个通用计算方式,现举例予以说明。

【例 8-1】　某项目投资 10 000 元,其中抵押贷款占 80%,自筹款占 20%,三年后有残值 1 000 元,每年投资收入 8 500 元,每年经营成本 4 000 元,每年折旧费 3 000 元,税率 60%,抵押贷款利率 $i = 10\%$。确定此投资过程企业所获收益及整个投资过程企业的收益率(计算见表 8-3)。

从表 8-3 可看出,企业前两年收益全部用于还债,第三年末才有收入 3 239 万元,故企业的税后利润为:

$$\because -2\,000(F/P, i, 3) + 3\,239 = 0, \qquad \therefore i = 17.4\%$$

抵押贷款看起来苛刻,但对双方也都有一定的好处,借方迅速摆脱债务,贷方迅速收回投资,尤其对中外合资的企业,因设备的使用期均大于抵押贷款偿还期,在款项还清后可改变资本结构降低财务风险。

表 8 - 3　抵押贷款计算　　　　　　　　　　　单位：万元

费用	年　　　　末			
	0	1	2	3
年收益		8 500	8 500	8 500
经营成本		4 000	4 000	4 000
付税前现金流		4 500	4 500	4 500
贷款利息		800	472	131
折旧费		3 000	3 000	3 000
应付税收入		700	1 028	1 369
税款(税率60%)		420	617	821
付税后现金流		4 080	3 883	3 679
偿付贷款利息		800	472	131
可以用来偿付贷款的金额		3 280	3 411	3 548
偿还金额	- 8 000	3 280	3 411	1 309
尚余债务	8 000	4 720	1 309	0
企业自身所得		0	0	2 239
残值收入		0	0	1 000
企业自身所得合计	- 2 000	0	0	3 239

8.1.3　股票筹资方式分析

1. 股票、股本和股权

股票是企业为筹措资金发行的一种有价证券。股本是投资人为获得参与公司的利润公配和经营决策等权利而投入公司的资本。通过发行股票筹集的资金属权益资本或称股权资本,简称股权。虽然股东拥有公司的所有权,但股权并不保证股东获得投资收益或回收投资。股东拥有对公司利润和资产的索偿权,公司获利高则股东收益好,若公司破产,股东可能血本无归,故把股权资本称为风险资本。股权资本只具有剩余索偿权,而债务资本则具有优先索偿权,所以对投资人而言股权资本比债务资本的风险大,其收益率应高于债务资本,以鼓励人们对公司进行投资。

利用股票筹资有许多优点,股票的发行简捷灵活,在较短的时间内可筹到大量资本,易于扩大规模取得规模效益,易于分散风险,风险由股东共同承担,发行股票易于提高公司声誉,取得市场竞争中的优势地位,股份公司的股东来自各方面,对扩大公司利益的连带范围和保护范围及改善公司的公共关系均很有利。因此世界各国用发行股票进行筹资的数量正日益增加,股票市场的规模也日益扩大。我国也在进行股份制改造,大力发展金融市场,用股票集资已具备较好的外部条件。

2. 普通股和优先股

股份有限公司可以根据不同的筹资需要,适应投资人不同的偏好,发行不同类型的股票。股票类型不同,股东享有的权益与承担的风险也不同。股票可分为普通股票和优先股票两大类。两者均属权益资本,股息均用税后利润发放,均为免税优惠。

(1)优先股(preferred stock)。优先股是在分配利润时较普通股次序在先的股份。优先股的股息是固定的。公司在分配盈利时,要先按固定股息满足对优先股的分配,再将盈利余额分配给普通股。在公司破产清算时,优先股的索偿次序较债券在后而较普通股在先。优先股发行费率和资本成本一般较普通股要低。因优先股一般销售快,且不参与或有限制的参与企业剩余利润的分配。它是兼有股票和债券双重属性的一种混合型有价证券。

在公司入不敷出的情况下,上一年优先股股息分配的差额可在一下年补发时,这种优先股叫累积优先股,不能在下一年补发的则称为非累积优先股。公司欠发的累积优先股的股息没有偿清前,不能发放普通股的股息。

优先股还分为参加优先股和非参加优先股。参加优先股除可获自身的固定股息外,还能参加普通股的利润分配。不能参加普通股利润分配的就是非参加优先股。

优先股的回收。优先股的回收方式有三种:一是溢价方式,即公司在赎回优先股时,发行公司常在优先股面值上再加一笔"溢价"。二是"偿债基金",即公司在发行优先股时,从所获得的资金中提出一部分款项创立"偿债基金",专用于定期地赎回已发出的一部分优先股。三是转换方式,即优先股可按规定转换成普通股。

(2)普通股(common stock)。普通股的股息不固定,随着公司盈利的涨落而起伏,是最普通的股份形式。普通股分配盈利的次序在优先股之后,但在公司盈利较丰时,可以获得高额股息,常常比优先股优越。普通股的持有者在公司内有投票选举权,能参加公司的经营管理,且常拥有优先认股权,有权优先购买公司新发行的股票。

3. 股票的价格和内在价值

股票之所以具有价格是因为它具有能为其持有人带来股息收入的性质。股息收入越高,越稳定,股票的价值就越大,价格就相对越高。股票的价格分为股票面值、股票的账面价值、股票的清算价值,股票的理论价格(或称股票价值),股票的市价以及股票的理论价值。

股票的票面价值,是公司发行的股票上所标注的金额。若票面上不载明金额,只注明占股本总额的比例,就是无面额股。因股票面值无意义,故可发行无面额股票。

股票的账面价值是一个会计概念,用下式计算:

$$普通股每股的账面价值 = \frac{公司的净值 - 优先股总面额}{普通股股数} \qquad (8-1)$$

【例8-2】 若已知公司的净值为500万元,优先股总面额为200万元,普通股有1万股,那么

$$普通股每股的账面价值 = \frac{5\ 000\ 000 - 2\ 000\ 000}{10\ 000} = 300(元)$$

股票的账面价值没有什么重要作用。某些大公司的股票销售价格(市价)常超过其账面价值2~3倍,即使在公司清算时,每股的兑现额也只能按变卖处理价值而定,它唯一的作用是可抵制掺水股票(所谓掺水股票系指发行股票的面值超过了发行股票公司的资产价

值)。

股票的清算价值是公司破产清算时的每股实际价值。原则上应与账面价值一致。但因清算时公司资产是压价出售的,而且要支付清算费用,故一般清算价值低于账面价值。

股票理论价格是股票购买者愿意支付的价款,可由下式进行估算:

决定股票价格的基本公式是:

$$股票价格\ P = \frac{股息}{平均存款利息率} = \frac{D}{i} \tag{8-2}$$

即股息至少要等于股票价格与存款利率的乘积,人们才可能不去存款,而去购买股票。

【例 8 - 3】　某股票每股每年可获股息 10 元,若平均存款利率为 5%,则:

$$每股价格 = \frac{10\ 元}{5\%} = 200\ 元$$

即在 5% 的利率下,拿出 200 元存入银行,一年可获利息 10 元(200×5%),而购买该股票一般每年也可获股息 10 元,所以该股票每股值 200 元。

股票的**市场价格**,系指上市股票在股票交易所中的挂牌价。股票的市场价格除受股票的供给和需求状况的影响外,还受众多经济和政治因素以及心理因素的影响。影响股票市价的经济因素有:公司赢利状况、红利的分发方式,银行利率水平,物价的变动,宏观经济发展周期等。

股票的**内在价值**:股票的内在价值是股票未来全部股息的贴现值,一直持续到股票不能获得股息为止。根据股息评价模型,股票的内在价值(P_e)的计算式参见式 8 - 3。

$$P_e = \sum_{t=1}^{\infty} \frac{D_t}{(1+K_e)^t} \tag{8-3}$$

其中, D_t 为 t 年的红利; K_e 为股票期望收益率。

由式(8 - 3)可看出,要提高股票的内在价值一是要提高盈利能力(D_t);另一方面要尽量降低资本成本(K_e),这是筹资决策中的中心内容。

8.1.4　保留盈余筹资分析

权益资金的来源有新发行股票和未分配利润两种。保留盈余筹资(financing through retained profits)属内部筹资方式。权益资本的风险程度不是权益资金的来源决定的,而是由权益资金的用途决定的。所以不管权益资本的来源是未分配利润还是新发行股票,风险程度以及由此决定的权益资本成本是由投资项目的风险大小决定的。未分配利润既不能当做"免费"(没有成本)的资金,也不能因为他容易获得就认为是相对"无风险"的资金。不管是哪种权益资本,均应获得应有的收益率,它们都有相应的资本成本。

利润作为分红还是作为保留盈余投资,与未来投资效益密切相关。如果用未分配利润进行投资获得的净现值为正,则现行股息会下降。若未来股息上升的幅度大于现行股息下降幅度,表明经营状况良好,股票价格会上升;相反则会导致股价下跌,股东收益受损。

8.1.5　债券筹资方式分析

1. 债券筹资概述

企业债券是指企业按照法定程序发行,约定在一定期限内还本付息的债务凭证,代表债券持有人与企业的一种债务关系,属于借贷资本。

买股票相当于购买公司的一部分,买债券是把钱借给公司使用。债券持有人不干预公司事务,除收取固定本利外与公司经济效益无关。当公司效益提高时,由于减少了债券风险,公司可能减少新发债券的利率水平。

债券筹资(financing with bonds)的优点是:①不涉及公司资产的所有权和经营权。②公司发行债券享受税收优惠,债务的利息支出可扣减应税收入,这意味着为公司提供一种避税办法(tax shield);可降低债务资本的成本(税后)。③银行贷款常为短期的,对贷款的安全性也有一定的要求。债券筹资不受各种安全限制。债券是筹集长期贷款较理想的方式。④可以通过债券的发行和回收调节资本结构。

企业发行债券筹资的缺点是:①发行债券增加企业负债和破产的风险;②发行债券的规定比较严格,筹资数额受到限制;③债券本金和利息都需要偿还,所在发行债券时必须做好计划。

发行债券时,应列出以下内容:①承认接收债务的价值;②规定支付本金和利息的时间、地点、方法;③述明全部债务发行额;④述明债务发行的保证(如偿债基金);⑤述明若不履行契约,债务持有者的权利;⑥受权当局的认可。⑦在债券上应注明面值及债券率。

面值系指特定时间(债券有效期)末应支付购买债券人的金额。公司付清面值后,则可将债券收回。债券率指债券上规定的每年应支付的利息率。

2. 债券筹资、投资计算

由于债券金额系指到期时应归还债券的本金(属未来值),故债券的买卖价值不等于债券的面值。购买债券实际上也是一种投资活动,应花多少钱来购买一张已规定好面值、债券率及付利周期的债券,这在很大程度上取决于购买债券人自己要求的 MARR 值。确定购买一张面值已定的债券的价值,应按购买者要求的 MARR 值进行计算。

【例 8-4】 某人希望在债券投资中得到名义利率为 8%,每半年计利一次。现有一公司出售面值 10 000 元,15 年后到期,年利率 6%,每半年计利一次的债券,问该人愿出多少钱购买此债券?(见图 8-2)

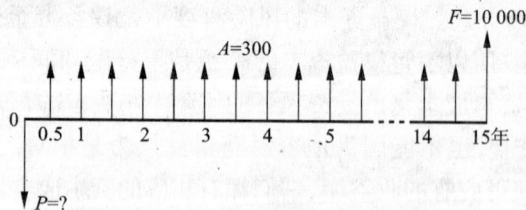

图 8-2 例 8-4 债券的现金流量图

解:年利率 6%,每半年的利息 $= 10\ 000 \times \dfrac{0.06}{2} = 300$ 元

$$P = 300\left[P/A, \frac{8\%}{2}, (15 \times 2)\right] + 10\ 000 \times \left[P/F, \frac{8\%}{2}, (15 \times 2)\right] = 8\ 270.6 \text{ 元}$$

结论:该人愿意现在出 8 270.6 元,购买面值为 10 000 元,借期 15 年的债券。这样可

保证他得到年名义利率为8%、半年计利一次的报酬。

　　分析:应区分6%与8%两个不同利率的含义。8%是买者希望得到的最小投资收益率;6%是企业向购券人支付的利息率,两者间的差额只有通过调整面值及购买时愿付现值之间的差额来实现。当购买者要求的最小收益率增加时,在面值及债券率不变的情况下,只有通过减少购买时支付的现值来达到。可见购买债券时,不但要考虑债券发行者的利率,更重要的是考虑投资者本人对投资所要求的期望收益率,当债券利率下降时,在面值不变的条件下,购买时支付的现值应减少。

　　【例8-5】　数据同例8-4,但购券者要求年名义利率为10%。

$$P = 300(P/A, \frac{10\%}{2}, 30) + 10\,000(P/F, \frac{10\%}{2}, 30) = 6\,925.7 \text{ 元}$$

　　结论:当购券者要求的收益率由8%提高到10%时,购买债券愿支付的现值将减少1 344.9元(8 270.6 - 6 925.7 = 1 344.9 元)

　　【例8-6】　数据同例8-4,若公司发行的债券不支付利息(即 $i = 0$)时,计算购买债券的现值。

$$P = 10\,000(P/F, \frac{8\%}{2}, 30) = 3\,083 \text{ 元}$$

　　结论:债券利率由6%降到0%,买债券的现值由8 270.6 元到3 083 元。

　　3. 债券的赎回

　　到期赎回债券(应支付本金债券面值)。可采用三种办法。

　　(1)若公司经营昌盛,市场情况良好,可通过出售新债券的收入偿付给旧债券的持有人。新债券的利息率可低于旧债券,在实质上是提高了企业自有资本收益率。

　　(2)经营情况不好,债券市场不利可采用增加旧债券利率的办法,延期回收。

　　(3)为了确保到时回收债券,企业定期从收益中划出一定的金额供日后偿债用,称为偿债基金。偿债基金的建立,增加了购债券者的安全感,可使债券以较低的利率发行。每年应积累的资本可通过计算确定。

　　【例8-7】　某企业发行债券总额为100 000元,期限10年,每张债券面值1 000元,每半年计利一次,年名义利率6%,每年提取的偿债基金存入银行,年名义利率为4%,半年计利一次,计算为到期收回总面值为100 000元的债券并每年支付6%的利息,每年应存入偿债基金多少元?

　　解:为收回面值所需的偿债基金公式为:

$$A = F(A/F, i, n)$$

$$A = 100\,000[P/F, \frac{4\%}{2}, (2 \times 10)] = 4\,116 \text{ 元/半年}$$

　　每半年应支付利息额 $I = 100\,000 \times \frac{0.06}{2} = 3\,000$ 元

　　∴　　每年需存入偿债基金(4 116 + 3 000) × 2 = 14 232 元。

　　4. 关于债券的计算

　　由以上两例可看出,债券的基本计算公式可表述为:

$$P = V \cdot r(P/A, i, n) + F(P/F, i, n) \tag{8-4}$$

其中，P 为债券的买价；F 为债券到期后的卖价；V 为债券的面值；r 为债券规定的周期付息利率；i 为债券购买人要求的投资年利率；n 为债券购买人获利息的总周期数。

经常遇到的计算债券买价（P），债券到期后卖价（F）及债券购买人的投资收益率（i）三个参数。以下举例说明。

【例 8-8】 有一张面值为 1 000 元，年利率 12%，半年付息一次的债券，现在以 1 050 元购得，预计在第三年末卖出，若投资人要求收益率为 10%，半年计利一次，问该债券在三年末应以多少钱卖出才不致吃亏？（见图 8-3）

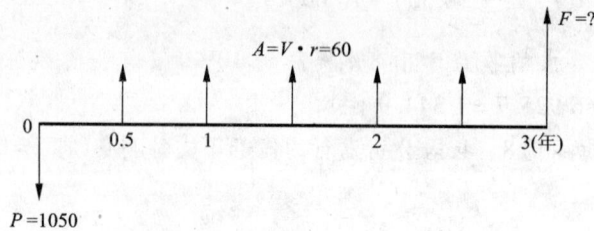

图 8-3 例 8-8 的现金流量

$$P = V \cdot r(P/A, i, n) + F(P/A, i, n)$$
$$1\,050 = 1\,000 \cdot (0.06)(P/A, 5\%, 6) + F(P/F, 5\%, 6)$$
$$F = 999.01 \text{ 元。}$$

结论： 三年末若能以 999.01 元出售此债券，可保证投资人获得 10% 的年名义利率，半年付利一次

【例 8-9】 同例 8-8，若该债券三年末能以面值（1 000 元）售出，投资人要求 $MARR$ 为 14%，现在购进这张债券最多能出多少钱？

$$P = 1\,000 \times 0.06 \times (P/A, 7\%, 6) + 1\,000(P/F, 7\%, 6) = 952.9 \text{ 元}$$

结论： 只要买价不超过 952.9 元，则购买债券这项投资活动的收益率就不低于 14%。

分析： 由于投资者要求的 $MARR$ 提高了，导致购买债券的现值（P）下降。现值的变化受两个因素的影响，一方面由于回收的未来值（F）增加了 0.99 元（1 000-999.01），应导致 P 值的增加；另一方面由于 $MARR$ 的提高使现值（P）降低；而现值（P）下降的幅度大于其增加的幅度最终结果是购买债券的价格（现值 P）降低了 97.1 元（1 050-952.9 元）。

【例 8-10】 面值 1 000 元的债券，年利率为 12%，每季付息一次，现以 1 020 元买入，预计三年后以 950 元卖出，问每季获利多少？这项投资的实际年利率为多少？

每季获利息值：$A = V \cdot r = 1\,000\left(\dfrac{12\%}{4}\right) = 30 \text{ 元}$

$$-1020 + 1\,000\left(\frac{12\%}{4}\right)\left[P/A, i, (3 \times 4)\right] + 950\left[P/F, i, (3 \times 4)\right] = 0$$

$$i = 2.444\% \text{（每季）}$$

年名义利率 $= 2.444 \times 4 = 9.776\%$

年实际利率 $= \left[(1 + 0.024\ 44)^4 - 1 \right] = 10.14\%$

最后必须指出,发行股票和发行债券是国外大量采用的筹集资本的手段。一般股票或债券的所有者是分散的,而并不与筹资者见面。筹资者只要有一定声誉,可以以少量自有资本控制大量的分散的股金或债券借款,不会丧失经营权。这种集资方式值得借鉴。

8.1.6 租赁在筹资中的运用

1. 租赁概述

所谓融资租赁,一般是指企业(承租人)需要更新或添置设备时,不是以直接购买的方式,而是以付租金的形式向租赁公司(出租人)借用设备的一种投资行为。租赁是所有权及使用权间的借贷关系,由所有者(出租人)按照契约的规定,将财产租给使用者(承租人)。它是第二次世界大战后,在金融领域出现的一种新型的金融、贸易与技术更新相结合的新事物。显示出了强大的生命力。

租赁业务于 20 世纪 50 年代开始于美国,60 年代扩展到西欧、日本,70 年代发展到世界其他各国。由于国际贸易竞争剧烈,生产企业必面采用新技术,生产新产品,加速资本设备更新。由于设备更新周期越来越短,企业向银行融资有时不方便,加之购置资产课税较大,感到购置不如租赁,租赁业务应运而生。许多租赁公司就是一些大制造企业的附属公司,它们的营运资金是由商业银行或其他金融组织提供。有的商业银行自己成立附属的租赁公司,经营租赁业务。这样租赁就为出租企业的产品扩展了销售市场,为银行投放资金开拓了新的途径。出租人、承租人及银行三方面均可在租赁业务中获得利益,政府对租赁业务常有税收优惠,这一切构成了租赁业务蓬勃发展的经济基础。

2. 融资租赁的种类

租赁与分期付款购买在形式上近似,都是在使用设备的同时分期支付费用。两者的根本区别是设备所有权的转移问题。在分期付款交易中,设备所有权的转移发生在设备使用期限尚未结束之前,而多数的租赁形式(如融资租赁)承租人只有在租期结束时,支付设备的残值后,才发生所有权的转移。有些租赁方式则不发生所有权的转移。因此,尽管租赁的形式多种多样,只有承租人在租赁期内不能获得资本设备所有权者,才是真正的租赁(tvre lease)。只有真正租赁才能享受税负优惠。本章附录列出了各国(主要是美国和日本)流行的租赁种类。

从多种多样的租赁业务中不难看出当今租赁业蓬勃发展的现状及其涉及范围之宽广,也可理解到,租赁是一种十分灵活的交易方式,并在不断创新。企业要进行设备租赁不但有多种模式可供选择,而且可根据自身要求进行创新,成功的基础是要符合三方均获利的原则和保证"真实租赁"的基本要求。租赁种类各有特点,但共性还是主要的。现以运用较多的融资租赁为例对进行分析。

3. 融资租赁与有关业务的区别

(1)融资租赁与传统租赁的区别:①在交易上,传统租赁是出租人与承租人两方关系的交易不涉及第三者,而融资租赁则涉及出租人、承租人和供货厂商三方关系。②从购买设备选择权看,传统租赁,设备是由出租公司事先购买后向用户出租的,用户没有选择权。融资租赁设备的选择权在承租方。③从租期时间看,传统租赁一般都为短期的,而融资租赁则是一种较长期的租赁。④从租期满后对租赁物的处理看,传统租赁,租期满后,租赁物退还给出租人,而融资租赁期满后承租人可有三种选择——退还、续租或留购。

(2)融资租赁与分期付款的区别:①从法律上看,信贷型的分期购买是一种买卖行为,交易所订的合同为销售或购买合同,合同一经生效,表明货物应归买方所有。融资租赁交易是租赁合同。在租赁期间,租赁货物所有权属于出租人,出租行为是出租人行使所有权的表现。承租人只有使用权。②从税收看,信贷型分期付款购买是一种普通的贸易形式,不享受减免税收优惠。而融资租赁,对投资购买人给予纳税减免或加速折旧优惠。③从业务关系上来看,信贷型分期付款购买是卖方与买方的双边关系,而融资租赁则涉及出租人、承租人和供货人,三方相互关联又互相制约。

(3)融资租赁与贷款的区别:贷款只涉及借、贷两方当事人,贷款人不介入购买行为。但融资租赁是以"融物"出现的,出租人的融资作用是给予承租人以融通物的使用权,并不是贷款。合同标的物是"物"。

一些经济学家认为,租赁事业在国际经济活动中是企业间或国家间出口和引进设备、融通资金和发展经济的一种有效手段,是第二次世界大战后国际经济合作的一种新形式。

4. 融资租赁各方的利益分析

1)对出租人利益分析

(1)在租期内所有权归出租人所有。

(2)出租人可把各种费用均计入租金内,租金总额一般高于出售设备的价值,这从下面的租金的示意计算公式的内容中可以清楚地反映出来。

$$
租金 = \frac{\left(\begin{array}{c}设备采\\购价值\end{array} - \begin{array}{c}估计残\\余价值\end{array}\right) + \begin{array}{c}银行\\利息\end{array} + \begin{array}{c}各种\\税\end{array} + \begin{array}{c}保险\\费\end{array} + \begin{array}{c}净收\\益\end{array}}{租金支付期数} \tag{8-5}
$$

(3)可享受加速折旧和投资免税的优待。

(4)可通过维修、保养、服务等得到报酬。

(5)有些特殊行业,政府可以通过银行向租赁公司提供较低利率的贷款。

(6)国家为普及某一设备而提供专项贷款,企业能从中受益。

2)对承租人的利益分析

(1)融资租赁能加快企业设备更新速度,促进企业技术进步。主要表现在:①资本不足时,能及时融通资金,获得先进技术和设备。②从设备使用年限看,加速提取折旧,在设备陈旧之前,就可进行更新换代。③采取融资和融物相结合的形式,具有银行、贸易、技术一体化多功能优势,简化了环节,方便了用户。④分期付款,提高了资本使用效率,企业自有资金可用于更有利的方面。⑤加速设备技术改造,做到当年取得设备、当年投产受益。

(2)融资租赁能促进合理利用外资和引进国外技术。主要表现在:①开辟了融资新途径,国际金融机构往往不把租赁信用作为一国的债务,避免了因负债过多难以在国际上得到优惠贷款。②租赁可以获得一些对方限制出口的尖端技术,因产权仍属租赁公司,法律上不算出售技术。③租赁与补偿贸易、来件装配、来料加工、中外合作等形式相结合,有利于打破国际贸易保护主义。④企业外汇不足时,作为银行外汇贷款的补充,减少了环节,引进时间较快。

（3）融资租赁有利调整投资结构,提高投资效益。主要表现在:①融资租赁是以物质形态——设备出现的,能保证资金真正用于企业技术改造而不作他用。②企业只有使用权而没有所有权,对企业具有更大的约束力,因而企业必须对设备的使用管理作出最佳选择。③融资租赁手续简单、程序少、适应性强,大大提高了投资效果。④不影响用户企业的财务状况。多数国家允许租赁资产不列入承租企业的资产负债表,故不影响企业的债务股本比例,不会导致企业财务状况恶化。⑤承租企业享受的其他实惠:实行快速折旧;有利于技术更新;在整个租期内,租金固定可免遭通货膨胀损失;可享受出租方提供的安装、培训及技术服务,以减少风险,减轻承租企业的管理负担。

租赁之所以受欢迎,主要是因为具有保留企业现有资本来源的功效。一般认为只要资金在其他的地方获取较大的利益,就不该被设备所束缚。所以企业不愿意在得到资产(如设备)的同时,投入大批资金,而愿意在使用设备的同时,分期付款。但租赁比购买的费用高,每年付租金相当形成长期负债,租赁设备的残值常为出租人所有,租赁合同规定较严,毁约要赔偿损失,罚款很重。若只从某一项目的货币表示的经济效果考虑。租赁不一定是最优的,应按具体情况进行全面分析才能确定取舍。

5. 融资租赁租金和租期的确定

1) 融资租赁租金的计算和支付

租赁费以租赁物件的总成本为基础计算,总成本包括租赁物件的价款,运费、保险费、融资利息及银行费用等。租赁物件总成本的费用支付如下:

(1)租赁手续费一般为租赁物件费的 1%～1.5%,在签定合同后一次支付。

(2)国外运费,运输保险等一般要求在第一期租金交付时一并支付。

(3)国内运费由承租企业直接支付。

(4)租金一般由租赁物件的价款,利息构成,企业按季、半年或一年等周期分期交纳,首次支付租金,通常在所租设备正常运转后。其计算公式如下:

(5)其他费用如进口税等由承租企业支付。

(6)租赁期满后由承租企业留购时,留购费同最后一期租金一并支付。

【例 8-11】　某企业租赁一设备参数如下:计算租金及还本付息情况。

设备金额:200 万元;租赁时期:8 年;利息率:10%;支付方法:按等额年金法偿还。企业留购的残值①: 2 万元。

解: 每年应付的租金额 = $200(A/P,10\%,8) = 37.49$ 万元

结果的分析: 设备原值为 200 万元,而融资租赁 8 年租金总额及残值额共支付 301.92 万元。本例取利率值 10% 是偏低的,此值一般应包括贷款利率及出租人要求的利润率,若利率高于 10% 则 8 年中支付的总额还会增加,可看出,融资租赁是否能带来良好的经济效益应结合无形因素进行综合分析。以下情况租赁对承租企业有利。

a. 企业所需的是特种设备或较昂贵而又技术复杂的资产采用租赁方式更为有利。可将资产陈旧落后的风险转嫁给出租单位。

---

① 指租赁期满后企业净设备买下支付的费用。

b. 设备使用期短于设备寿命期时,采用租赁方式有利。因为租赁较购置资产有较大的弹性,当不够满意或业务上不需要时,即可不再继续租赁。

c. 当一个企业采用分项逐渐增加设备时,采用租赁方法比较合适。若用其他方式筹资,手续复杂成本较高。

d. 在资金短缺时,采用租赁方式较有利。

表 8-4　租金计算总表　　　　　　　　　　　　　　　单位:万元

年份	租金	租金的构成		本金余额
		利息	本金偿还额	
1	37.49	20.00	17.49	182.51
2	37.49	18.25	19.24	163.27
3	37.49	16.33	21.16	142.11
4	37.49	14.21	23.28	118.83
5	37.49	11.88	25.61	93.22
6	37.49	9.32	28.17	65.05
7	37.49	6.51	30.98	34.07
8	39.49*	3.41	36.07*	0
合计	301.92	99.92	202.00*	

* 含期满后由企业留购而支付的残值。

2)融资租赁租期的确定

租赁期限的长短直接影响企业的支付能力及租赁公司的风险性。租期过短,承租企业付租压力较大;租期过长,租赁公司会因风险过大而不愿接受,因此租赁期限需由租赁双方合理确定。由于租赁期限影响国家税收,因而国家对融资租赁的期限一般有了规定。租赁的双方在确定租赁期限时,应考虑国家规定。

6. 融资租资评价实例

(1)融资租赁方案的比较

【例 8-12】　某设备售价 60 000 元,年经营费 8 000 元,5 年后残值 10 000 元。若租赁该设备,有三种契约如表 8-5,三种契约允许企业解约的期限不同,契约 1 允许一年后解约,契约 2 允许两年后解约,契约 3 允许三年后解约。问:(1)若使用寿命为五年,企业应租赁还是购买? 若租赁应按哪个契约签订合同? (2)如果残值为 20 000 元,企业应如何决策? (3)若企业使用年限不能确定,租赁设备时你将能做出哪些建议? 假设 $MARR$ 为 7%。

解:①计算购买设备的现值:

$NPV = 60\ 000 + 8\ 000(P/A, 7\%, 5) - 10\ 000(P/F, 7\%, 5) = 85\ 671.6$ 元

表 8 - 5　三种契约租金额　　　　　　　　　　　　单位：元

年	契约 1	契约 2	契约 3
1	32 000	32 000	26 000
2	24 000	25 000	24 000
3	13 000	18 000	24 000
4	10 000	10 000	11 000
5	10 000	10 000	10 000
6	10 000	10 000	10 000
7	10 000	10 000	10 000

②计算各租赁契约不同使用期的现值：

表 8 - 6　三种契约不同使用期租金的现值累计　　　　单位：元

年	契约 1	契约 2	契约 3
1	38 000	…	…
2	60 430	55 365	…
3	71 784	71 086	69 392
4	79 947	79 249	78 371
5	87 576	86 878	86 000
6	94 706	94 008	93 130
7	101 369	100 671	99 793

③计算残值为 20 000 元时，购买设备的现值累计：

$$NPV = 60\ 000 + 8\ 000(P/A,7\%,5) - 20\ 000(P/A,7\%,5) = 78\ 541.6\ 元$$

结论：（1）当使用期为 5 年，购买设备方案的残值为 10 000 万元时，应采用契约 3 的租赁方案。

（2）当使用期为 5 年，购买设备方案的残值为 20 000 元时，应采用购买设备的方案。

（3）当使用年限不确定时，使用一年采用契约 1、使用二年采用契约 2、使用三年以上采用契约 3。

分析：租赁是否比直接购买更有利与使用年限有关，也与设备残值等因素有关，必须具体问题具体分析。

（2）融资租赁和贷款购买的方案比较

【例 8 - 13】　某公司需添置一台主体设备，价值 20 万元。该行业的平均收益率受宏观经济波动的影响一般在 10% ~ 15%。企业所得税率为 55%。现有贷款购买和融资租赁两个方案可供选择。

融资租赁的条件是：租期 10 年，按期初等额年金方式支付租金，每年支付一次。租赁期满后设备的残值为 0；在租赁期间设备的维修，税金，保险等费用由设备出租方负担，出租方要求收益率为 10% 。

贷款购买设备的条件是：信用贷款 20 万元，10 年，每年末以等额年金方式分期归还本利。设备寿命期 10 年，无残值。用直线折旧法，折旧率为 10% ，折旧费和利息享受免税待遇。企业应采取哪个方案？

1. 融资租赁方案现值（PW）计算。

（1）年初租金额 $AC = 200\,000(P/F,10\%,1)(A/P,10\%,10) = 29591$ 元

（2）融资租赁方案现值（PW）计算（表 8 - 7）。

表 8 - 7　融资租赁现值计算　　　　　　　　　　　　单位：元

年末	年租金	税金节约*	税后现金流*	$PW_{10\%}$ ($MARR = 10\%$)	$PW_{15\%}$ ($MARR = 15\%$)
①	②	③ = ② × 0.55	④ = ② - ③	⑤ = ④ × ($P/F,10\%,n$)	⑥ = ④ × ($P/F,15\%,n$)
0	29 591		29 591	29 591	29 591
1	29 591	16 275	13 316	12 106	11 580
2	29 591	16 275	13 316	11 004	10 068
3	29 591	16 275	13 316	10 004	8 755
4	29 591	16 275	13 316	9 095	7 614
5	29 591	16 275	13 316	8 268	6 621
6	29 591	16 275	13 316	7 517	5 757
7	29 591	16 275	13 316	6 834	5 005
8	29 591	16 275	13 316	6 212	4 353
9	29 591	16 275	13 316	5 647	3 786
10		16 275	- 13 316	- 5 133	- 3 292
合计				101 145	89 838

*税金由出租方支付，可抵扣部分租金支出

2. "信贷购买"方案的现值（PW）计算

（1）每年末归还本息额：$AC = 200\,000(A/P,15,10) = 39\,850$ 元

（2）"信贷购买"方案现值（PW）计算（表 8 - 8）。

3. 对方案的评价与分析

（1）从计算出的现值判断。当宏观经济好时（$MARR$ 取 15% ）应采取信贷购买方案，可节约成本 7 949 元（89 838 - 81 891）；当宏观经济欠佳时（$MARR$ 取 10% ）则应采用融资租赁方案，可节约成本 2 063 元。

表 8-8　贷款购买现值计算　　　　　　　　　　　单位：元

年末	欠款额 ①=①-④	归还本利 ②	还息额 ③=②-①×15%	还本额 ④=②-③	折旧 ⑤=20万×10%	免税额 ⑥=(③-⑤)×55%	支出现金流 ⑦=②-⑥	PW10% (MARR=10%) ⑧=⑦(P/F,10%,n)	PW15% (MARR=15%) ⑨=⑦(P/F,15,n)
1	200 000	39 850	30 000	9 850	20 000	27 500	12 350	11 227	10 740
2	190 150	39 850	28 523	11 328	20 000	26 688	13 163	10 878	9 953
3	178 822	39 850	26 823	13 027	20 000	25 753	14 097	10 591	9 257
4	165 795	39 850	24 869	14 981	20 000	24 678	15 172	10 362	8 675
5	150 814	39 850	22 622	17 228	20 000	23 442	16 408	10 188	8 158
6	133 586	39 850	20 038	19 812	20 000	22 021	17 829	10 064	7 707
7	113 774	39 850	17 066	22 784	20 000	20 386	19 464	99 89	7 317
8	90 990	39 850	13 649	26 202	20 000	18 507	21 343	9 957	6 977
9	64 788	39 850	9 718	30 132	20 000	16 345	23 505	9 968	6 682
10	34 656*	39 850	5 198	34 652*	20 000	13 859	25 991	10 020	6 425
合计								103 208	81 891

　*10年的欠款额与还款额应相等,此处相差4元,是因复利计算系数并非整除数的影响,复利计算系数取的位数越多则误差越小。

　　(2)为什么同样的利率变化会带来不同的决策？主要因两方案的现金流的结构不同。融资租赁方案早期现金流出值较信贷购买方案大,当 MARR 提高到15%时,融资租赁方案成本高于信贷购买方案。

　　(3)在决策时应面对社会现实。虽然当 MARR 为15%时,"信贷购买"方案可取,但若不能取得所需信贷,方案仍不可行。

　　(4)决策时也应考虑企业自身财务现状。若企业税前利润甚微,则免税的财务杠杆作用难以发挥,在这种情况下,"信贷购买"方案的优势值得质疑。

　　总之,正确的决策是多方因素综合判断的结果。现值是重要的判据之一,但对其经济含义也应有深入的理解,才有助于正确的决策。

8.2　资本成本

8.2.1　资本和资本成本概述

　　资本是债权人和股东提供的,用于固定资产投资的长期资金来源。

　　资本成本是厂商对资本(含债务、优先股、保留盈余和普通股)的支付额,即资本的价格。从投资者的角度看,它是投资者提供资本时所要求的报酬率。从公司的角度看,它是企业为获取资本所必须支付的最低价格。资本成本是由资本市场决定的。在投资者看来,厂商的风险越大,投资者所要求的收益就会越高,资本成本也越高。资本成本是经济评价、检验项目是否可行的基本尺度。如果一项新投资赚取的内部收益率大于资本成本,企业的价值就会增加。反之,企业的价值就会减少。

　　资金成本法确定贴现率有较大的实用价值故深受欢迎。如果企业(项目)筹资渠道不止一个,首先确定不同资金来源自身的成本,再计算不同资金来源的加权资金平均成本(weighted average cost of capital,$WACC$)。下面分别对不同来源的资金成本进行介绍。

8.2.2　各类长期资金成本估算

企业的资金来源,包括债务(含银行借贷和发行公司债券)与股东权益两大类,后者又分为优先股、普通股与保留盈利三个组成部分。以下分别介绍各项筹资方式资本成本的计算方法。

1. 银行贷款时的资本成本 K_d

$$K_d = \left[\left(1 + \frac{r}{m}\right)^m - 1 \right](1 - \tau) \tag{8-6}$$

其中,K_d 为贷款的资本成本;r 为名义利率;τ 为税率;m 为每年计算复利期数。

【例8-14】 借款年利18%,每季结息一次,税率46%,计算每元借款的资本成本。

$$K_d = \left[\left(1 + \frac{0.18}{4}\right)^{4m} - 1 \right](1 - 0.46) = 0.104 \text{ 元}$$

分析:虽然借款利率为18%,因偿付利息可免税,故实际每元资本成本仅为0.104元(10.4%)。

2. 发行债券的资本成本 K_b

与贷款一样,偿付债券(bond)的利息也是免税的。如果出售债券的各种费用不计,则每元债券面值的资本成本计算式与贷款同,见式8-6。

在债券发行过程中常伴有一定的发行费用,这会提高债券的资本成本。若债券的发行费率以 f 表示,则式(8-6)可以写成如式(8-7)的形式:

$$K_b = \left[\left(1 + \frac{r}{m}\right)^m - 1 \right] \frac{1 - \tau}{1 - f} \tag{8-7}$$

【例8-15】 某公司发行公司债券年利率6%,每年计利一次,发行费率为2%,税率为46%。计算公司债券的资本成本。

$$K_b = \left[\left(1 + \frac{0.06}{1}\right)^1 - 1 \right] \frac{1 - 0.46}{1 - 0.02} = 3.306\%$$

分析:若没有发行费,则公司债券的资本成本为:3.24%[$0.06 \times (1 - 0.46)$],即由于发行费使债券的资本成本增加了0.066%。

如果债券没有固定的偿还日期,又叫不可偿还债务,这时债券成本只需用年利息(若每年付息一次)除以债券的市场价。

$$K_b = \frac{V_b}{P_b} \tag{8-8}$$

其中,P_b 为“不可偿还”债券市场价格;V_b 为每年支付利息额。

【例8-16】 某不可偿还债券市场价为64元,年利息8元,债券成本为:

$$K_b = \frac{8}{64} = 0.125 \text{ 或 } 12.5\%$$

考虑到利息支出的税金优惠,如果所得税率为40%,则债券资本成本为:

$$K_b = \frac{8(1 - 0.4)}{64} = 0.075 = 7.5\%$$

用公式表达为：$K_b = \dfrac{V_b(1-\tau)}{P_b}$　　　　　　　　　　　　　　　　　　(8-9)

3. 优先股成本的计算 K_p

优先股(preferred stock)成本的计算与债券相类似,因为优先股也须按期支付股利,优先股不同于债券之处在于它没有预先确定的还本期;优先股利是从税后利润中支付。据此,优先股成本(以 K_p 代表),可按下式计算:

$$K_p = \frac{r}{1-f}$$　　　　　　　　　　　　　　　　　(8-10)

其中　f 为发行费率。

【例 8-17】　某公司发行优先股年利率为 10%,每年付息一次,发行费率为 2%,则该优先股的资本成本为:

$$K_p = \frac{10}{1-2\%} = 10.204\%$$

4. 普通股的资本成本 K_s

因股票没有偿还期,普通股票(common stock)持有者一方面希望股息分红,另一方面希望股票的内在价值提高。价格上涨,在转让时能有利可图,由式(8-3)可知,股票的内在价值公式为:

$$P_s = \sum_{t=1}^{\infty} \frac{D_t}{(1+K_s)^t} = D_t \sum_{t=1}^{\infty} \frac{1}{(1+K_s)^t}$$

上式是一个无穷递减等比数列,根据它的求和公式,可将上式化简为:

$$K_s = \frac{D_t}{P_s}$$　　　　　　　　　　　　　　　　　(8-11)

其中　D_t 为每股股票分红额;P_s 为每股股票的现实市场价值。

因为分红是在税后利润中拨出的,所以 K_s 是一个税后率。

【例 8-18】　公司宣布对市场上目前价值 50 元一股的股票,按 6 元分红,则股票的资本成本是:

$$K_s = 6/50 = 12\%$$

当各年红利 D_t 值不相等,并预期每年股利的年增长率为 g,则普通股票的资本成本可用式 8-12 来计算

$$K_s = \frac{D}{P_s} + g$$　　　　　　　　　　　　　　　　(8-12)

【例 8-19】　某公司发行普通股股票,发行费率为 2%,第一年预计每股发放股利 12 元,预期未来股利的年增长率为 5%,则 K_s 为:

$$K_s = \frac{12}{100 \times (1-2\%)} + 5\% = 17.2449\%$$

5. 保留盈余成本的计算 K_i

保留盈余(retained profits)属于普通股的权益,可视为普通股股本的增加额。从表面上看,企业对保留盈余,似乎可无偿使用。其实不然。保留盈余应视为具有普通股相同的成本,虽不实际支付,作为"机会成本"的一种形式仍属客观存在。从股东的角度看,保留盈余

原是可以作为股利分配给股东的,把这部分资金留存于企业进行再投资,具有延迟分配的性质,其权益的所有者(股东),期待着今后这笔资金获更高水平的分配。故保留盈余应计成本,从保留盈余也应计成本的原因,可进一步理解资本成本的含义:对于资本成本应从两方面来理解。

保留盈余资本成本的计算一般可采用红利增长模型法计算(假定股票收益率以固定的年增长率递增):

$$K_i = \frac{D_i}{P_i} + g \tag{8-13}$$

其中,K_i为保留盈余成本;D_i为预期年股利额;P_i为普通股市价;g为普通股利年增长率。

保留部分利润作为资本来源,应当考虑以下的因素。

(1)企业只能用税后利润中的保留利润进行再投资,由于税率较高,因此就严重限制了企业通过保留利润进行资本筹集的数额。

(2)对于股份公司而言,股东常希望得到更多的股息,常把大部分利润以股息的形式付给股东。西方企业可保留10%～15%的利润作为资本,其结果是降低了每张股票的股息额。另外,用保留利润的方式集资是维护股东的长远利益。因投资增加,则增加了股票的账面价值,并导致未来股息的增大或(和)股票的市场转售价值增大。故有远见的股东是支持这种集资方式的。

8.2.3　资本加权平均成本(*WACC*)

从企业整体看,总的资本成本,是各类资本成本的综合,是以各类资本在总资本中所占的比重为权数形成的各类资本成本的加权平均成本。

$$K_a = K_d P_d + K_b P_b + K_s P_s + K_i P_i \tag{8-14}$$

其中,P_i为各种资本来源的权数。

【例8-20】　计算表8-9所列资本的成本。

表8-9　资本成本的计算

	资本数(元)	权重	K
贷款	1 000 000	1/13	10.4%
债券	1 800 000	1.8/13	7.2%
股票	8 000 000	8/13	12.0%
利润留成	2 200 000	2.2/13	12.0%
合计	13 000 000	13/13	

$$\text{总资本成本 } K_a = 0.104(1/13) + 0.072(1.8/13) + 0.12 \times (8/13)$$
$$+ 0.12(2.2/13) = 11.21\%$$

总之,资本成本不能单纯由股息或贷款利率决定。在确定资金的真实成本应注意两个问题:一是两类资金的比例,二是税收的影响。因付给股东的股息是由税后利润中支出的,即股息不免税;而借贷利息是免税的,两者应加以区别。两者的差别可由例8-21予以说明。

【例 8 - 21】　某企业需资金 10 000 元,可以向银行借贷 $i = 8\%$,也可发行股票支付 7%
的股息,应采用哪种集资方式? 若税率 $\tau = 60\%$。

解:(1)若采用借贷的方式:

年支付利息额 = 10 000 × 8% = 800 元

由支付利息而免交税金额 = 800 × 60% = 480 元

实际由企业支付的利息额 = 800 - 480 = 320 元。

考虑到税金的节约企业实际支付的利率为:

$$\frac{320}{10\ 000} \times 100\% = 3.2\%$$

(2)若采用股票方式集资:

年支付股息额 = 10 000 × 7% = 700 元

因股息由税后利润中支付,故为支付 700 元的股息,必须使税前收益值达到:700 ÷ (1
- 0.6) = 1 750 元

在 1 750 元的税前收益中,应交纳税金 1 050 元而余下 700 元作为股息支付。可见按税
后收益支付股息为 7%,若按税前收益看企业实际支付了 17.5% 的资本利率,增多的部分并
没有落到股东手上而是上交了税金。

两者相比对企业而言还是借款效益更好。

$WACC$ 是一个非常有用的概念,但是当用于现有企业中的某项新投资评价时,运用
$WACC$ 方法必须满足下列条件:第一,待选项目必须具有边际意义,即项目规模相对于整个
公司足够小。第二,项目与公司的整体系统风险水平是一样的(同一经营领域内的项目,风
险水平可能接近),这样可以假设计算 $WACC$ 时公司所处的环境也同样适用于新项目。第
三,新项目筹资不会显著影响公司的资本结构,因为资本结构改变会引起 $WACC$ 的改变。如
果上面的任何一项条件得不到满足,计算出来的 $WACC$ 都不能当做新项目的期望收益率应
用。在实际工作中,虽然上述条件并不是总能得到满足,但往往能接近这些条件,所以
$WACC$ 仍是一个非常有用的工具。$WACC$ 并不是一个完美的方法,但在很多情况下它是一
个合适的方法。

8.3　负债与财务杠杆

8.3.1　财务杠杆概述

杠杆作用是指企业在经营中对固定成本的利用程度和筹资中对债务的利用程度及其对
企业经济效益的影响,前者是经营杠杆,后者是财务杠杆。

财务杠杆是指企业筹资结构中负债的运用对企业最终效益水平的影响。在经营风险一
定的情况下[即项目息税前收益($EBIT$)一定],则税后利润仅受到税收政策和利息多少的影
响,对于特定项目,由于利息的免税作用,对权益收益率有两方面影响,一方面支付利息的费
用增加,税后收益减少,使权益收益率降低,这是杠杆的财务成本效应;另一方面,由于在总
资本中负债替代了部分权益,所有者权益减少,同时,利息费用增加,所得税降低,使权益回

报率增加,这是杠杆的财务结构效应。财务杠杆的影响是这两者共同作用的结果,其最终影响的方向取决于两者的作用强度。财务杠杆可以产生正面的有利影响,也会产生负面的不利影响。企业如能正确运用财务杠杆处理得当,可以在不增或少增资下获得较高利润率。

【**例8−22**】 某公司拟定了四种筹资方案,数据及结果见表8−10。

表8−10　四种筹资方案的比较　　　　　　　　　　　　单位:元

项目	债务比例			
	0	20%	50%	80%
长期债务	0	200 000	500 000	800 000
股东权益比例	100%(10 000股)	80%(8 000股)	50%(5 000)股	20%(2 000股)
总资本	1 000 000	1 000 000	1 000 000	1 000 000
税前利润	120 000	120 000	120 000	120 000
债务利率	10%　　15%	10%　　15%	10%　　15%	10%　　15%
利息额	0	20 000　30 000	50 000　75 000	80 000　12 000
税前利润	120 000	100 000　90 000	70 000　45 000	40 000　　0
所得税(50%)	60 000	50 000　45 000	35 000　225 000	20 000　　0
税后净利	60 000	50 000　45 000	35 000　22 500	20 000　　0
每股净益	6	6.25　　5.625	7　　4.50	10　　0

分析:由表8−10可知,在10%利率下,每股净利值在没运用财务杠杆时是6元;当运用财务杠杆,债务比例分别达20%、50%和80%时,每股净利逐步上升为6.25元、7元和10元,出现正效应。在15%的利率下,每股净利值从6元逐步下降到5.625元、4.50元和零值,出现负效应。其原因主要是:当利润率12%($\frac{120\ 000}{1\ 000\ 000}$)大于债务成本10%时,出现正财务杠杆效应,每股净利上升;当利润率12%小于债务成本15%时,出现负财务杠杆,每股净利下降。一般,资本结构中财务杠杆越大,企业每股净利的变动幅度亦越大。公司可以通过提高债务在资本结构中的比例来盈利,但因此也要承担相应的财务风险。

8.3.2　财务杠杆与财务风险

企业最优资本结构的选择,实际上就是在全面估量财务杠杆的有利效应与不利效应的基础上,最优负债与权益结合比例的选择。而财务杠杆的有利或不利效应,则表现在举债对普通股份的收益水平与风险程度的影响。

【**例8−23**】 某企业需筹集200 000元资本,拟定了三种筹资方案:A:100%为股本,不进行借贷;B:股本为150 000元,借贷50 000元,贷款年利率为5%;C:股本与借贷各占50%,借贷年利率仍为5%。市场状况及收益情况的基础数据见表8−11。

表 8 - 11　例 8 - 23 的基础数据

自然状态	概率	投资收益(元)	投资收益率
好	0.4	50 000	25%
普通	0.35	20 000	10%
坏	0.25	- 10 000	- 5%

解：(1)100% 作为股本,不进行借贷:

期望投资收益率 $= 25\% \times 0.4 + 10\% \times 0.35 - 5\% \times 0.25 = 12.25\%$

$\sigma^2 = (25\% - 12.25\%)^2 \times 0.4 + (10\% - 12.25\%)^2 \times 0.35$
$\qquad + (-5\% - 12.25\%)^2 \times 0.25 = 1.411\,88\%$

$\sigma = \sqrt{\sigma^2} = 1.188\%$

(2)年利率 5% 借贷 50 000 元的情况,计算见表 8 - 12。

表 8 - 12　情况(2)的计算

自然状态	概率	股本(元)	毛利(元)	利息(元) 50 000×5%	股本收益(元) (3)-(4)	股本利率(%) (5)÷(2)	概率×股本利率 (1)×(6)
	(1)	(2)	(3)	(4)	(5)	(6)	(7)
好	0.4	150 000	50 000	2 500	47 500	31.667	12.667
普通	0.35	150 000	20 000	2 500	17 500	11.667	4.083
坏	0.25	150 000	- 10 000	2 500	- 12 500	- 8.333	- 2.083

期望股本利率 $= 12.667\% + 4.083\% - 2.083\% = 14.667\%$

$\sigma^2 = (31.667\% - 14.667\%)^2 \times 0.4 + (11.667\% - 14.667\%)^2 \times 0.35$
$\qquad + (-8.333\% - 14.667\%)^2 \times 0.25 = 2.51 \times 10^{-2} = 2.51\%$

$\sigma = 1.584\%$

(3)股本与借贷各占 50% 的情况,计算见表 8 - 13。

表 8 - 13　情况(3)的计算

反应	概率	股本(元)	毛利(元)	利息(元)	股本收益(元)	股本利率(%)	概率×股本利率(%)
好	0.4	100 000	50 000	5 000	45 000	45	18
普通	0.35	100 000	20 000	5 000	15 000	15	5.25
坏	0.25	100 000	- 10 000	5 000	- 15 000	- 15	- 3.75

利息 $= 100\,000 \times 5\% = 5\,000$ 元

期望股本利率 $= 19.5\%$　　$\sigma^2 = 5.6475\%$　　$\sigma = 2.376\%$

三种情况计算的结果见表 8 - 14。

表 8 – 14　三种情况的计算结果

外欠对股本的比例*	0	1/3	1
期望股本利率	12.25%	14.667%	19.5%
股本利率标准差	1.188%	1.584%	2.376%

*外欠对股本的比例 = $\dfrac{外欠数}{股本数}$

结论：这个例子表明，一个财务决策，会影响期望股本利率和股本利率的标准差。这几个变数的关系，可从下列公式算出：

$$期望股本利率 = 期望投资利率 + \frac{外欠数}{股本数} \times (期望投资利率 - 利息率) \tag{8-15}$$

$$\sigma^2 = (1 + \frac{外欠数}{股本数})^2 (\sigma')^2 \tag{8-16}$$

$$\sigma = (1 + \frac{外欠数}{股本数})\sigma' \tag{8-17}$$

其中，σ 为股本利率标准差；σ' 为投资利率标准差。

由公式及表 8 – 14 的数据可看出：

（1）期望股本利率及其标准差包括经营风险和财务风险，而期望投资利率及其标准差，只包括经营风险。

（2）当期望投资利率比借贷的利息率高时，外欠数对股本数的比例越大，期望股本利率越高；反之，若期望投资利率比借贷的利息率低时，则外欠数的比例越大，期望股本利率就越小，这称为财务杠杆定理。利用财务杠杆定理，投资项目可以在不改变设计或经营内容的情况下，改变企业的盈利状况（股本利率）。

（3）借款对股本的比例越大，股本利率的方差及标准差越大，风险也就越大。

8.3.3　财务杠杆应用举例

由于财务杠杆对企业的最终经济效益有显著的影响。而投资方案的特点各异，在进行集资决策时，应结合投资方案的特点进行具体的经济分析，现举例说明。

【例 8 – 24】　明珠公司全部资产 2 000 000 元，负债（利率 10%）为 1 000 000 元，股东权益——普通股股本 1 000 000 元（100 000 股，每股 10 元），无利润留存。现市场看好，公司决定增资面临两种融资方案：①发行年率 10% 的长期债券 2 000 000 元；②发行 100 000 股普通股，每股 20 元，计 2 000 000 元。根据有关资料预测得知，市场可能出现好、中、差三种市况，各市况下的收益情况及两方案的分析比较见表 8 – 15。可用临界点分析图表示，见图 8 – 4。

表 8 – 15　例 8 – 24 的基础数据及经济评价　　　　单位：元

基础数据	经营状况	差	中	好
	销售收入	0	5 500 000	10 000 000
	税前利润	– 400 000	500 000	1 500 000
第一方案	①发行债券 2 000 000 元：			
	利息 (3 000 000 × 10%)	300 000	300 000	300 000
	税前利润	– 700 000	200 000	1 200 000
	所得税 (50%)	(– 350 000)	100 000	600 000
	税后净利	(– 350 000)	100 000	600 000
	每股净利 (100 000 股)	(– 3.50)	1.00	6.0
第二方案	②发行股票 2 000 000 元：			
	利息 (1 000 000 × 10%)	100 000	100 000	100 000
	税前利润	– 500 000	400 000	1 400 000
	所得税 (50%)	(– 250 000)	200 000	700 000
	税后净利	(– 250 000)	200 000	700 000
	每股净利 (200 000 股)*	(– 1.25)	1.00	3.50

* 原发行 100 000 股 + 增资发行 100 000 股 = 200 000 股

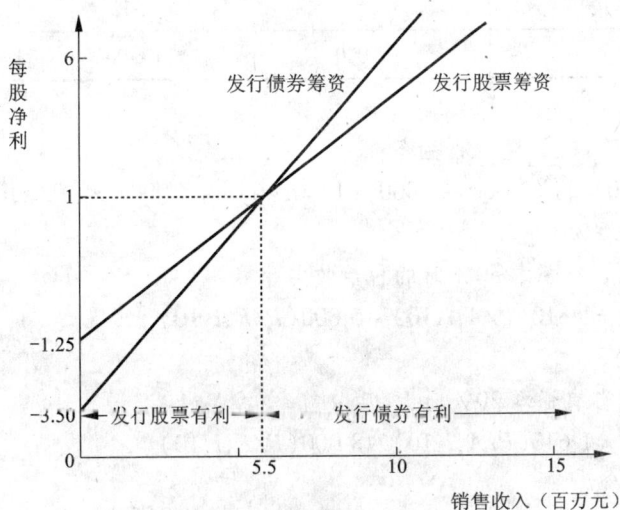

图 8 – 4　两种投资方案的临界点分析图

8.3.4　对借贷资本有关问题的分析

1. 借款与税金

(1) 借款对税后收益率的影响

效益好的项目或企业都把争取银行的低息贷款作为投资的一项基本原则。因为会给企业带来两方面的好处。一方面,由于财务杠杆原理,当投资收益率大于银行的借贷利率时,随着借贷比例增加,在同样经营条件下,可提高企业的股本收益率;另一方面利息享有免税优待也会给企业带来某些利益。

【例8-25】 计算某项目总投资在不同借贷比例条件下的税后收益率(如表8-16)。

表8-16 例8-25的现金流量   单位:元

	年　　份	0	1～10	10年末
借贷 50%	税前年收入	-5 000	3 000	-5 000
	折旧		1 000	
	利息($i=10\%$)		500	
	应纳税收入		1 500	
	税金($\tau=46\%$)		690	
	税后现金流	-5 000	1 810	-5 000
借贷 80%	税前年收入	-2 000	3 000	-8 000
	折旧		1 000	
	利息($i=10\%$)		800	
	应纳税收入		1 200	
	税金($\tau=46\%$)		552	
	税后现金流	-2 000	1 648	-8 000

(1)全部自筹资本时的税后收益率:

$$10\ 000 = \{[(3\ 000 - 1\ 000)(1 - 0.46)] + 1\ 000\} \times (P/A, i, 10)$$
$$i = 16.2\%$$

(2)借贷50%,自有资本50%时的税后收益率:

$$5\ 000 = 1\ 810(P/A, i, 10) - 5\ 000(P/F, i, 10)$$
$$i = 32\%$$

(3)借贷80%,自有资本20%时,税后收益率:

$$2\ 000 = 1\ 648(P/A, i, 10) - 8\ 000(P/F, i, 10)$$
$$i = 81\%$$

结论:贷款具有降低权益资本份额及利息免税的双重作用,故企业自有资本的税后收益率随贷款比例的增加而增加。为体现出免税的影响作用,下面把同样借贷条件下税前收益率及税后收益率的增长幅度进行对比,如表8-17所示。

从表结果可看出,借款由50%上升到借款80%的情况下,税前收益率增加56%,而税后收益率增加60.5%,它们之间的差额反映了税收对自有资本收益率的影响。

表 8 – 17　收益率增长幅度比较

贷款比例	税前收益率	税前收益率增长幅度	税后收益率	税后收益率增长幅度
0	$10\,000 = 3\,000(P/A,i,10)$　$i = 27.3\%$		16.1%	50.3%
50%	$5\,000 = 2\,500(P/A,i,10) - 5\,000$　$\times (P/F,i,10)$　$i = 48\%$	43%	32%	
80%	$2\,000 = 2\,200(P/A,i,10) - 8\,000$　$(P/F,i,10)$　$i = 110\%$	56% *	81%	60.5%

* 增长幅度计算示例：$\dfrac{(1.1 - 0.48)}{1.1} \times 100\% = 56\%$

（2）由谁支付企业贷款的利息

【例 8 – 26】　某企业销售收入 13 000 元，经营费及折旧费合计 10 000 元，税率 $\tau = 55\%$，若向银行借贷 10 000 元，分析支付利息的金额。

解：（1）当资本全部自筹时每年应交税金额：

税金 $= (13\,000 - 10\,000) \times 55\% = 1\,650$ 元

企业税后利润 $= 13\,000 - 10\,000 - 1\,650 = 1\,350$ 元

（2）若此 10 000 元通过向银行借贷，利率 $i = 20\%$：

税金 $= [13\,000 - 10\,000 - (10\,000 \times 20\%)] \times 55\% = 550$ 元

企业税后利润 $= 13\,000 - 10\,000 - 550 - 2\,000 = 450$ 元

分析：企业税后利润由于借款支付利息下降了 900 元（1 350 元 – 450 元），企业应付税金由借贷前的 1 650 元降到 550 元，即税金减少了 1 100 元。企业由于借贷每年需支付利息 2 000 元，正好等于企业收益及支付税金减少额的总和（即 1 100 + 900 = 2 000 元）。可见，当政府允许利息免税时，企业借贷的利息是由企业与政府联合支付的，且税率越高则政府支付（即减少的税金额）的比重越大。

2. 利润增长幅度对借贷的敏感度

【例 8 – 27】　某企业向银行借款 100 万元，$i = 8\%$，税前收入 10 万元（不含折旧）分析利润变化对利润率的影响。

由题意　　　企业应付利息 $100 \times 8\% = 8$ 万元，

企业实得收益 $10 - 8 = 2$ 万元

（1）若企业税前收入增加 10%，即由 10 万提高到 11 万：

则　　　企业实得收益 $11 - 8 = 3$ 万元

企业税前利润增长幅度 $\dfrac{3 - 2}{2} \times 100\% = 50\%$

若企业没有借贷，利润增长幅度为：$\dfrac{11 - 10}{10} \times 100\% = 10\%$

（2）当企业的收益减少 10%，即由 10 万元降为 9 万元，则企业实得收益为 $9 - 8 = 1$ 万元

企业税前利润变化幅度为：$\dfrac{9 - 8 - 2}{2} \times 100\% = -50\%$

若企业没有借贷。则利润变化幅度为：$\dfrac{9-10}{10} \times 100\% = -10\%$

分析： 在收益变化相同的情况下，借贷对税前利润变化幅度有"放大"效率（由 ±10% 增到 ±50%），财务风险增加。

8.4　资本结构及其优化

8.4.1　资本结构概述

1. 资本结构（capital stucture）概念

资本结构是指企业长期债务资本的构成比例关系，又称为杠杆资本结构，一般以举债经营比率（负债总额/资本总额）来表示。举债经营比率的高低和变化，与预期筹资效益和筹资风险是密切相关的。一个合理的资本结构有助于降低资本成本或实现企业价值最大化。

2. 资本结构与资本成本

资本结构对企业资本成本有着双重影响，当资本结构中负债比率上升时，由于债务成本低于权益资本成本且具有免税效应，资本成本会降低；企业债务越高，其股票价值就越高，而相伴随的是负债经营的风险增加，导致资本成本增加。这体现出用风险换取收益的基本原则。总体上讲，在一个适当的范围内增加企业的负债，可以降低企业的资本成本，但是超过了这个范围，企业的资本成本反而会升高。从工业实践上看，资本负债在 30% 以内较合理，不同的行业可根据行业的特点略作调整。图 8-5 表明企业选择不同的筹资方案，都会影响资本结构的比例关系。资本结构比例关系的变化，将造成不同的经营风险和经济效益。

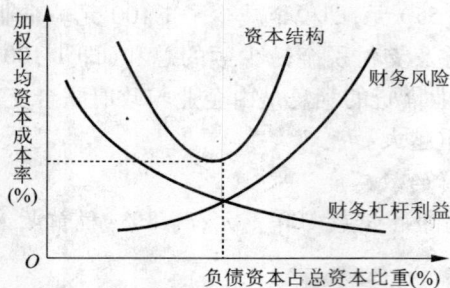

图 8-5　资本结构与财务杠杆利益、财务风险关系图①

8.4.2　资本结构决策程序

1. 资本结构的优化程序

资本结构决策是指企业在筹资中对财务杠杆，资本成本、筹资风险等要素之间寻找一种合理的均衡，使项目融资的效率最优。资本结构合理与否在很大程度上决定于项目偿债和筹资能力。资本结构决策的目的，是在承受适当风险的前提下，确定最佳的资本结构，从而降低资本成本，获取杠杆利益，促进价值最大化，所有者收益最大化，保证项目的可持续

---

① 贾根良等. 公司理财. 南开大学出版社, 1994:108

发展。

最优资本结构选择程序如下：首先计算各种筹资工具的筹资成本率，然后计算不同筹资结构的筹资成本率，最后选择最低筹资成本率的筹资结构为最佳的筹资结构。

【例 8 - 28】 设某公司需利用证券筹集 6 000 000 元的资本，公司所得税率为 33%，支付每股普通股息为 0.8 元，股息预期增长率为 5%，证券的筹资费率忽略不计。有如下七种筹资结构可供选择(见表 8 - 18)：

表 8 - 18　可供选择筹集资方案

筹资结构	发行股票额 S(元)	股票发行价格 P(元)	发行债券额 B(元)	发行债券的利率 i(%)
1	6 000 000	10.00	0	—
2	5 250 000	10.50	750 000	7.0
3	4 400 000	11.00	1 600 000	7.0
4	3 600 000	12.00	2 400 000	7.5
5	2 600 000	10.50	3 400 000	8.0
6	2 400 000	8.00	3 600 000	9.0
7	1 800 000	6.00	4 200 000	11.0

解：根据(8 - 7)式及(8 - 12)式分别计算出 K_b、K_s 值，股票在总资本中的权重($\frac{S}{B+S}$)，债券在总资本中的权重($\frac{B}{B+S}$)，之后，按(8 - 14)式计算出筹资的综合资本成本 K_a，得出的计算结果见表 8 - 19。

表 8 - 19　各方案的计算结果

筹资结构	K_b	K_s	$\frac{B}{B+S}K_b$	$\frac{S}{B+S}K_s$	K_a
1	0	13.00%	0	13.00%	13.00%
2	4.69%	12.62%	0.59%	11.04%	11.63%
3	4.69%	12.27%	1.25%	9.00%	10.25%
4	5.03%	11.67%	2.01%	7.00%	9.01%
5	5.36%	12.62%	3.04%	5.47%	8.51%
6	6.03%	15.00%	3.62%	6.00%	9.62%
7	7.37%	18.33%	5.16%	5.50%	10.66%

结论：第 5 种筹资结构的筹资成本率最低，只有 8.51%，结构最优。

分析：筹资的综合资本成本开始随着债券比重的增加而降低，但到某一限度后又随债券比重的增加而增加。因债券比重的增加,一方面导致企业盈利性增加(在企业 $IRR > i_{债}$ 的情况下),同时风险也增加,决策者必须在求安全和获取更高利润之间进行权衡决策,因此产生了最佳资本结构的问题。图 8 – 6 是加拿大学者从统计数学研究得到的债务比率(债务与总资本之比)与股票价格的关系曲线和债务比率与综合资本成本的关系曲线。从曲线的走势可以看出,债务比率在一定范围内,借贷资本给股票持有人带来最大利益,也使资本成本最低。这时的债务比率代表了最佳资本结构。

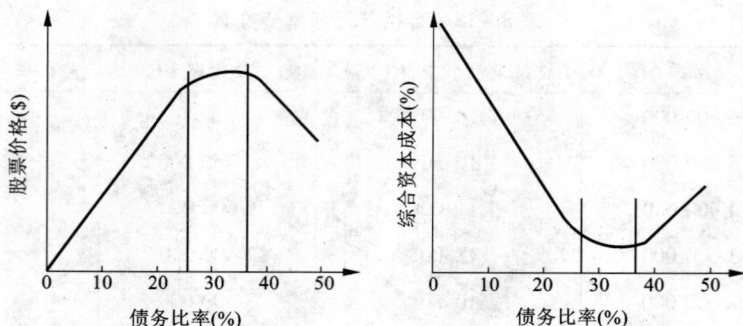

图 8 – 6 企业最佳资本结构

2. 是否存在最优资本结构

在对财务杠杆的分析中可清楚看到,债务资本对投资的影响是多方面的,对其效果应进行动态分析。债务水平提高,使风险增加,一旦企业发生破产会带来很高的成本,因为资本清算时的卖价一般只有当时价值的一定百分比。破产说明了提高债务水平的严重缺陷。而这一切又难以在加权资本平均成本(WACC)中得到确切的反映。这样就引出了是否存在降低 WACC 的最佳资本结构的问题,这个争论可以追溯到 40 年前,一直延续到现在。

我们并不否认 WACC 法是在许多情况下用来确定贴现率的一个有用的方法。重要的是决策时必须清楚 WACC 方法的适用条件,对于各种影响资本结构的因素加以全面考虑再进行决策。理论上讲,各投资项目都应有其最佳资本结构,而在实际中,很难确定这个最佳点。这是由于理论上的分析将实际现象理想化,抽掉了许多现实因素,决策时应注意一些实际问题。

8.4.3 资本结构决策应考虑的问题

1. 债务资本筹资应注意的问题

(1)只有当投资收益率高于债务利息率时才能显示税收优惠及降低资本加权成本水平的作用,否则只能加大筹资风险。

(2)举债不是唯一的避税手段,快速折旧法,通常也能减少应税额。

2. 对股东权益稀释和企业决策功能影响的问题

股东权益的稀释因素。股东权益的稀释,增加股票筹资的比重会导致反映在两个方面:一是公司收益率下降,公司给予股票的报酬率下降,从而导致股东利益减少;二是公司增发新股和可转换债券,对股东的经营参与权的稀释,故在筹资时可能违反利润最大化原则,而尽量选择债券投资。

对企业功能影响系指对企业经营活动和理财活动的约束。出资人(所有者)或贷款人出于保护资金安全、减少风险的目的,对企业实行款项用途限制是一种惯例。内部融资就其性质来看,功能限制的程度最小;负债性融资中的直接债务大多受到不同程度的功能限制。

3. 筹资主体(企业)自身条件的影响

(1)销售的稳定性:销售量及利润稳定的公司,其财务风险较小,有能力借有较多的债务。

(2)企业成长状况:高速成长企业,一般有较好的销售前景,使用较多债务资本,充分发挥财务杠杆作用,以提高每股收益;处于发展初期,各项建设项目急需资金,偏向于通过提高债务资本达到 $WACC$ 最小化;处于上升阶段的企业应有一个较保守的资本结构以确保一个宽松的财务状况,以便遇到好的投资机会时,能迅速筹集所需要的资金。

(3)企业资产结构:资本密集型企业有大量的固定资产(如公用事业)的企业和资产适于抵押贷款的企业,可采用长期抵押贷款筹资,而技术研究开发为主的公司则负债应较少。

(4)企业的资产种类:如果企业(或项目)依赖于投资机会或无形资产的成分较大时,风险较大。破产时无形资产难以变现,如高新技术项目。一般应保持一个较低的负债/权益比率。

(5)偿债能力与现金流量:负债额越大,期限越短,现金流量的测度越重要。

(6)竞争结构:竞争对手容易进入的产业利润不稳定,负债比率不宜过高。

(7)管理者的态度:对小企业而言,发行新股票会影响原有股东的控制权,因此倾向于举债。愿承担较高的风险,因而愿意接受较高的负债比率。大企业由于增发股票对公司控制权影响较小,较不愿意举债。

4. 不同行业资本结构的差别

不同的行业资本结构往往有较大的差别,一般来说,重化工业的负债率较高,而轻纺行业则相对较低。相同行业的企业由于其筹资的策略不同,其资本结构会有差别。但不同行业合理的资本结构具有自身的一般规律。

5. 弹性影响

是指企业所融资金随经营与理财业务的变化,能够随时清欠、退还和转换所融资金的可能性。这种可能性越大,企业越能使资本结构得以调整,以便使资本结构处于最优状态。

经济学家们研究的结果表明,投资报酬率高、获利能力强的企业一般较少采用负债筹资,尤其是那些已发展到一定规模处于稳定期的企业。出现这种情况的原因在于,这些企业不急需外界资金来供其发展之用。另外,企业有时为了保持较好的举债能力,确保企业融资弹性,倾向于在正常情况下少使用负债筹资,这样能维持企业随时可能按较低利率发行债券或长期借款,取得负债筹资。但长期如此,企业负债比率过低,不能充分利用财务杠杆,并非是一种最佳的选择。

8.5 资本的回收

企业的投资活动除了合理地筹集资本,有效地利用资本之外,为保证生产的连续进行必须能及时地收回全部资本以保证再生产及扩大再生产的进行,因此研究资本的回收问题是投资活动的重要内容之一。

通过什么途径收回资本,直观地感觉是通过固定资产折旧的办法。而怎样的折旧方法对收回投资最有利,以及靠折旧费能否回收投资的全部价值? 如何能收回资本的全部价值? 这一系列问题,是资本回收必须研究的问题。

8.5.1　折旧的含义

折旧本来是由于设备在使用中产生磨损价值降低所引起的。在经济分析中却已经脱离了这个概念。经济分析认为,折旧是把某一资产的价值,在某一时间过程中,以一种合理的方式逐年摊销掉,每年摊销的费用则为折旧费,扩展了原折旧分析的内容。首先,折旧不与其磨损程度挂钩,使采用快速折旧法成为可能。其次,折旧费是免税和分期获得,早期回收折旧意味着早期少付税,直接影响到企业的实际投资收益率,对折旧的研究就成了资金回收研究的重要内容。

从经济观点出发折旧方法应符合下列要求:①尽快回收投资;②方法不要太复杂;③保证账面价值在任何时候都不大于实际价值;④为国家税法所允许。有许多计算折旧的方法。每种方法均基于一定的假设,设法以合理简易的方式来解决复杂的折旧问题,但均不能达到极完美的结果。

本节只把与经济分析有关的几种折旧法予以简单的介绍。

【例 8-29】　有一机器以 120 万元购入,可用十年,估计第十年末残值为 20 万元,计算每年折旧费。若 MARR 为 3%。

表 8-20　例 8-29 折旧费的计算

折旧方法\项目	直线折旧法（SL）法	年数合计法（SYD 法）	双倍余额递减法（DRDB 法）	偿债基金法（SF）法
计算公式	$d = \dfrac{P-SV}{n}$	$d_A = (P-SV)$ $\times \dfrac{2(n-n_A+1)}{n(n+1)}$	$d_A = \dfrac{P_A}{n} \times 2$	$d = (P-SV)$ $(A/F, i, n)$
计算结果	$d = \dfrac{120-20}{10}$ $= 10$ 万元	$d_6 = (120-20)$ $\dfrac{2(10-6+1)}{10(10+1)}$ $= 9.09$ 万元	$d_1 = \dfrac{120}{10} \times 2$ $= 24$ 万元 $d_2 = \dfrac{120-24}{10} \times 2$ $= 19.2$ 万元	$d = (120-20)$ $(A/F, 3\%, 10)$ $= 8.72$ 万元
特点	1. 各年折旧费用相等 2. 残值不计入折旧费	1. 各年折旧费用不等 2. 残值不计入折旧费中	1. 各年折旧费用不等 2. 计算折旧的基础数为各年的账面价值而没有减去残值 3. 资产价值少于残值时不再进行折旧	1. 各年折旧值相等 2. 折旧基数中不包括残值。

表中各符号含义: d——各年折旧值;P——资产原值;SV——资产残值;n——资产服务年限;n_A——第 A 年;P_A——第 A 年的账面价值。

7777

由表 8 - 20 的计算结果可看出,同一项目采用不同的折旧方法因折旧速度不同,每年折旧费差别很大。

表 8 - 21 例 8 - 30 折旧费的计算

年	直线折旧法①		双倍余额递减法②		年数合计法③		偿债基金法④	
	折旧费	账面价值	折旧费	账面价值	折旧费	账面价值	折旧费**	账面价值
0	—	16 000	—	16 000	—	16 000	—	16 000
1	3 000	13 000	6 400	9 600	5 000	11 000	2 770	13 230
2	3 000	10 000	3 840	5 760	4 000	7 000	5 650	10 350
3	3 000	7 000	2 304	3 456	3 000	4 000	8 645	7 355
4	3 000	4 000	1 382	2 074	2 000	2 000	11 760	4 240
5	3 000	1 000	1 074*	1 000	1 000	1 000	15 000	1 000

* 第五年折旧费应为 $\frac{2\ 074}{5} \times 2 = 829.6$ 元。但最后一年应折旧完毕,收回原值,故没遵循计算规则,而是将第四年账面价值除去残值的余额一次在五年折旧完,即 $2\ 074 - 1\ 000 = 1\ 074$ 元。

** 此栏数字均为已贴现到折旧年的累计值,如第二年的折旧费为:
$$d_2 = (16\ 000 - 1\ 000)(A/F, 4\%, 5)(F/A, 4\%, 2) = 5\ 650$$

【例 8 - 30】 某设备投资 16 000 元,服务年限五年,残值 1 000 元,用直线法,年数合计法、双倍余额递减法及偿债基金法计算各年的折旧费及账面价值,$MARR = 4\%$。

分析:由表 18 - 21 及图 8 - 7 的结果可看出:①折旧速度最快为双倍余额递减法,最慢为偿债基金法。②折旧后期(本例为三年以后),年数合计法的折旧速度将超过双倍余额递减法。

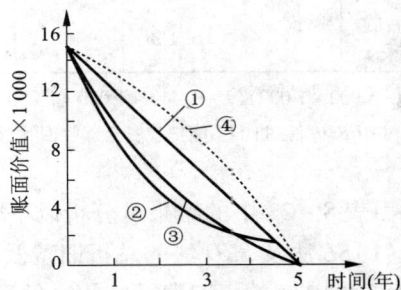

图 8 - 7 各折旧法账面价值比较

8.5.2 折旧速度对税后收益率的影响

【例 8 - 31】 某项目开始投资 10 000 元,残值为 0,寿命期 10 年,付税前年收益为 3 000 元,所得税率 $\tau = 46\%$。

解:计算税前投资收益率:
由 $10\ 000 = 3\ 000(P/A, i, 10)$,$\therefore i = 27.3\%$

采用直线折旧法,双倍余额递减法及年数合计法计算折旧时,其税后收益,折旧费的现值总和以及税后收益率计算如表 8 - 22。

表 8 – 22　折旧速度与税后收益率

	直线折旧法（SL）			双倍余额递减法（DRDB）			年数合计法（SYD）		
	折旧费	纯收入	税金	折旧费	纯收入	税金	折旧费	纯收入	税金
1	1 000	2 080①	920	2 000	2 540	460	1 818	2 456	543.7
2	1 000	2 080	920	1 600	2 350	644	1 636	2 373	6 274
3	1 000	2 080	920	1 280	2 209	791.2	1 455	2 289	710.7
4	1 000	2 080	920	1 024	2 091	909	1 273	2 206	794.4
5	1 000	2 080	920	819	1 997	1 003.8	1 091	2 122	878.1
6	1 000	2 080	920	655	1 921	1 078.1	909	2 038	961.9
7	1 000	2 080	920	524	1 861	1 139	727	1 954	1 045.6
8	1 000	2 080	920	419	1 813	1 187.3	545	1 871	1 129.3
9	1 000	2 080	920	336	1 775	1 225.4	364	1 787	1 212.6
10	1 000	2 080	920	268	1 743	1 256.7	182	1 704	1 296.3
合计	10 000	20 800	9 200	8 925	20 306	9 694.6②	10 000	20 800	9 200
$i=5\%$ 现值	7 721.6	16 060.9	7 104	7 474.9	15 951		8 287.7	16 324.6	6 846.2
$i=10\%$ 现值	6 144.0	12 780.6	5 653	6 390	12 889.5		7 010	13 178.6	5 255
税后收益率 i		16.1%			16.4%			17.7%	

①$(3\,000 - 1\,000)(1 - 0.46) + 1\,000 = 2\,080$

②按 DRDB 法，折旧不能把投资全部收回，故税金增加。

由表 8 – 22 中的结果可分析以下问题：

（1）SL 法及 SYD 法的总折旧费及总纯收入值相等，表明两种折旧的最终结果在账面一致，而 DRDB 法的折旧费及纯收入的总额小于另外两种折旧法。

（2）折旧方法不同，税后现金流有很大区别（见表 8 – 23）。考虑到资金时间价值，它们的经济效益也有很大区别。当收益率取 10% 时，DRDB 法、SYD 法的纯收入现值总和及折旧费现值总和均大于 SL 法。证明快速折旧法由于早期收回投资而取得较好的经济效果。

表 8 – 23　折旧方法对折旧及纯收入值的影响　　　　　　　　　　　$i=10\%$

	NPV_{SYD}	>	NPV_{DRDB}	>	NPV_{SL}
折旧	7 010	>	6 390	>	6 144
纯收入	13 178.6	>	12 889.5	>	12 780.6

（3）尽管 DRDB 法折旧费总值小于直线折旧法，且没能收回全部账面价值，其纯收入的总和也小于 SL 法，由于 DRDB 法大部分折旧费是早期回收的，故实际投资收益率却高于

SL 法。

$$i_{SYD} = 17.7\% > i_{DRDB} = 16.4\% > i_{SL} = 16.1\%$$

（4）收益率越高，则快速折旧法的经济效益越突出。在不同贴现率条件下，三种折旧方法纯收入现值的名次见表 8-24。（第一名纯收入现值最大）

表 8-24　纯收入现值名次

	SYD 法	DRDB 法	SL 法
$i = 0\%$	1	3	1
$i = 5\%$	1	3	2
$i = 10\%$	1	2	3

将 SL 法与 SYD 法相比较：

$i = 0\%$ 时，两者纯收入现值相等；

$i = 5\%$ 时，SYD 纯收入现值比 SL 多 263.7 元；

$i = 10\%$ 时，SYD 纯收入现值比 SL 多 398 元。

可见，对高收益率的企业采用快速折旧法更有利。

（5）当设备有残值，特别是残值较大时，则 DRDB 法会取得更好的经济效果。因用 DRDB 法计算折旧费以投资的账面价值为基数，并没扣除残值。故当 SV 值较大时，DRDB 的折旧速度会比其他方法更快。

（6）SL 法及 SYD 法的税金总和、折旧总和及纯收入总和均相等，为什么 SYD 在以上各项的现值均大于 SL 法？两者的现值差额主要由于 SYD 法延迟了交税时间而得到的时间价值。例如，当 $i = 10\%$ 时，SYD 纯收入的现值比 SL 法多 398 元（13 178.6 - 12 780.6）；同时付税现值 SYD 法比 SL 法少交 398 元（5 653 - 5 255）。

（7）尽管 SL 法及 SYD 法中所得的折旧费合计正好等于投资原值（10 000 元），但两种折旧方法的折旧费经用 5% 及 10% 贴现后的现值均小于 10 000 元。这个现象说明只靠折旧费不能收回资产的全部价值。

可见快速折旧法符合早收晚付的黄金原则。在同样投资及经营条件下，快速折旧可提高企业的实际收益率。故折旧方法的选择对企业的经营效果起着极其重要的作用。折旧方法的选择也是企业与国家关系的反映。政府允许企业实行快速折旧，实际是一种对企业扶持的手段，一种减税的方式。企业在整个寿命期内所交的税金总额尽管相同，但实行快速折旧的企业却得到延期交税的时间价值。相当于在折旧前享受了一笔无息贷款。

8.5.3　投资全部价值的回收

折旧费只能回收资产的账面价值而不能回收资产的全部价值。有必要搞清楚什么是资产的全部价值，又如何能回收资产的全部价值。

【例 8-32】　某人贷款 9 500 元购买设备，使用寿命五年，银行利率 10%，为回收全部投资每年应收回多少钱？

解：按直线折旧法每年应回收折旧费

$$d_{SL} = \frac{9\ 500}{5} = 1\ 900\ 元$$

按偿债基金法折旧每年应回收折旧费(见图8-8)。

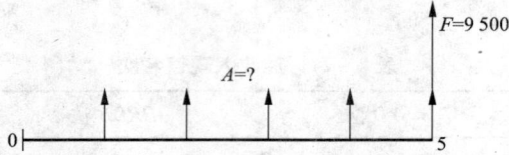

图8-8 按偿债基金法折旧的现金流量

$$d_{SF} = 9\ 500(A/F,10\%,5) = 1\ 556.1\ 元$$

计算五年折旧的现值

$$NPV_{SL} = 1\ 900(P/A,10\%,5) = 7\ 202.52\ 元$$

$$NPV_{SF} = 1\ 556.1(P/A,10\%,5) = 5\ 898.8\ 元$$

分析:

(1)用直线折旧法及偿债基金法均不能保证回收资产的全部价值。

(2)SL法及SF法虽都是每年提取等额折旧费,但两者的经济概念不同。SL法是平均值,而SF法是考虑到资金的时间价值,将第五年末的9 500元拉平到每年的价值。因此用SF法提取折旧每年的绝对值虽相同,但各年的折旧费不是等值。

为回收资产全部价值每年应回收的价值为A(见图8-9)。

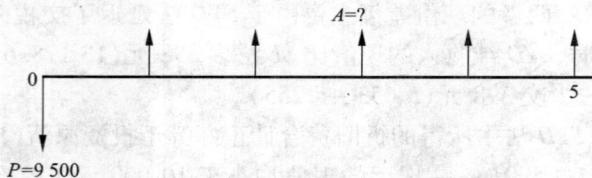

图8-9 回收全部资产价值示意图

$$A = P(A/P,i,n) = 9\ 500(A/P,10\%,5) = 2\ 506.1\ 元$$

上式与偿债基金折旧法所得结果的差值为:

$$2\ 506.1 - 1\ 556.1 = 950\ 元$$

而投资(P)每年的时间价值 $= P \cdot i = 9\ 500 \times 10\% = 950\ 元$

可见为回收资产全部价值每年应回收2 506.1元,计算式为:

$$A = P \cdot i + P(A/F,i,n) \tag{8-18}$$

分析:①折旧费只能收回资产的账面价值。全部价值必须两者同时回收。②当$P = F$时,(8-18)式提供了一种简便的计算方法。

【例8-33】 计算图8-10的现金流的i值。

解: $1\ 000 = 3\ 000(A/P,i,3) - 3\ 000(A/F,i,3)$

$\quad\quad 1\ 000 = 3\ 000[(A/P,i,3) - (A/F,i,3)]$

$$\because (A/P,i,n) = i + (A/F,i,n)$$
$$\therefore i = (A/P,i,n) - (A/F,i,n)$$

则：$1\,000 = 3\,000i, \therefore i = 33.3\%$

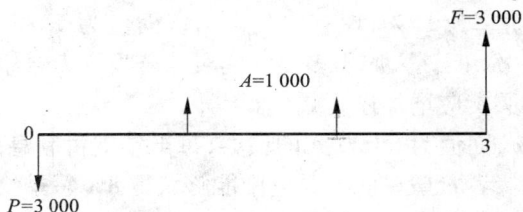

图 8 - 10 例 8 - 33 的现金流量

思 考 题

1. 资金筹集有哪几种方式？应如何选择集资的方式？
2. 什么是股票的市价？账面价值和股票价格？三者有区别吗？
3. 优先股、普通股及债券哪个风险大？为什么？
4. 债券集资与股票集资各有什么优缺点？
5. 债券的面值是什么？
6. 如何回收债券？
7. 企业何时可使用贷款？贷款的数额及期限受什么因素影响？
8. 什么是抵押贷款？什么是信用贷款？
9. 企业没钱为达到节约的目的而进行租赁对吗？为什么？
10. 为什么租赁对出租人及承租人都有好处？
11. 用保留利润集资其数额受到什么限制？
12. 什么是财务杠杆原理？它的作用是什么？
13. 企业借贷的利息由谁支付？试进行详细分析？
14. 如何计算资本成本？资本成本有什么用途？
15. 贷款利率 10%，股息率 8%，两者资本成本哪个大？比较时应考虑哪些因素？
16. 从技术经济分析的观点如何看待折旧？
17. 折旧方法对收益率有什么影响？
18. 什么叫做收回资本的全部价值？怎样回收资本的全部价值？
19. 为什么当残值很大时 DRDB 法的折旧速度比其他方法显得更快？
20. 为什么说同意企业快速折旧是政府对企业的支持手段？
21. 资本成本的作用是什么？怎么估算？
22. 怎样全面评价债务资本的作用？
23. 项目筹资时，从合理的资本结构出发，应考虑到哪些影响因素？

练 习 题

1. 某人购买每股股息 20 元的股票,若银行利率为 8%,该股票价值为多少?

2. 某人希望投资收益率为 15%,现有一公司出售面值为 5 000 元的债券,期限 10 年,年利率 10%,每季复利一次,问该人愿出多少钱购买? 若投资人希望收益率为 15%,当半年复利一次时,他愿出的购买费应增加还是减少?

3. 试计算年利率 5%,面值为 5 000 元的债券,每半年支付利息一次,若该债券 10 年后到期,现值为若干? 若投资者希望在此项投资中能够获得 8% 每季复利一次的报酬率。

4. 某人用 800 元购得面值 1 000 元,利息率 4% 的债券一张,20 年后到期,每半年付息一次。若半年付息一次时,计算投资人的名义利率和实际利率。

5. 某项目贷款 20 000 元,投资项目寿命为四年,第一年末开始有收益,每年收益 15 000 元。若每年经营成本 7 000 元,每年折旧费 6 000 元,税率 46%,抵押贷款利率 8%,确定还款计划并计算企业投资收益率。

6. 某企业需资金 100 000 元,五年内每年净收益 40 000 元,按直线法进行折旧,税率 33%。计算:(1)全部费用自筹;(2)借贷 60% 的情况下的股本收益率,并分析其变化情况,定量说明财务杠杆原理利息免税在提高企业收益及收益率时各起了什么作用? ($MARR$ 要求 10%)

7. 计算下表数据的期望股本利率,股本利率方差及标准差。
若(1)全部自筹;(2)借贷 70%。

自然状态	概率	投资收益	投资
好	0.5	6 000	30 000
普通	0.3	3 000	30 000
坏	0.2	−2 000	30 000

8. 某企业自筹(保留利润及折旧)资金 20 000 元;发行债券 30 000 元,年利率 12%,每季复利一次;贷款 10 000 元,年利率 10%,卖股票 40 000 元(100 股),市场价格与账面价格相同,每股股票分红 50 元,税率为 33%,计算该企业集资的资本成本。若将此款进行投资其 $MARR$ 值最小应为多少?

9. 某人投资 100 000 元购买设备,预计服务寿命 10 年,为收回账面价值用四种折旧法进行折旧,每年应收回折旧费多少元? 若要收回全部价值,每年应收回多少元? 若该企业的基准收益为 10%,残值为零。

第 8 章附录：租赁的种类及其特点介绍

租　赁　名　称	特　　　点
资本租赁 capital lease	由制造商或出租公司购买承租人需要的设备,设备租赁期必须超过设备寿命的3/4。租赁期内不让渡设备的所有权,租赁期满承租方有议价购买的选择权。
融资租赁 financial lease	由出租商提供信贷购买设备(或向其他租赁公司承租设备),再出租给承租人。条件与资本租赁相似,区别在于与资本租赁具有更强的资金融通性。
经营租赁 operating lease	承租人根据需要确定租赁期限,一般比资本租赁期限短。承租人可中途解约,不支付违约罚金。租赁期满后不存在所有权转让问题。设备保险、维修由出租方承担,但租金较高。
杠杆租赁(借贷租赁) leverage lease	出租人以租赁设备作为抵押品获得贷款,用承租人的租金偿还贷款(出租人要承担20%以上的本金)。承租人因意外事故付不出租金时,贷款人不能向出租人追索还款,只能退回设备转租他人。适用于需巨额资金的大型设备,如飞机、火车、油轮等。
返回租赁 (售后回租)	企业为实现固定资产租赁的目的,转让自有资产的产权,即把现有固定资产按市价出售给出租公司,再租回使用。企业由于财务原因或经营资金短缺时有用。
卖出租赁	出租方向承租方提供一定的资金援助而进行的一种租赁方式。制造商或推销商实行产品推销策略的一种手段。
直接租赁	方式多种多样,比较灵活。适用于当前商品周期变换加快,企业资本集约化程度迅速提高及繁荣租赁业务的需要。一些国家银行、金融公司、资金雄厚的财团也充当出租人。适用于仪器仪表、运输设备、电子计算机等的租赁。
追加租赁 master lease	根据追加式合同,要求出租商向承租者提供目前以及将来需要的设备。租赁期超过设备的使用寿命。出租商有义务向承租者提供新型设备,保证承租人不断获得新设备。适用于使用寿命不长,更新周期较短的设备。
维修性租赁 maintenance lease (操作性或服务性租赁)	出租方不仅提供设备,还对设备的维修、保养等提供租后服务,比融资租赁的租金高。适用于维修、保养工作量大,易损坏的设备,而承租者又不具备维修能力的情况。
单一和有附带性租赁 (dry and wet lease)	承租者的目的仅仅利用租赁进行资金融通时,称为单一性租赁。承租者除资金融通外,还希望得到诸如燃料供应、其他后勤服务等,则称为附带性租赁。从提供服务等角度看,类似于经营租赁。适用于飞机、巨型油轮等租赁。
百分比租赁 percentage lease (矿山设备租赁)	承租人先向出租商交纳一定的基本租金后,其余部分根据承租人经营收入的一定百分比决定租金。使租金额与承租人的经营结果紧密结合。
转租赁 (再租赁)	有三方当事人:出租方、转租方(中介方)和承租方。开始由承租方承租,后因故再将承租物出租。国际间设备租赁常以银行(或出租公司)作为转租人。适用于出租方与最终承租人距离较远,或其他原因不易联系的情况。

第9章　短期决策

　　短期决策也称经营决策。这类决策主要是在一年之内如何就现有条件争取最佳的经济效果。因此,短期决策是在现有技术装备和经营条件基础上,就如何经济有效地开展生产经营活动所作的决策,包括投资决策、生产决策、产品决策、销售决策、供应决策、订价决策、成本决策等。短期决策 一般不需要购置较多的设备或新增较多的生产能力。

　　短期决策的分析、评价,着重考虑不同方案对成本和利润的影响,从中权衡利害得失,选取最优方案。在短期决策中常用的方法有贡献毛利法、差别成本和创利额分析法、损益平衡分析法、最小费用分析法及线性规划图解法等。

9.1　贡献毛利法在短期决策中的应用

9.1.1　贡献毛利[①]的概念

$$单位产品的毛利 = 单位售价 - 单位变动成本 \qquad (9-1)$$

$$单位产品的毛利率 = \frac{毛利}{销售收入} \qquad (9-2)$$

【例9-1】　某企业生产并销售了100件产品,每件产品单位售价80元,变动成本50元,固定成本总额1800元。则:

$$单位产品的毛利 = 80 - 50 = 30 \ 元$$

$$单位产品的毛利率 = \frac{30}{80} = 37.5\%$$

　　产品的毛利及毛利率直接反映产品生产经济效果。在企业短期决策中许多方案的取舍,都要以诸产品的毛利和毛利率作为评价和判别的重要依据。

9.1.2　出售或进一步加工的选择

　　对于产品进一步加工或出售的选择,主要是比较进一步加工后能否提供追加的毛利。追加的毛利可按下式计算:

$$追加的毛利 = \left[\left(\begin{array}{c} 未进行进一步 \\ 加工产品的 \\ 销售成本 \end{array} \right) - \left(\begin{array}{c} 进行了进一步 \\ 加工产品的 \\ 销售收入 \end{array} \right) \right] - \left[\left(\begin{array}{c} 未进行进一步 \\ 加工产品的 \\ 可变成本 \end{array} \right) - \left(\begin{array}{c} 进行了进一步 \\ 加工产品的 \\ 可变收入 \end{array} \right) \right]$$

　　当具有足够的生产能力时,产品的进一步加工,一般不会引起固定成本的增加,只需计算追加的毛利,就可以确定应选择的方案。

---

①　贡献毛利(contribution margin)也译为贡献边际,考虑到汉语习惯以下简称毛利。

【例 9 - 2】　某企业生产产品甲 10 000 件,销售单价 50 元,单位产品变动成本为 35 元。若继续进行加工,其销售单价可增至 65 元,但每单位产品需追加变动成本 14 元。计算甲产品直接出售和进一步加工后再出售的追加毛利(见表 9 - 1)。

表 9 - 1　直接出售和进一步加工的比较　　　　　　　　单位:元

	未进一步加工		进一步加工		差别收入和差别成本	
	每单位	合计	每单位	合计	每单位	合计
销售收入	50	500 000	65	650 000	+15	+15 0000
变动成本	35	350 000	49	490 000	+14	+140 000
毛利	15	150 000	16	160 000	+1	+10 000

结论:在工厂有多余的生产能力,进一步加工不引起固定费用增加的前提下,进一步加工是有利的,可使毛利增加一万元。

9.1.3　增产哪种产品的选择

【例 9 - 3】　设某厂目前生产 A、B、C 三种产品,有关资料见表 9 - 2。目前生产能力(用机器小时表示)的利用程度只达到 90%。为把剩余生产能力充分利用起来,增产哪一种产品为宜?

表 9 - 2　例 9 - 3 的基本数据　　　　　　　　单位:元

每单位数据	产品 A	产品 B	产品 C
售价	20	22	6
变动成本	8	16	2
毛利	12	6	4
固定成本*	6	2	1
净收益	6	4	3

*固定成本按机器小时分配,每小时分配 1 元。

结论:A 的毛利最大,但每单位 A 产品用的机器小时较多,应比较为机器每小时用于生产不同的产品所提供的毛利(见表 9 - 3)

表 9 - 3　机器每小时提供的毛利　　　　　　　　单位:元

	产品 A	产品 B	产品 C
单位产品毛利	12	6	4
每单位产品需用机器小时	6	2	1
每机器小时提供的毛利	2	3	4

结论：产品 C 由于机器每小时能提供较多毛利，剩余产能以增产产品 C 为宜。

9.1.4 亏损产品应否停产或转产的决策

【例 9-4】 某企业生产甲、乙、丙三种产品，上年度整个企业的损益情况如下：

甲产品净利	6 058 万元
乙产品净利	3 680 万元
丙产品净利	−1 638 万元
净利合计	8 100 万元

为做出丙产品是否停产的决策，应计算各种产品的毛利。由于固定成本不因丙产品的生产或停产发生变动，所以丙产品应否继续生产，取决于它能否提供一定的毛利。毛利若为正，则可继续生产丙产品；若毛利为负则应停产。

表 9-4 例 9-4 的基本数据 单位：万元

	甲产品	乙产品	丙产品	合计
销售额	17 000	10 000	20 000	47 000
可变成本	7 000	4 000	17 000	28 000
毛利	10 000	6 000	3 000	19 000
固定成本	3 942	2 320	4 638	10 900
净利	6 058	3 680	1 638	8 100

如果停产丙产品的固定成本 10 900 万元就由甲、乙两种产品担负，减少了丙产品提供的毛利，企业的利润总额将降低 3 000 万元。计算见表 9-5。继续生产丙产品有利。

表 9-5 停产丙产品的年净利计算 单位：万元

	甲产品	乙产品	合计
销售额	17 000	10 000	27 000
变动成本	7 000	4 000	11 000
毛利	10 000	6 000	16 000
固定成本	6 863	4 037	10 900
净利	3 137	1 963	5 100

企业通过市场调查，拟停产丙转产丁产品。丁产品每年可销售 20 000 件，每件 1 200 元，单位变动成本 1 000 元。这种取代是否合算？

比较丙及丁产品的毛利。丁产品的毛利为：

销售收入：20 000 × 12 000 = 24 000 万元

变动成本：20 000 × 10 000 = 20 000 万元

毛　　利：24 000 − 20 000 = 4 000 万元

丁产品的毛利总额比丙产品多 1 000 万元(4 000 – 3 000),如果不影响甲、乙两种产品的生产以丁产品取代丙产品是可行的。

9.1.5 在生产有条件限制的情况下产品生产选择的决策

【例 9 – 5】 某企业原拟生产甲、乙、丙三种产品,但技术工人工时总数为 96 000 工时,只能生产其中一种产品,应生产哪种产品?

96 000 工时是限制性因素,应先计算这些工时能生产的产量有多少。已知各产品的单位工时数分别为甲产品 6 小时、乙产品 4 小时、丙产品 5 小时。如果选择生产甲、乙、丙三种产品中的一种,产量分别为甲 16 000 件、乙 24 000 件或 19 200 件。各产品的毛利见表 9 – 6。

表 9 – 6　各产品的毛利值　　　　　　　　　　　　　　单位:元

	甲产品	乙产品	丙产品
销售单位	32	20	24
变动成本	20	14	16
毛利	12	6	8

无论生产哪种产品,均不影响固定费用,只要计算各产品的毛利总额即可做出决策。将各单位产品的毛利乘以产量得出各产品的毛利总额:甲产品为 192 000 元、乙产品为 144 000 元、丙产品为 153 600 元。生产甲产品最有利。

9.2　差别成本和创利额分析法

9.2.1 差别成本的概念

差别成本是决策中广泛应用的成本概念。它是从可供选择的不同方案间估计出来的成本差别。各方案的经济效果好坏,往往可以从不同方案差别成本的对比进行判别。在相关范围内(在固定成本不变的产量范围内),变动成本与差别成本相一致。但差别成本比变动成本具有更广泛的含义。在现代化企业中,固定成本在全部成本中占很大比重。固定成本不随产量的增减而变化。这样,现有生产能力利用程度就成为影响成本的一个重要因素。由生产能力利用程度不同而形成的成本差别,是差别成本的重要形式。差别成本是短期决策,尤其是产品决策经常使用的分析方法。

9.2.2 应否接受特殊定货的决策

一般,企业产品的售价,应高于单位成本才能获得利润。若某项定货的价格等于或低于产品单位成本,这种特殊定货应否接受就需分析。

【例 9 – 6】 企业生产的某种产品的单位售价为 32 元,单位成本为 25 元,其中变动成本为 20 元,固定成本为 5 元。某客户拟购该产品 10 000 件,每件只出价 24 元。假定该企业生产能力有剩余,问应否接受这项订货?

在生产能力容许的幅度内,产品产量的增加,不会增加固定费用。在决策时只有变动成本是相关成本,固定成本与决策无关,只要特殊订货的出价高于单位产品的变动成本,这项订货就可接受,现计算接受这项订货的差别收入和差别成本。

差别收入:　　　　　10 000 件　　每件 24 元　　合计 240 000 元

差别成本:变动成本 10 000 件　　每件 20 元　　合计 200 000 元

　　　　　　　　　　　　　　　　差额　　　　　40 000 元

或:(售价 - 变动成本) × 订货量 = (24 - 20) × 10 000 = 40 000 元

结论:差别收入超过差别成本 40 000 元,可接受这项订货。

9.2.3　关于发展新产品的决策

【例 9 - 7】　设某企业原产甲产品,现拟用现有的产能增产乙或丙产品,有关资料如表 9 - 7 所示。若发展乙产品,则产品甲必须减产 $\frac{1}{2}$;发展丙产品,则甲产品必须减产 $\frac{3}{4}$。发展哪种产品较为合算?

表 9 - 7　例 9 - 7 的基本数据　　　　　　　　单位:元

	甲产品(实际)	乙产品(预计)	丙产品(预计)
销售收入	100 000	80 000	70 000
变动成本	50 000	50 000	30 000
毛利	50 000	30 000	40 000
固定成本	30 000		
利润	20 000		

本例中发展新产品并不增加固定成本,固定成本属非相关成本。在决策时,只要把两种方案的毛利分别减去甲产品的减产损失就可作出相应的决策。

发展乙产品:

乙产品提供的毛利　　　　　　　　　　　　　　　　30 000 元

甲产品减产损失毛利($50\,000 × \frac{1}{2}$)　　　　　　-25 000 元

毛利增加额　　　　　　　　　　　　　　　　　　　5 000 元

发展丙产品:

丙产品提供的毛利　　　　　　　　　　　　　　　　40 000

甲产品减产损失毛利($50\,000 × \frac{3}{4}$)　　　　　　-37 500

毛利增加额　　　　　　　　　　　　　　　　　　　2 500

结论:丙产品虽然可提供较高的毛利,但甲产品减产的幅度较大,提供的利润小于乙产品故应发展乙产品。

9.2.4　设备购买和替换的选择

【例 9-8】　某公司准备把手工操作改为用机器设备。设备价值 15 000 元,可使用 10年,无残值。有关数据如表 9-8 问是否购买。

用差额成本计算年节约额:

人工　　8 000×(6.00-5.50)=4 000 元
固定成本　　　　　　　1 500 元
年节约额　　　　　　　2 500 元

表 9-8　例 9-8 的基本数据

	不购买	购买
年销售量(件)	8 000	8 000
单价(元)	20	20
单位变动成本(元)		
材料(元)	8.00	8.00
人工(元)	6.00	5.50
制造费用(元)	2.00	2.00
年固定成本总额(元)	12 000	13 500*

*13 500 元包括不购买时的 12 000 元和新购设备的年折旧费 1 500 元

结论: 购买设备代替人工,可增加利润 2 500 元。若设备使用 5 年后,又有一种更先进的设备,价格 12 500 元,产能相同,但单位人工成本降低到 4.75 元,制造费用降低到 1.75元,是否应采用新设备替换?

分析: 旧机器已提了 5 年折旧,账面价值还有 7 500 元,属沉没成本与决策无关。假设新机器可用 8 年,但为遵守可比性原则,只能用 5 年作为比较基础,新机器的年折旧额是:

12 500÷5 = 2 500 元

以一年计,净节约额可计算如下:

人工　　　　　(5.50-4.75)　　0.75 元
变动制造费用　(2.00-1.75)　　0.25 元
合计　　　　　　　　　　　　1.00 元
产量　　　　　　　　　　　　8 000 件
节约额　　　　　　　　　　　8 000 元
年折旧额　　　　　　　　　　2 500 元
净节约额　　　　　　　　　　5 500 元

结论: 新设备替换旧设备能给公司带来更大的经济利益。

9.2.5　从生产全过程进行决策

【例 9 – 9】　预计某一新产品第一年销售 1 000 件,每年销售量增加 1 000 件直到第四年以后每年销售 4 000 件。

购买的新设备 A 每年摊销固定成本 2 000 元,单位可变成本为 0.90 元,寿命为 4 年。

购买的新设备 B 每年摊销固定成本 3 800 元,单位可变成本为 0.30 元,寿命为 4 年。

在达到年产 4 000 件水平时:

$$设备\ A\ 单位成本 = \frac{2\ 000 + (0.90 \times 4\ 000)}{4\ 000} = 1.40\ 元/件$$

$$设备\ B\ 单位成本 = \frac{3\ 800 + (0.30 \times 4\ 000)}{4\ 000} = 1.25\ 元/件$$

结论: 从最终生产水平看,B 方案优于 A 方案。

若从全过程进行分析,见表 9 – 9 及表 9 – 10。

表 9 – 9　A 方案成本计算表　　　　　　　　　　单位:元

年　份	产品件数	固定成本	可变成本
1	1 000	2 000	0.90 × 1 000 =　900
2	2 000	2 000	0.90 × 2 000 = 1 800
3	3 000	2 000	0.90 × 3 000 = 2 700
4	4 000	2 000	0.90 × 4000 = 3 600
总计	10 000	8 000	9 000

每件产品平均成本 = (8 000 + 9 000) ÷ 10 000 = 1.70 元/件

表 9 – 10　B 方案成本计算表　　　　　　　　　　单位:元

年　份	产品件数	固定成本	可变成本
1	1 000	3 800	0.30 × 1 000 = 300
2	2 000	3 800	0.30 × 2 000 = 600
3	3 000	3 800	0.30 × 3 000 = 900
4	4 000	3 800	0.30 × 4000 = 1 200
总计	10 000	15 200	3 000

每件产品平均成本 = (15 200 + 3 000) ÷ 10 000 = 1.82 元/件

结论: 从全过程比较方案 A 优于方案 B;加之 A 投资量少,选 A 方案。

9.3　损益平衡分析法用于短期决策

9.3.1　两个方案损益平衡点的计算

当两个互替方案其费用决定于一个共同的变量时,可能存在一个使两个方案的费用相等的值。各个方案的费用可以表示为这个共同的独立变量的函数,即:

$$TC_1 = f_1(x)$$
$$TC_2 = f_2(x)$$

这里 TC_1 和 TC_2 分别代表方案 I 和方案 II 在一定时期的总费用,x 代表着影响两方案的共同独立变量。

使　　　　$TC_1 = TC_2$

即　　　　$f_1(x) = f_2(x)$

解上列方程,求 x 值。x 使两方案的费用相等,称为损益平衡点。

损益平衡点的计算法:

当各个方案的费用可以写成一个共同变量的函数公式时,则损益平衡点可用数学方法求出。

例如,现有甲、乙两方案,其变量可用以下函数式表示:

$$TC_1 = a_1 + b_1 x$$
$$TC_2 = a_2 + b_2 x$$

其中　a_1、a_2 为两方案的固定费用;b_1、b_2 为两方案的可变费用;x 为产量。

则损益平衡点的产量 x 为:

$$x = \frac{a_1 - a_2}{b_2 - b_1};$$

两方案的数学模型图见图 9 - 1。当产量 x 小于平衡点 C 时,方案 II 的成本低,当 $x > C$ 时,方案 I 的成本低。

损益平衡点的图解法:

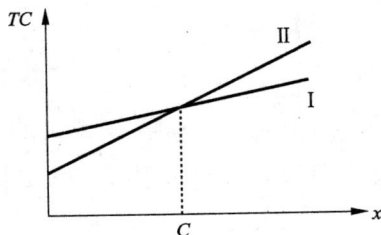

图 9 - 1　损益平衡点示意图

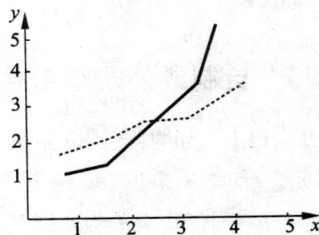

图 9 - 2　损益平衡点的解法

有时方案的费用不容易用数学公式表示出来,而可以通过计算或试验得到一系列典型的点并用损益平衡点图解法求出,如图 9-2。

9.3.2 不同加工设备的选择

【例 9-10】 某机修分厂可能用普通车床、六角车床或自动化专用车床进行配件加工,不同类型的车床一次调整所需的调整准备费和加工一件轴套所需的加工费各不相同,基础数据如表 9-11。

表 9-11 例 9-10 的基本数据   单位:元

	一次调整的调整准备费	一件轴套的加工费
普通车床	2.50	0.45
六角车床	5.00	0.20
自动化专用车床	15.00	0.04

设 x_1——普通车床与六角车床之间加工批量的成本平衡点;

x_2——六角车床与自动化专用车床之间加工批量的成本平衡点;

x_3——普通车床与自动化专用车之间加工批量的成本平衡点。

则 $2.50 + 0.45x_1 = 5.00 + 0.20x_1$

$5.00 + 0.20x_2 = 15.00 + 0.04x_2$

$2.50 + 0.45x_3 = 15.00 + 0.04x_3$

解上式得:$x_1 = 10$(件),$x_2 \approx 63$(件),$x_3 \approx 30$(件)。

上述关系式示于图 9-3,图中 L_1 代表普通车床加工成本,其起点为 0.250,斜率为 0.45;L_2 代表六角车床的加工成本,其起点为 5,斜率为 0.2,L_3 代表自动化专用车床的加工成本,其起点为 15,斜率为 0.04。

结论:如一次加工批量小于 10 件,用普通车床加工其成本较低;一次加工批量大于 10 件,小于 63 件,用六角车床加工;一次加工批量超过 63 件,用自动化专用车床加工。如六角车床另有加工任务,当一次加工的批量在 30 件以下,用普通车床加工;超过 30 件,用自动专用车床加工。

9.3.3 自制或外购零部件的选择

【例 9-11】 如自行制造零件,单位变动成本为 1 元,若需为此购置一台专用设备,购价 3 500 元。如向外采购,采购量在 10 000 件以内,零件价格单位为 1.55 元;超过 10 000,单位零件价格为 1.30 元;应自制还是外购?

设 x_1——10 000 件以下的平衡点产量;

x_2——10 000 件以上的平衡点产量;

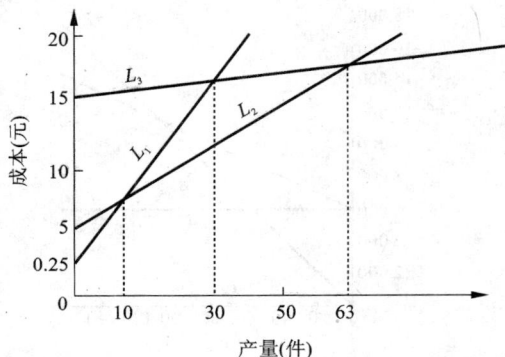

图 9 - 3　图解法计算三方案的平衡点

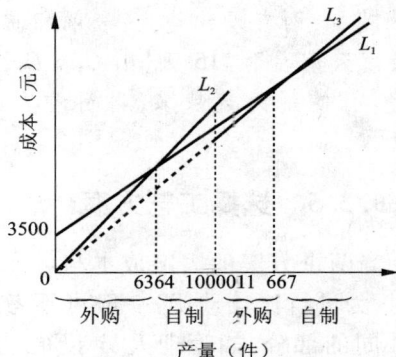

图 9 - 4　图解法求三方案的平衡点

则有：　　$3\,500 + x_1^* = 1.55x_1$

$3\,500 + x_2^* = 1.30x_2$

解上式可得：$x_1 \approx 6\,364$ 件；$x_2 \approx 11\,667$ 件。

也可用图解法，如图 9 - 4。

其中　L_1 为自制成本，其起点为 3500，斜率为 1；L_2 为 10 000 件以下的外购成本，其起点为零，斜率为 1.55；L_3 为 10 000 件以上的外购成本，其起点为零，斜率为 1.30。

结论：当需用量在 10 000 件以内，以 6 364 件为转折点，小于 6 364 件宜外购 L_2；大于 6 364 件宜自制 L_1。需用量在 10 000 件以上时，以 11 667 件为转折点，从 10 000 件到 11 667 件宜外购 L_3，超过 11 667 件宜自制 L_1。

9.3.4　设备购置或租赁的选择

【例 9 - 12】　某厂需电子计算机一台，购价为 30 000 元，可用 10 年，残值 340 元。每天运转费 50 元，每年维修费 2 800 元。如租赁，每日租金 50 元。应否购置？

题意分析：设备的年使用成本因取得的方式不同而异。若租赁，年使用成本是由租金及运转费组成，均属变动成本。以 C_1 表示租赁的年使用成本；x 表示年使用天数。

则　　　　　$C_1 = (50 + 50)x = 100x$

C_2 表示购置设备的年使用成本

则　　　　　$C_2 = \left(\dfrac{30\,000 - 340}{10} + 2\,800\right) + 50x = 5\,766 + 50x$

计算年使用成本相等时的使用天数：

$100 = 5\,766 + 50x \quad \therefore \quad x = 115$ 天

上述关系如图 9 - 5 所示。

其中　L_1 为向外租赁所需的年使用总成本；L_2 为自行购置所需的年使用总成本；L_3 为自行购置的固定成本。

---

*　自制单位成本为 1 元，故自制零件的总成本分别为：$1 \times x_1 = x_1$；$1 \times x_2 = x_2$。

结论： 如年使用天数小于 115 天，则 $C_1 < C_2$，天数越少，两者差额越大，表明租赁越经济。如年使用天数大于 115 天，则 $C_1 > C_2$，自行购置较经济，且使用天数越多，自行购置的经济性越明显。

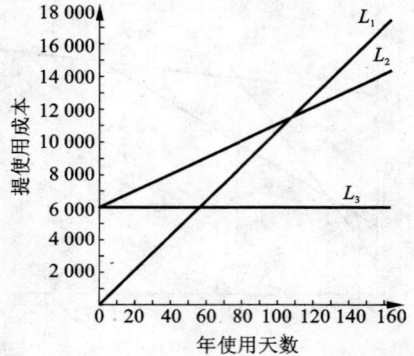

图 9-5　图解法求平衡点天数

9.3.5　选择工艺方案

当两个方案的固定成本与可变成本均不相同时，为进行比较选优，一般可不考虑固定成本中共同的部分，如管理人员工资，办公费等等。只需考虑固定成本不同的部分，消耗性材料、工具装备费、设备调整准备费等。

【**例 9-13**】　某公司需用一种零件，生产这种零件共有 A、B、C 三个不同的工艺方案，它们的成本资料如表 9-12 所示。

表 9-12　例 9-13 的基本数据

方案	某些固定成本	单位变动成本
A	600	5
B	200	7
C	150	8

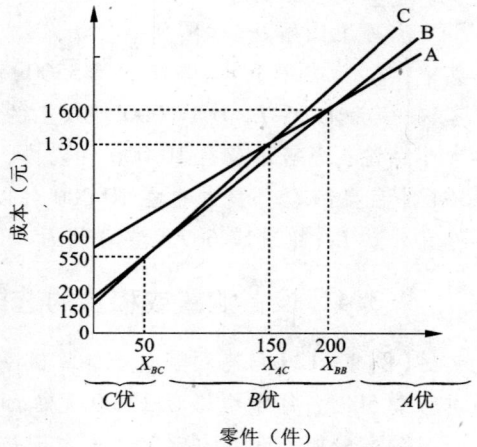

图 9-6　图解法确定平衡点件数

解： 计算每两个方案的平衡点：

$$200 + 7x_{BC} = 150 + 8x_{BC}$$
$$x_{BC} = 50 \text{ 件}$$
$$600 + 5x_{AC} = 150 + 8x_{BA}$$
$$x_{AC} = 150 \text{ 件}$$
$$600 + 5x_{AB} = 200 + 7x_{AB}$$
$$x_{AB} = 200 \text{ 件}$$

把结果绘成图 9-6。

结论：（1）当三设备可任选时

计划产量 <50 件　　　　C 方案好；
计划产量 150~200 件　　B 方案好；
计划产量 >200 件　　　 A 方案好。

（2）若 B 方案所需设备已安排它用，只能在 A、C 间选择时

则　计划产量 <150 件　　　C 方案优；
计划产量 >150 件　　　A 方案优。

9.4 最小费用分析法

9.4.1 最小费用法概念

有时一个方案中的一个变量对于方案的两个或更多的费用要素发生不同的影响。有些费用要素可能同这个变量成正比;另一些费用要素可能同这个变量成反比。当方案的总费用是增加的费用要素和减少的费用要素双方的函数时,通常可以求出这个变量的一个值,且对应于这个值方案的费用最小。

最小费用分析法在短期决策中应用比较广泛,下面举例加以说明。

9.4.2 计算设备的经济寿命

【例 9-14】 设某设备的原始价值为 $V = 20\,000$ 元,使用年限为 n,则每年折旧费应为 V/n。为使设备经常处于完好状态,每年应有一笔维护保养费。现假设维修费每年以等值(800 元)增加的,则第 n 年所需维修保养费为 $W \cdot n$。由于维修费用随使用年限而逐渐增加,计算时可取平均维修费($\frac{W \cdot n}{2}$)。由题意可计算出各年份的折旧费,维修保养费,并列于表 9-13。

表 9-13 计算设备的经济寿命

使用年限	折旧费 $\dfrac{V}{n}$	维修保养费 $\dfrac{W \cdot n}{2}$	费用合计 $\dfrac{V}{n} + \dfrac{W \cdot n}{n}$
1	20 000	400	20 400
2	10 000	800	10 800
3	6 666	1 200	7 886
4	5 000	1 600	6 600
5	4 000	2 000	6 000
6	3 333	2 400	5 733
7	2 857	2 800	5 657
8	2 500	3 200	5 700
9	2 222	3 600	5 822
10	2 000	4 000	6 000

表中数据如图 9-7 所示。图中折旧费 V/n 和维修费 $\dfrac{W \cdot n}{2}$ 的交点即为设备的经济寿命点。经济寿命点计算公式为:

当 $\dfrac{V}{n} = \dfrac{W \cdot n}{2}$ 时,设备的经济寿命

$$n = \sqrt{\frac{2V}{W}};$$

$\qquad\qquad\qquad\qquad\qquad\qquad\qquad\qquad\qquad\qquad\qquad\qquad$ (9-3)

$$n = \sqrt{\frac{2 \times 20\,000}{800}} = 7.071 \text{ 年}$$

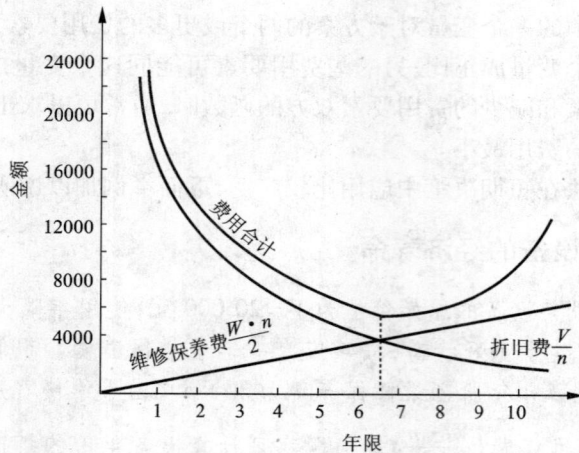

图 9-7　确定设备的经济寿命

结论：列表计算和用公式计算相符，该设备使用 7 年最为经济合算。但如继续使用至第 8 年，第 9 年，其费用支出所增无几，故 7~9 年均可视为经济寿命期，第 9 年以后可以报废更新。

9.4.3　交货时间的决策

【例 9-15】　在新产品研制、设备大修和单件小批生产企业里，按期完成合同交货问题显得十分重要。当安排生产时应该考虑交货时间与产品成本之间的关系。要在保证产品质量、数量和合同交货期限的条件下，减少费用支出，降低产品成本。

产品生产的直接费用，通常会因交货日期紧迫而增加。因交货期短，则要缩短生产周期，可能要增加高等级工人的比重或加班加点，还可能要设计制造专用工艺装备等。而间接费用一般却随交货期限的增加而均衡上升。设某企业的相关资料见表 9-14，直接费用、间接费用对交货时间的关系如图 9-8，可见随着时间的推移，上述两类费用的变化方向相反。

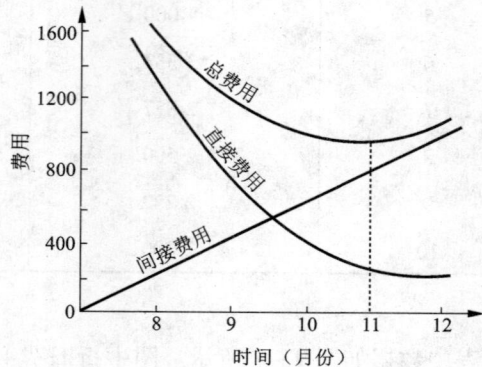

图 9-8　确定最佳交货时间

表 9 – 14　不同交货时间的费用支出

交货时间(月)	8	9	10	11	12
直接费用(元)	1 300	800	400	100	150
间接费用(元)	300	400	600	800	900
总　费　用(元)	1 600	1 200	1 000	900	1 050

结论：如果合同规定下半年交货,应选择四季度交付,如果合同规定四季度交货,应确定在十一月份交货。因为十一月份总费用最低,经济效果最好。

9.4.4　物质供应的决策

企业物质供应在保证生产需要的条件下,应选费用最低的供应方式,故要研究最经济的库存量。

在全年某种材料需要量既定的条件下,采购批量小,采购批次多,则采购费用大,但全年库存物资平均存储成本低;如果采购量大,采购批次少,采购费用会相应减少,但全年库存物资平均存储成本会增加。因此,从降低订货费用出发,要求加大订货批量,减少订货次数;而从降低存储成本出发,要求缩小订货量,增加订货次数,需要确定最优订货批量(参见 9 – 2 式)。

设 A 为每批订货费用;N 为年度耗用量;C 为某种材料单价;a 为每年保管费用率(以平均储备价值的百分比计算);n 为最优订货批量。

则　　　订货费用 $= A \times \dfrac{N}{n}$

存储成本 $= N \times \dfrac{C \times a}{2}$

$A \times \dfrac{N}{n} = n \times \dfrac{C \times a}{2}$

$n^2 = \dfrac{2 \cdot A \cdot N}{C \cdot a}$

$n = \sqrt{\dfrac{2 \cdot A \cdot N}{C \cdot a}};$　　　　　　(9 – 2)

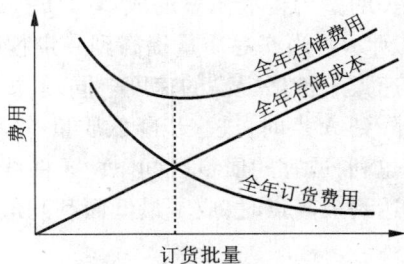

图 9 – 9　确定最佳订货批量

全年存储费用,全年存储成本及全年订货费用之间的关系见图 9 – 9。在全年存储成本与全年订货费用的交点处,全年存储费用最低,此交点的订货批量即为最优订货批量。

【例 9 – 16】　企业需要某零件 50 000 件/年;单价 4 元,年保管费用率为单价的 20%(即 4 元 × 20% = 0.80 元),每次订货费用为 800 元,求最优订货批量。可用计算分析法或直接代入公式(9 – 2)计算。表 9 – 15 列出计算分析法的步骤和计算结果。

表 9 – 15　确定最佳定货批量

批量(件) 批次 项目	50 000	25 000	10 000	5 000
进货次数	1	2	5	10
全年订货费用(元)	$800 \times 1 = 800$	$800 \times 2 = 1\ 600$	$800 \times 5 = 4\ 000$	$800 \times 10 = 8\ 000$
全年存储成本(元)	$1/2 \times 50\ 000 \times 0.8$ $= 20\ 000$	$1/2 \times 250\ 000 \times 0.8$ $= 10\ 000$	$1/2 \times 10\ 000 \times 0.8$ $= 4\ 000$	$1/2 \times 5\ 000 \times 0.8$ $= 2\ 000$
全年购置费用(元)	$50\ 000 \times 1 \times 4$ $= 200\ 000$	$25\ 000 \times 2 \times 4$ $= 200\ 000$	$10\ 000 \times 5 \times 4$ $= 200\ 000$	$5\ 000 \times 10 \times 4$ $= 200\ 000$
总计(元)	220 800	211 600	208 000	210 000

结论：计算结果表明,全年分五次进货,每批 10 000 件,费用最省,方案最优。

如用公式(9 – 2)计算,则：$n = \sqrt{\dfrac{2 \times 800 \times 50\ 000}{4 \times 0.2}} = 10\ 000$ 件

9.4.5　质量等级的决策

提高产品质量通常会增加费用,例如增加检验工序、使用更精密的设备等等,这些与质量有关的费用构成质量的成本。质量成本提高,总成本加大,销售价格也相应增高,如图 9 – 10 所示。当产品质量提高到一定程度(B 点)时,进一步提高质量,产品成本会急剧增高,其增速大于价格提高的速度。同理,如果产品质量降低成本下降产品的销售价格亦低,当质量下降到 A 点时,进一步降低质量,产品售价将大幅度下降,也会出现亏损。故 A、B 区间是保证盈利,适宜的质量区间。两条曲线间距离最宽的地方即为产品质量的最佳点。当产品质量达到最高点时,成本最低而利润最大。

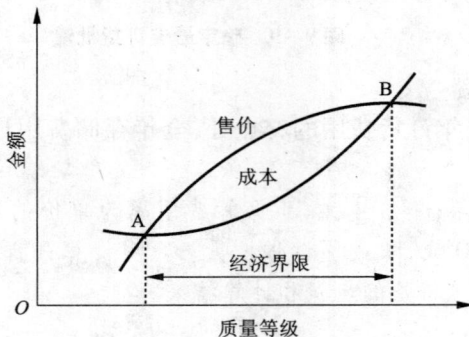

图 9 – 10　产品质量等级的经济界限

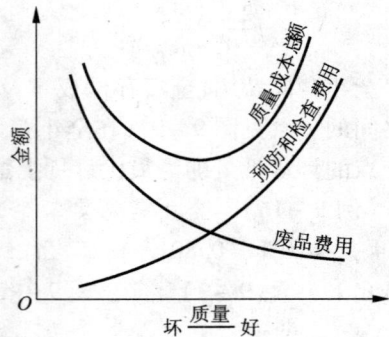

图 9 – 11　确定最佳质量点

为计算质量最佳点可用最小费用法。图 9－11 表明提高质量减少废品损失可以降低成本,而为保证质量,又必须增加费用支出,而质量成本总额最低值对应的质量点,即为质量的最佳点。

9.4.6　产品最优价格选择

一般地说,基于一定的销售量,产品单位售价越高,能实现的销售收入也越多;但产品售价的提高往往会使它的总销售量减少,而销售产品的单位成本又会随着销售量的减少而提高。以下研究如何选择产品的单位售价,使企业业的利润最大化的有关问题。

【例 9－17】　某厂生产和销售一种产品,产品的单价、销售量、销售成本、销售收入及利润列于表 9－16。

表 9－16　单价、销售量、销售成本、销售收入及利润的关系　　　单位:元

销售量（件）	单价（元）	销售总收入（元）	销售量增加 1 件对总收入的影响	销售总成本	销售量增加 1 件对总成本的影响	利润
10	20	200	—	180	—	+20
11	19	209	+9	182	+2	+27
12	18	216	+7	185	+3	+31
13	17	221	+5	189	+4	+32
14	16	224	+3	194	+5	+30
15	15	225	+1	200	+6	+25
16	14	224	−1	207	+7	+17

从整体上看,单价降低可使销售量增加;从单位产品看,销售收入会随单价的降低而减少,但销售总收入在一定范围内,会随着单价的降低而增加。由于固定成本的存在,销售总成本并不与销售量成比例增加,因单位成本会随着销售量的增加而减少。

考虑到销售量对总销售收入及总成本的不同影响,可以找出保证企业获得最大利润的最优销售量及最优单价。在本例中最优销售量是 13 件,最优单价为 17 元,此时企业获得的利润最高为 32 元(221－189),如图 9－12、图 9－13 所示。

由图 9－13 可看出:L_1 代表产品的单价;L_2 代表边际成本;L_3 代表边际收入。这几条线的变动趋势表明:销售量随着单价的降低而增加,边际成本随着销售量的增加而增加,而边际收入则随着销售量的增加而减少,而企业实现最高利润的重要条件是边际收入与边际成本相等。在本例中这种情况出现在单价为 17 元、销售量为 13 件(取整数)时,能实现价格和产量最优组合,达到最高利润。

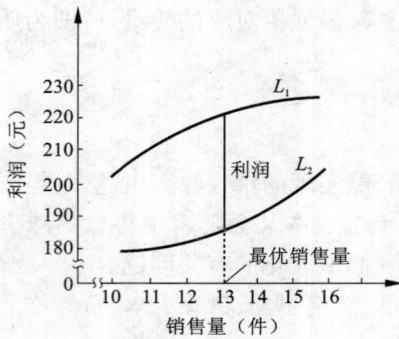

图 9 - 12　确定利润最大时的销售量

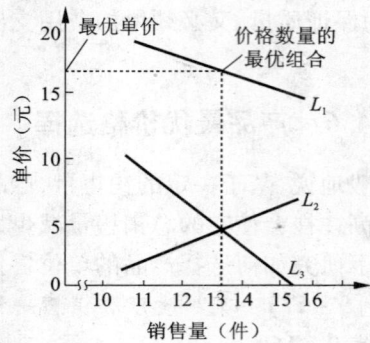

图 9 - 13　单价与销售量的关系

9.5　短期决策的其他方法

9.5.1　用线性规划图解法进行产品最优组合的选择

在企业安排生产时会遇到一些限制条件。例如要增加销售量,会受到生产能力、材料供应、劳动力安排、市场销售等多方面的限制。应该怎样使企业的生产能力得到充分利用,又可实现最佳的经济效果,可用线性规划图解法求解。

【例 9 - 18】　某企业生产甲、乙两种产品,有关数据见表 9 - 17。

表 9 - 17　例 9 - 18 的基本数据

	甲产品	乙产品	备　　　注
单位售价(元)	15.0	10.0	
单位变动成本(元)	10.0	6.0	
毛利(元)	5.0	4.0	
每件产品在 A 机器加工时间(小时)	5.0	2.0	A 机器生产能力 15 000 小时
每件产品在 B 机器加工时间(小时)	2.0	4.0	B 机器生产能力 12 000 小时
最大销售量(件)	2 500	2 500	

设以 X_1 表示甲产品产量, X_2 表示乙产品产量,以 S 代表可提供的毛利,则其约束条件和目标函数可表述如下:

$$\text{约束条件}\begin{cases} ① & 5X_1 + 2X_2 \leqslant 15\ 000 \\ ② & 2X_1 + 4X_2 \leqslant 12\ 000 \\ ③ & X_1 \leqslant 2\ 500 \\ ④ & X_2 \leqslant 2\ 500 \\ ⑤ & X_1, X_2 \geqslant 0 \end{cases}$$

目标函数：求毛利最大值 $S = 5X_1 + 4X_2$

根据上述约束条件和目标函数，见图 9 – 14。

由图解法可得本例的最优解为：甲产品 2 250 件；乙产品 1 875 件。这种方案既可使企业的生产能力得到充分运用，又能为企业提供最多的毛利，是这种条件下的最优方案。

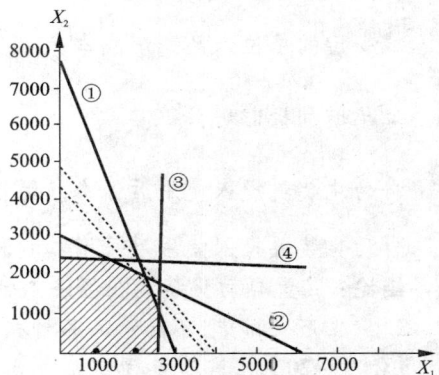

图 9 – 14 用单纯形法确定最佳产量

此方案的总毛利为：

$$2\ 250 \times 5 + 1\ 875 \times 4 = 18\ 750\ \text{元}$$

如果涉及更多种产品的合理安排问题，就要用单纯形法求解。

9.5.2 成本 – 产销量 – 利润分析法在短期决策中的应用

1. 应否购置某项生产设备的选择

【例 9 – 19】 某厂只生产和销售一种产品，单价 40 元，产销可以实现平衡。目前年产 1 000 件，其成本组成如表 9 – 18 所示。

表 9 – 18 产品的成本组成

	变动成本（元）	固定成本（元）
直接材料	8 000	
直接人工	12 000	
折旧		5 000
其他	—	10 000
合计	20 000	15 000

该厂现拟购置一项自动化装置，购价 15 000 元，可用 5 年，无残值，用直线法计提折旧。自动化设备投入使用后，变动成本在现有基础上减少 30%。应否购置此自动装置？

解：（1）自动化装置购置以前有关指标的计算：

单位产品的变动成本 $\dfrac{20\ 000}{1\ 000} = 20\ (\text{元/件})$

单位产品的毛利 $40 - 20 = 20\ (\text{元})$

保本点的销售量 $\dfrac{15\ 000}{20} = 750\ (\text{件})$

安全边际 $1\ 000 - 750 = 250\ (\text{件})$

可实现利润 $250 \times 20 = 5\ 000\ (\text{元})$

（2）购置自动化装置对有关指标的影响：

减少后的单位产品变动成本：$\dfrac{20\,000 \times (1 - 30\%)}{1\,000} = 14(元/件)$

每年增加折旧费：$\dfrac{15\,000}{5} = 3\,000(元)$

自动化装置投入使用后保本点销售量：$\dfrac{15\,000 + 3\,000}{40 - 14} = 692(件)$

自动化装置投入使用后可增加利润：$[(40 - 14) \times (1\,000 - 692)] - 5\,000 = 3\,008(元)$

结论： 购置自动化装置在经济上合理。

2. 生产安排中,不同产品品种构成的选择

【例9-20】 某厂年固定成本为5 000 000元,生产D、E、F三种产品,有关资料如表9-19所示。三种产品产量如何搭配经济上最合理？

表9-19 例9-20的基本资料

产品	销售量（单位）	单位售价（元）	单位变动成本（元）	单位毛利（元）
D	20 000	500	200	300
E	10 000	500	300	200
F	10 000	500	400	100

据此,可计算加权平均毛利(表9-20)。

表9-20 计算加权平均毛利 单位：元

产品	销售比	单位毛利	加权毛利
D	2	300	600
E	1	200	200
F	1	100	100
加权毛利合计			900

达到保本点的联合单位：

$$\frac{固定成本}{加权的毛利} = \frac{5\,000\,000}{900} = 5\,555(单位)$$

以此为基础,计算达到盈亏平衡点的销售收入(表9-21)：

表 9－21　盈亏平衡点的销售收入

产　品	销售量 （单位）	单位售价 （元）	销售收入 （元）
D	11 110	500	5 555 000
E	5 555	500	2 777 500
F	5 555	500	2 777 500
合计			11 110 000

计算产品结构为 2∶1∶1 时的全厂可实现的利润额见表 9－22 和图 9－15。

表 9－22　全厂可实现的利润额

产　品	销售量 （单位）	单位售价 （元）	单位变动成本 （元）	单位毛利 （元）	毛利总额 （元）	销售收入 总额（元）
D	20 000	500	200	300	6 000 000	10 000 000
E	10 000	500	300	200	2 000 000	5 000 000
F	10 000	500	400	100	1 000 000	5 000 000
合计					9 000 000	20 000 000
减：固定成本					5 000 000	
利润					4 000 000	

本例中如果销售总额不变（仍为 20 000 000），而把产品结构，即销售比由原来的 2∶1∶1 改变为 1∶4∶3，则毛利总额如表 9－23 和图 9－16 所示。

表 9－23　确定利润总额

产　品	销售量（单位）	单位毛利（元）	总毛利额（元）	销售收入总额（元）
D	5 000	300	1 500 000	2 500 000
E	20 000	200	4 000 000	10 000 000
F	15 000	100	1 500 000	7 500 000
合计			7 000 000	20 000 000
减：固定成本			5 000 000	
利润			2 000 000	

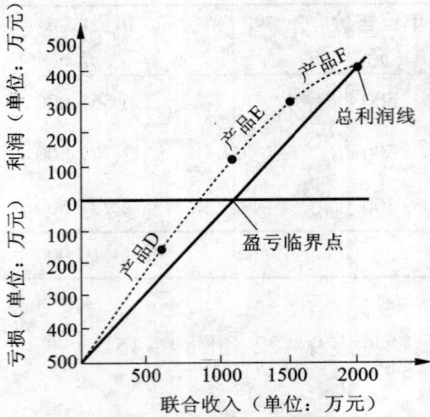

图9-15　确定企业总利润(D:E:F=2:1:1)

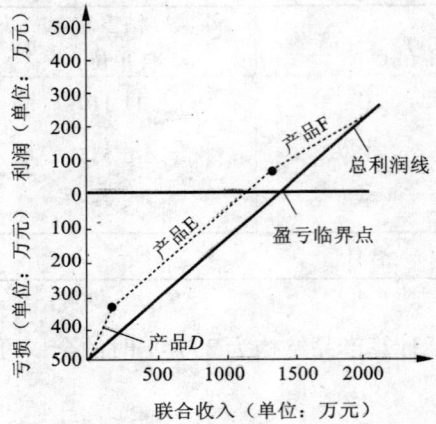

图9-16　确定企业总利润(D:E:F=1:4:3)

结论： 由于单位毛利较高的产品 D 的销售比重减少,销售收入总额虽未改变,利润总额却由原来的 4 000 000 元降低到 2 000 000 元,减少了 50%,可见当企业同时生产多种产品时,确定经济合理的品种结构,对提高企业的盈利性有重要意义。本例中产品结构应取 D:E:F=2:1:1

思　考　题

1. 短期决策主要解决哪个范围的问题? 具有什么特点? 与长期决策有什么区别?
2. 在进行短期决策时常用哪些基础资料进行评价?
3. 常用哪些方法进行短期决策?
4. 什么是贡献毛利?
5. 短期决策中通常考虑时间价值吗? 为什么?

练　习　题

1. 甲厂制造零件 A 每年 5 000 件,其单件成本及总成本如下表:

单位:元

	单位成本	总成本
直接原料	5	25 000
直接人工	8	40 000
变动间接制造费用	4	20 000
固定间接制造费用	3	15 000
零件 A 的成本	20	100 000

乙厂愿以 16.5 元一件供应给甲厂,甲厂估计如果购买乙厂零件尚需支付订货、收货、与化验费每件需 1.5 元。

(1)甲厂应外购还是自制?

(2)企业若自制其最低产量应为多少,才比外购的经济效果好?(用计算及作图求解)

2. 某厂自建成新产品生产线以来,受市场需求的限制每月产量一直小于原设计生产能力。现有 A 厂到该厂订货要 4 000 件,每件价格 3.50 元。若生产该产品的单位变动成本为 3.20 元,单位固定成本为 0.75 元,问某厂应否接受这批订货?

3. 某企业用同样的设备可生产 A、B 两种产品,若机器的最大生产能力为 10 000 定额小时,生产 A 产品每件需 100 定额小时,生产 B 产品每件只需 40 定额小时。这两种产品的售价与成本数据如下:

产品名称	A 产品	B 产品
单位售价(元)	200	120
单位变动成本(元)	120	80
固定成本总额(元)	2 000	

问该企业生产哪种产品较为有利?

4. 某厂有四条生产线,其成本及赢利情况如下表:

单位:元

	生产线 I	生产线 II	生产线 III	生产线 IV
销售收入	10 000	20 000	20 000	50 000
变动成本	6 000	8 000	12 000	26 000
毛利	4 000	12 000	8 000	24 000
固定成本	3 500	6 000	2 000	11 500
与本生产线直接有关的按销售额分摊的联合成本	2 000	4 000	4 000	10 000
净利(亏)	-1 500	2 000	2 000	2 500

生产线 I 是否应停产?

5. 某公司有 A、B、C 三种零件,甲组生产成本较低,现在因三种零件需要量增加,必须把部分生产任务交给乙组,甲组生产能力为 1 800 工时,乙组为 1 300 工时,其他资料如下表。问:三种零件的生产在两组中如何分配?

零件 种类	单位成本(元)		计划产量 (件)	所需工时(小时)	
	甲	乙		单位零件	总 计
A	100	130	300	5	1 500
B	120	126	200	6	1 200
C	64	74	100	4	400
合 计					3 100

6. 某公司每年生产甲产品 3 000 件,每件成本 4 元,售价为 6 元。若把甲进一步加工成乙产品,售价提高 10 元,追加单位成本 3 元,不需增加任何固定成本,应否进一步加工? 又: 若需增加固定成本 3 000 元,应否进一步加工?

附录一　普通复利系数表

表1-1　1.00%复利系数

	单次支付		均一数列支付				
n	复利终值 F/P	复利现值 P/F	偿债基金 A/F	年金终值 F/A	资本回收 A/P	年金现值 P/A	n
1	1.0100	0.9901	1.00007	0.9999	1.01007	0.9900	1
2	1.0201	0.9803	0.49757	2.0098	0.50757	1.9702	2
3	1.0303	0.9706	0.33005	3.0298	0.34005	2.9407	3
4	1.0406	0.9610	0.24630	4.0601	0.25630	3.9017	4
5	1.0510	0.9515	0.19606	5.1005	0.20606	4.8530	5
6	1.0615	0.9420	0.16256	6.1515	0.17256	5.7950	6
7	1.0721	0.9327	0.13864	7.2129	0.14864	6.7277	7
8	1.0829	0.9235	0.12070	8.2851	0.13070	7.6512	8
9	1.0937	0.9143	0.10675	9.3678	0.11675	8.5654	9
10	1.1046	0.9053	0.09559	10.4613	0.10559	9.4706	10
11	1.1157	0.8963	0.08646	11.5659	0.09646	10.3663	11
12	1.1268	0.8875	0.07886	12.6815	0.08886	11.2543	12
13	1.1381	0.8787	0.07242	13.8083	0.08242	12.1329	13
14	1.1495	0.8700	0.06691	14.9462	0.07691	13.0028	14
15	1.1610	0.8614	0.06213	16.0956	0.07213	13.8641	15
16	1.1726	0.8528	0.05795	17.2565	0.06795	14.7169	16
17	1.1843	0.8444	0.05426	18.4290	0.06426	15.5612	17
18	1.1961	0.8360	0.05099	19.6132	0.06099	16.3972	18
19	1.2081	0.8278	0.04806	20.8092	0.05806	17.2248	19
20	1.2202	0.8196	0.04542	22.0172	0.05542	18.0443	20
22	1.2447	0.8034	0.04087	24.4692	0.05087	19.6591	22
24	1.2697	0.7876	0.03708	26.9713	0.04708	21.2420	24
25	1.2824	0.7798	0.03541	28.2409	0.04541	22.0217	25
26	1.2552	0.7721	0.03387	29.5232	0.04387	22.7937	26
28	1.3213	0.7569	0.03113	32.1264	0.04113	24.3149	28
30	1.3478	0.7419	0.02875	34.7820	0.03875	25.8061	30
32	1.3749	0.7273	0.02667	37.4905	0.03667	27.2679	32
34	1.4025	0.7130	0.02484	40.2542	0.03484	28.7009	34
35	1.4166	0.7059	0.02401	41.6567	0.03401	29.4068	35
36	1.4307	0.6989	0.02322	43.0732	0.03322	30.1057	36
38	1.4595	0.6852	0.02176	45.9487	0.03176	31.4828	38
40	1.4888	0.6717	0.02046	48.8820	0.03046	32.8327	40
45	1.5648	0.6391	0.01771	56.4761	0.02771	36.0925	45
50	1.6446	0.6081	0.01551	64.4573	0.02551	39.1939	50
55	1.7285	0.5786	0.01373	72.8456	0.02373	42.1449	55
60	1.8166	0.5505	0.01225	81.6619	0.02225	44.9527	60
65	1.9093	0.5238	0.01100	90.9277	0.02100	47.6242	65
70	2.0067	0.4983	0.00993	100.6663	0.01993	50.1660	70
75	2.1090	0.4742	0.00902	110.9015	0.01902	52.5845	75
80	2.2166	0.4511	0.00822	121.6588	0.01822	54.8855	80
85	2.3296	0.4292	0.00752	132.9648	0.01752	57.0751	85
90	2.4485	0.4084	0.00690	144.8475	0.01690	59.1583	90
95	2.5734	0.3886	0.00636	157.3362	0.01636	61.1404	95
100	2.7046	0.3697	0.00587	170.4620	0.01587	63.0263	100

表 1-2　2.00％复利系数

	单次支付		均一数列支付				
n	复利终值 F/P	复利现值 P/F	偿债基金 A/F	年金终值 F/A	资本回收 A/P	年金现值 P/A	n
1	1.0200	0.9804	1.00002	1.0000	1.02002	0.9804	1
2	1.0404	0.9612	0.49507	2.0199	0.51507	1.9415	2
3	1.0612	0.9423	0.32677	3.0603	0.34677	2.8838	3
4	1.0824	0.9238	0.24263	4.1215	0.26263	3.8076	4
5	1.1041	0.9057	0.19216	5.2039	0.21216	4.7133	5
6	1.1262	0.8880	0.15853	6.3079	0.17853	5.6013	6
7	1.1487	0.8706	0.13452	7.4341	0.15452	6.4718	7
8	1.1717	0.8535	0.11651	8.5827	0.13651	7.3253	8
9	1.1951	0.8368	0.10252	9.7543	0.12252	8.1620	9
10	1.2190	0.8204	0.09133	10.9494	0.11133	8.9824	10
11	1.2434	0.8043	0.08218	12.1684	0.10218	9.7866	11
12	1.2682	0.7885	0.07456	13.4117	0.09456	10.5751	12
13	1.2936	0.7730	0.06812	14.6799	0.08812	11.3481	13
14	1.3195	0.7579	0.06260	15.9735	0.08260	12.1060	14
15	1.3459	0.7430	0.05783	17.2929	0.07783	12.8490	15
16	1.3728	0.7285	0.05365	18.6387	0.07365	13.5774	16
17	1.4002	0.7142	0.04997	20.0115	0.06997	14.2916	17
18	1.4282	0.7002	0.04670	21.4117	0.06670	14.9917	18
19	1.4563	0.6864	0.04378	22.8399	0.06378	15.6782	19
20	1.4859	0.6730	0.04116	24.2966	0.06116	16.3511	20
22	1.5460	0.6468	0.03663	27.2981	0.05663	17.6577	22
24	1.6084	0.6217	0.03287	30.4209	0.05287	18.9136	24
25	1.6406	0.6095	0.03122	32.0293	0.05122	19.5231	25
26	1.6734	0.5976	0.02970	33.6698	0.04970	20.1207	26
28	1.7410	0.5744	0.02699	37.0500	0.04699	21.2809	28
30	1.8113	0.5521	0.02465	40.5668	0.04465	22.3961	30
32	1.8845	0.5306	0.02261	44.2256	0.04261	23.4679	32
34	1.9606	0.5100	0.02082	48.0322	0.04082	24.4982	34
35	1.9999	0.5000	0.02000	49.9928	0.04000	24.9982	35
36	2.0399	0.4902	0.01923	51.9926	0.03923	25.4884	36
38	2.1223	0.4712	0.01782	56.1130	0.03782	26.4402	38
40	2.2080	0.4529	0.01656	60.3990	0.03656	27.3551	40
45	2.4378	0.4102	0.01391	72.8901	0.03391	29.4897	45
50	2.6915	0.3715	0.01182	84.5762	0.03182	31.4232	50
55	2.9717	0.3365	0.01014	98.5827	0.03014	33.1744	55
60	3.2809	0.3048	0.00877	114.0468	0.02877	34.7605	60
65	3.6224	0.2761	0.00763	131.1205	0.02763	36.1971	65
70	3.9994	0.2500	0.00667	149.9712	0.02667	37.4982	70
75	4.4157	0.2265	0.00586	170.7839	0.02586	38.6767	75
80	4.8752	0.2051	0.00516	193.7626	0.02516	39.7442	80
85	5.3827	0.1858	0.00456	219.1331	0.02456	40.7109	85
90	5.9429	0.1683	0.00405	247.1440	0.02405	41.5866	90
95	6.5614	0.1524	0.00360	278.0698	0.02360	42.3797	95
100	7.2443	0.1380	0.00320	312.2148	0.02320	43.0981	100

表 1-3 3.00%复利系数

	单次支付		均一数列支付				
n	复利终值 F/P	复利现值 P/F	偿债基金 A/F	年金终值 F/A	资本回收 A/P	年金现值 P/A	n
1	1.0300	0.9709	1.00001	1.0000	1.03001	0.9709	1
2	1.0609	0.9426	0.49262	2.0300	0.52262	1.9134	2
3	1.0927	0.9151	0.32353	3.0909	0.35353	2.8286	3
4	1.1255	0.8885	0.23903	4.1836	0.26903	3.7171	4
5	1.1593	0.8626	0.18836	5.3091	0.21836	4.5797	5
6	1.1940	0.8375	0.15460	6.4683	0.18460	5.4171	6
7	1.2299	0.8131	0.13051	7.6624	0.16051	6.2302	7
8	1.2668	0.7894	0.11246	8.8922	0.14246	7.0196	8
9	1.3048	0.7664	0.09843	10.1590	0.12842	7.7860	9
10	1.3439	0.7441	0.08723	11.4637	0.11723	8.5301	10
11	1.3842	0.7224	0.07808	12.8077	0.10808	9.2526	11
12	1.4258	0.7014	0.07046	14.1919	0.10046	9.9539	12
13	1.4685	0.6810	0.06403	15.6176	0.09403	10.6349	13
14	1.5126	0.6611	0.05853	17.0861	0.08853	11.2960	14
15	1.5580	0.6419	0.05377	18.5987	0.08377	11.9378	15
16	1.6047	0.6232	0.04961	20.1566	0.07961	12.5610	16
17	1.6528	0.6050	0.04595	21.7613	0.07595	13.1660	17
18	1.7024	0.5874	0.04271	23.4142	0.07271	13.7534	18
19	1.7535	0.5703	0.03981	25.1166	0.06981	14.3237	19
20	1.8061	0.5537	0.03722	26.8701	0.06722	14.8774	20
22	1.9161	0.5219	0.03275	30.5364	0.06275	15.9368	22
24	2.0328	0.4919	0.02905	34.4260	0.05905	16.9354	24
25	2.0938	0.4776	0.02743	36.4588	0.05743	17.4131	25
26	2.1566	0.4637	0.02594	38.5526	0.05594	17.8768	26
28	2.2879	0.4371	0.02329	42.9304	0.05329	18.7640	28
30	2.4272	0.4120	0.02102	47.5748	0.05102	19.6004	30
32	2.5751	0.3883	0.01905	52.5020	0.04905	20.3887	32
34	2.7319	0.3660	0.01732	57.7294	0.04732	21.1317	34
35	2.8138	0.3554	0.01654	60.4612	0.04654	21.4871	35
36	2.8983	0.3450	0.01580	63.2751	0.04580	21.8322	36
38	3.0748	0.3252	0.01446	69.1584	0.04446	22.4924	38
40	3.2620	0.3066	0.01326	75.4002	0.04326	23.1147	40
45	3.7816	0.2644	0.01079	92.7184	0.04079	24.5186	45
50	4.3838	0.2281	0.00887	112.7951	0.03887	25.7297	50
55	5.0821	0.1968	0.00735	136.0693	0.03735	26.7743	55
60	5.8915	0.1697	0.00613	163.0505	0.03613	27.6755	60
65	6.8299	0.1464	0.00515	194.3290	0.03515	28.4526	65
70	7.9177	0.1263	0.00434	230.5895	0.03434	29.1234	70
75	9.1787	0.1089	0.00367	272.6250	0.03367	29.7018	75
80	10.6407	0.0940	0.00311	321.3557	0.03311	30.2007	80
85	12.3354	0.0811	0.00265	377.8479	0.03265	30.6311	85
90	14.3001	0.0699	0.00226	443.3379	0.03226	31.0024	90
95	16.5777	0.0603	0.00193	519.2583	0.03193	31.3226	95
100	19.2181	0.0520	0.00165	607.2710	0.03165	31.5989	100

表 1-4　4.00%复利系数

	单次支付		均一数列支付				
n	复利 终值 F/P	复利 现值 P/F	偿债 基金 A/F	年金 终值 F/A	资本 回收 A/P	年金 现值 P/A	n
1	1.0400	0.9615	1.00000	1.000	1.04000	0.9615	1
2	1.0816	0.9246	0.49020	2.040	0.53020	1.8861	2
3	1.1249	0.8890	0.32035	3.122	0.36035	2.7751	3
4	1.1699	0.8548	0.23549	4.246	0.27549	3.6299	4
5	1.2167	0.8219	0.18463	5.416	0.22463	4.4518	5
6	1.2653	0.7903	0.15076	6.633	0.19076	5.2421	6
7	1.3159	0.7599	0.12661	7.898	0.16661	6.0021	7
8	1.3686	0.7307	0.10853	9.214	0.14853	6.7327	8
9	1.4233	0.7026	0.09449	10.583	0.13449	7.4353	9
10	1.4802	0.6756	0.08329	12.006	0.12329	8.1109	10
11	1.5395	0.6496	0.07415	13.486	0.11415	8.7605	11
12	1.6010	0.6246	0.06655	15.026	0.10655	9.3581	12
13	1.6651	0.6006	0.06014	16.627	0.10014	9.9857	13
14	1.7317	0.5775	0.05467	18.292	0.09467	10.5631	14
15	1.8009	0.5553	0.04994	20.024	0.08994	11.1184	15
16	1.8730	0.5339	0.04582	21.825	0.08582	11.6523	16
17	1.9479	0.5134	0.04220	23.697	0.08220	12.1657	17
18	2.0258	0.4936	0.03899	25.645	0.07899	12.6593	18
19	2.1068	0.4746	0.03614	27.671	0.07614	13.1339	19
20	2.1911	0.4564	0.03358	29.778	0.07368	13.5903	20
22	2.3699	0.4220	0.02920	34.248	0.06920	14.4511	22
24	2.5633	0.3901	0.02559	39.083	0.06559	15.2470	24
25	2.6658	0.3751	0.02401	41.646	0.06401	15.6221	25
26	2.7725	0.3607	0.02257	44.312	0.06257	15.9828	26
28	2.9987	0.3335	0.02001	49.968	0.06001	16.6631	28
30	3.2434	0.3083	0.01783	54.085	0.05783	17.2920	30
32	3.5081	0.2851	0.01595	62.701	0.05595	17.8735	32
34	3.7943	0.2636	0.01431	69.858	0.05431	18.4112	34
35	3.9461	0.2534	0.01358	73.652	0.05358	18.6646	35
36	4.1039	0.2437	0.01289	77.598	0.05289	18.9083	36
38	4.4388	0.2253	0.01163	85.970	0.05163	19.3679	38
40	4.8010	0.2083	0.01052	95.025	0.05052	19.7928	40
45	5.8412	0.1712	0.00826	121.029	0.04826	20.7200	45
50	7.1067	0.1407	0.00655	152.667	0.04655	21.4822	50
55	8.6463	0.1157	0.00523	191.159	0.04523	22.1086	55
60	10.5196	0.0951	0.00420	237.990	0.04420	22.6235	60
65	12.7987	0.0781	0.00339	294.968	0.04339	23.0467	65
70	15.5716	0.0642	0.00275	364.290	0.04275	23.3945	70
75	18.9452	0.0528	0.00223	448.630	0.04223	23.6804	75
80	23.0497	0.0434	0.00181	551.243	0.04181	23.9154	80
85	28.0435	0.0357	0.00148	676.088	0.04148	24.1085	85
90	34.1192	0.0293	0.00121	827.981	0.04121	24.2673	90
95	41.5112	0.0241	0.00099	1012.781	0.04099	24.3978	95
100	50.5048	0.0198	0.00081	1237.620	0.04081	24.5050	100

表1-5 5.00%复利系数

	单次支付		均一数列支付				
n	复利终值 F/P	复利现值 P/F	偿债基金 A/F	年金终值 F/A	资本回收 A/P	年金现值 P/A	n
1	1.0500	0.9524	1.00001	1.000	1.05001	0.9524	1
2	1.1025	0.9070	0.48781	2.050	0.53781	1.8594	2
3	1.1576	0.8638	0.31721	3.152	0.36721	2.7232	3
4	1.2155	0.8227	0.23202	4.310	0.28202	3.5459	4
5	1.2763	0.7835	0.18098	5.526	0.23098	4.3294	5
6	1.3401	0.7462	0.14702	6.802	0.19702	5.0756	6
7	1.4071	0.7107	0.12282	8.142	0.17282	5.7863	7
8	1.4774	0.6768	0.10472	9.549	0.15472	6.4631	8
9	1.5513	0.6446	0.09069	11.026	0.14069	7.1077	9
10	1.6289	0.6139	0.07951	12.578	0.12951	7.7216	10
11	1.7103	0.5847	0.07039	14.207	0.12039	8.3063	11
12	1.7958	0.5568	0.06283	15.917	0.11283	8.8632	12
13	1.8856	0.5303	0.05646	17.713	0.10646	9.3935	13
14	1.9799	0.5051	0.05103	19.598	0.10102	9.8935	14
15	2.0789	0.4810	0.04634	21.578	0.09634	10.3796	15
16	2.1828	0.4581	0.04227	23.657	0.09227	10.8377	16
17	2.2920	0.4363	0.03870	25.840	0.08870	11.2740	17
18	2.4066	0.4155	0.03555	28.132	0.08555	11.6895	18
19	2.5269	0.3957	0.03275	30.538	0.08275	12.0852	19
20	2.6533	0.3769	0.03024	33.065	0.08024	12.4621	20
22	2.9252	0.3419	0.02597	38.504	0.07597	13.1629	22
24	3.2250	0.3101	0.02247	44.501	0.07247	13.7985	24
25	3.3863	0.2953	0.02095	47.726	0.07095	14.0938	25
26	3.5556	0.2812	0.01956	51.112	0.06956	14.3751	26
28	3.9200	0.2551	0.01712	58.401	0.06712	14.8980	28
30	4.3218	0.2314	0.01505	66.437	0.06505	15.3724	30
32	4.7648	0.2099	0.01328	75.297	0.06328	15.8026	32
34	5.2532	0.1904	0.01176	85.064	0.06176	16.1928	34
35	5.5159	0.1813	0.01107	90.318	0.06107	16.3741	35
36	5.7917	0.1727	0.01043	95.833	0.06043	16.5468	36
38	6.3853	0.1566	0.00928	107.706	0.05928	16.8678	38
40	7.0398	0.1420	0.00828	120.796	0.05828	17.1590	40
45	8.9847	0.1113	0.00626	159.694	0.05626	17.7740	45
50	11.4670	0.0872	0.00478	209.340	0.05478	18.2559	50
55	14.6350	0.0683	0.00367	272.701	0.05367	18.6334	55
60	18.6784	0.0535	0.00283	353.567	0.05283	18.9292	60
65	23.8388	0.0419	0.00219	456.775	0.05219	19.1610	65
70	30.4249	0.0329	0.00170	588.497	0.05170	19.3427	70
75	38.8306	0.0258	0.00132	756.611	0.05132	19.4849	75
80	49.5585	0.0202	0.00103	971.171	0.05103	19.5964	80
85	63.2504	0.0158	0.00080	1245.009	0.05080	19.6838	85
90	80.7251	0.0124	0.00063	1594.502	0.05063	19.7522	90
95	103.028	0.0097	0.00049	2040.552	0.05049	19.8059	95
100	131.492	0.0076	0.00038	2609.835	0.05038	19.8479	100

表 1－6 6.00%复利系数

	单次支付		均一数列支付				
n	复利 终值 F/P	复利 现值 P/F	偿债 基金 A/F	年金 终值 F/A	资本 回收 A/P	年金 现值 P/A	n
1	1.0600	0.9434	1.00001	1.000	1.06001	0.9434	1
2	1.1236	0.8900	0.48544	2.060	0.54544	1.8334	2
3	1.1910	0.8396	0.31411	3.184	0.37411	2.6730	3
4	1.2625	0.7921	0.22859	4.375	0.28859	3.4651	4
5	1.3382	0.7473	0.17740	5.637	0.23740	4.2123	5
6	1.4185	0.7050	0.14336	6.975	0.20336	4.9173	6
7	1.5036	0.6651	0.11914	8.394	0.17914	5.5823	7
8	1.5938	0.6274	0.10104	9.897	0.16104	6.2098	8
9	1.6895	0.5919	0.08702	11.491	0.14702	6.8017	9
10	1.7908	0.5584	0.07587	13.181	0.13587	7.3600	10
11	1.8983	0.5268	0.06679	14.971	0.12679	7.8868	11
12	2.0122	0.4970	0.05928	16.870	0.11928	8.3838	12
13	2.1329	0.4688	0.05296	18.882	0.11296	8.8526	13
14	2.2609	0.4423	0.04759	21.015	0.10759	9.2949	14
15	2.3965	0.4173	0.04296	23.276	0.10296	9.7122	15
16	2.5403	0.3936	0.03895	25.672	0.09895	10.1058	16
17	2.6927	0.3714	0.03545	28.212	0.09545	10.4772	17
18	2.8543	0.3503	0.03236	30.905	0.09236	10.8276	18
19	3.0256	0.3305	0.02962	33.759	0.08962	11.1581	19
20	3.2071	0.3118	0.02718	36.785	0.08718	11.4699	20
22	3.6035	0.2775	0.02305	43.392	0.08305	12.0415	22
24	4.0489	0.2470	0.01968	50.815	0.07968	12.5503	24
25	4.2918	0.2330	0.01823	54.864	0.07823	12.7833	25
26	4.5493	0.2198	0.01690	59.155	0.07690	13.0031	26
28	5.1116	0.1956	0.01459	68.527	0.07459	13.4061	28
30	5.7434	0.1741	0.01265	79.057	0.07265	13.7648	30
32	6.4533	0.1550	0.01100	90.888	0.07100	14.0840	32
34	7.2509	0.1379	0.00960	104.182	0.06960	14.3681	34
35	7.6860	0.1301	0.00897	111.433	0.06897	14.4982	35
36	8.1471	0.1227	0.00840	119.118	0.06839	14.6210	36
38	9.1541	0.1092	0.00736	135.901	0.06736	14.8460	38
40	10.2855	0.0972	0.00646	154.759	0.06646	15.0463	40
45	13.7643	0.0727	0.00470	212.738	0.06470	15.4558	45
50	18.4197	0.0543	0.00344	290.328	0.06344	15.7619	50
55	24.6496	0.0406	0.00254	394.160	0.06254	15.9905	55
60	32.9867	0.0303	0.00188	533.111	0.06188	16.1614	60
65	44.1435	0.0227	0.00139	719.059	0.06139	16.2891	65
70	59.738	0.0169	0.00103	967.897	0.06103	16.3845	70
75	79.0539	0.0126	0.00077	1300.899	0.06077	16.4558	75
80	105.792	0.0095	0.00057	1746.529	0.06057	16.5091	80
85	141.573	0.0071	0.00043	2342.881	0.06043	16.5489	85
90	189.456	0.0053	0.00032	3140.934	0.06032	16.5787	90
95	253.534	0.0039	0.00024	4208.902	0.06024	16.6009	95
100	339.285	0.0029	0.00018	5638.082	0.06018	16.6175	100

表 1-7　7.00% 复利系数

	单次支付		均一数列支付				
n	复利 终值 F/P	复利 现值 P/F	偿债 基金 A/F	年金 终值 F/A	资本 回收 A/P	年金 现值 P/A	n
1	1.0700	0.9346	1.00000	1.000	1.07000	0.9346	1
2	1.1449	0.8734	0.48310	2.070	0.55310	1.8080	2
3	1.2250	0.8163	0.31105	3.215	0.38105	2.6243	3
4	1.3108	0.7629	0.22523	4.440	0.29523	3.3872	4
5	1.4025	0.7130	0.17389	5.751	0.24389	4.1002	5
6	1.5007	0.6663	0.13980	7.153	0.20980	4.7665	6
7	1.6058	0.6228	0.11555	8.654	0.18555	5.3893	7
8	1.7182	0.5820	0.09747	10.260	0.16747	5.9713	8
9	1.8385	0.5439	0.08349	11.978	0.15349	6.5152	9
10	1.9671	0.5084	0.07238	13.816	0.14238	7.0236	10
11	2.1048	0.4751	0.06636	15.784	0.11336	7.4987	11
12	2.2522	0.4440	0.05590	17.888	0.12590	7.9427	12
13	2.4098	0.4150	0.04965	20.141	0.11965	8.3576	13
14	2.5785	0.3878	0.04435	22.550	0.11435	8.7454	14
15	2.7590	0.3624	0.03979	25.129	0.10979	9.1079	15
16	2.9521	0.3387	0.03586	27.888	0.10586	9.4466	16
17	3.1588	0.3166	0.03243	30.840	0.10243	9.7632	17
18	3.3799	0.2959	0.02911	33.999	0.09941	10.0591	18
19	3.6165	0.2765	0.02675	37.379	0.09675	10.3356	19
20	3.8697	0.2584	0.02439	40.995	0.09439	10.5940	20
22	4.4304	0.2257	0.02041	49.005	0.09041	11.0612	22
24	5.0723	0.1971	0.01719	58.176	0.08719	11.4693	24
25	5.4274	0.1843	0.01581	63.248	0.08581	11.6536	25
26	5.8073	0.1722	0.01456	68.676	0.08456	11.8258	26
28	6.6488	0.1504	0.01239	80.697	0.08239	12.1371	28
30	7.6122	0.1314	0.01059	94.460	0.08059	12.4090	30
32	8.7152	0.1147	0.00907	110.217	0.07907	12.6465	32
34	9.9780	0.1002	0.00780	128.257	0.07780	12.8540	34
35	10.6765	0.0937	0.00723	138.235	0.07723	12.9477	35
36	11.4238	0.0875	0.00672	148.912	0.07672	13.0352	36
38	13.0791	0.0765	0.00580	172.559	0.07580	13.1935	38
40	14.9743	0.0668	0.00501	199.633	0.07501	13.3317	40
45	21.0022	0.0476	0.00350	285.745	0.07350	13.6055	45
50	29.4566	0.0339	0.00246	406.523	0.07246	13.8008	50
55	41.3143	0.0242	0.00174	575.919	0.07174	13.9399	55
60	57.9454	0.0173	0.00123	813.506	0.07123	14.0392	60
65	81.2713	0.0123	0.00087	1146.734	0.07087	14.1099	65
70	113.987	0.0088	0.00062	1614.102	0.07062	14.1604	70
75	159.873	0.0063	0.00044	2269.609	0.07044	14.1964	75
80	224.229	0.0045	0.00031	3188.990	0.07031	14.2220	80
85	314.493	0.0032	0.00032	4478.465	0.07022	14.2403	85
90	441.092	0.0023	0.00016	6287.020	0.07016	14.2533	90
95	618.653	0.0016	0.00011	8823.613	0.07011	14.2626	95
100	867.691	0.0012	0.00008	12381.300	0.07008	14.2693	100

表 1-8 8.00%复利系数

	单次支付			均一数列支付			
n	复利终值 F/P	复利现值 P/F	偿债基金 A/F	年金终值 F/A	资本回收 A/P	年金现值 P/A	n
1	1.0800	0.9259	1.00000	1.000	1.08000	0.9259	1
2	1.1664	0.8573	0.48077	2.080	0.56077	1.7833	2
3	1.2597	0.7938	0.30803	3.246	0.38803	2.5771	3
4	1.3605	0.7350	0.22192	4.506	0.30192	3.3121	4
5	1.4693	0.6806	0.17046	5.867	0.25046	3.9927	5
6	1.5869	0.6302	0.13632	7.336	0.21632	4.6229	6
7	1.7138	0.5835	0.11207	8.923	0.19207	5.2064	7
8	1.8509	0.5403	0.09401	10.637	0.17401	5.7466	8
9	1.9990	0.5002	0.08008	12.488	0.16008	6.2469	9
10	2.1589	0.4632	0.06903	14.487	0.14903	6.7101	10
11	2.3316	0.4289	0.06008	16.645	0.14008	7.1390	11
12	2.5182	0.3971	0.05270	18.977	0.13270	7.5361	12
13	2.7196	0.3677	0.04652	21.495	0.12652	7.9038	13
14	2.9372	0.3405	0.04130	24.215	0.12130	8.2442	14
15	3.1722	0.3152	0.03683	27.152	0.11683	8.5595	15
16	3.4259	0.2919	0.03298	30.324	0.11298	8.8514	16
17	3.7000	0.2703	0.02963	33.750	0.10963	9.1216	17
18	3.9960	0.2502	0.02670	37.450	0.10670	9.3719	18
19	4.3157	0.2317	0.02413	41.446	0.10413	9.6036	19
20	4.6609	0.2145	0.02185	45.762	0.10185	9.8181	20
22	5.4365	0.1839	0.01803	55.457	0.09803	10.2007	22
24	6.3412	0.1577	0.01498	66.765	0.09498	10.5288	24
25	6.8485	0.1460	0.01368	73.106	0.09368	10.6748	25
26	7.3963	0.1352	0.01251	79.954	0.09251	10.8100	26
28	8.6271	0.1159	0.01049	95.339	0.09049	11.0511	28
30	10.0626	0.0994	0.00883	113.283	0.08883	11.2578	30
32	11.7371	0.0852	0.00745	134.213	0.08745	11.4350	32
34	13.6901	0.0730	0.00630	158.626	0.08630	11.5869	34
35	14.7853	0.0676	0.00580	172.316	0.08580	11.6546	35
36	15.9681	0.0626	0.00534	187.102	0.08534	11.7172	36
38	18.6252	0.0537	0.00454	220.315	0.08454	11.8289	38
40	21.7245	0.0460	0.00386	259.056	0.08386	11.9246	40
45	31.9203	0.0313	0.00259	386.504	0.08259	12.1084	45
50	46.9104	0.0213	0.00174	573.768	0.08174	12.2335	50
55	68.9136	0.0145	0.00118	848.920	0.08118	12.3186	55
60	101.257	0.0099	0.00080	1253.208	0.08080	12.3766	60
65	148.779	0.0067	0.00054	1847.240	0.08054	12.4160	65
70	218.605	0.0046	0.00037	2720.067	0.08037	12.4428	70
75	321.203	0.0031	0.00025	4002.534	0.08025	12.4611	75
80	471.952	0.0021	0.00017	5886.902	0.08017	12.4735	80
85	693.452	0.0014	0.00012	8655.652	0.08012	12.4820	85
90	1018.908	0.0010	0.00018	12723.850	0.08008	12.4877	90
95	1497.110	0.0007	0.00005	18701.380	0.08005	12.4917	95
100	2199.746	0.0005	0.00004	27484.320	0.08004	12.4943	100

表1-9 9.00%复利系数

	单次支付		均一数列支付				
n	复利终值 F/P	复利现值 P/F	偿债基金 A/F	年金终值 F/A	资本回收 A/P	年金现值 P/A	n
1	1.0900	0.9174	1.00001	1.000	1.09001	0.9174	1
2	1.1881	0.8417	0.47847	2.090	0.56847	1.7591	2
3	1.2950	0.7722	0.30506	3.278	0.39506	2.5313	3
4	1.4116	0.7084	0.21867	4.573	0.30867	3.2397	4
5	1.5386	0.6499	0.16709	5.985	0.25709	3.8896	5
6	1.6771	0.5963	0.13292	7.523	0.22292	4.4859	6
7	1.8280	0.5470	0.10869	9.200	0.19869	5.0329	7
8	1.9926	0.5019	0.09068	11.028	0.18068	5.5348	8
9	2.1719	0.4604	0.07680	13.021	0.16680	5.9952	9
10	2.3673	0.4224	0.06582	15.193	0.15582	6.4176	10
11	2.5804	0.3875	0.05695	17.560	0.14695	6.8052	11
12	2.8126	0.3555	0.04965	20.140	0.13965	7.1607	12
13	3.0658	0.3262	0.04357	22.953	0.13357	7.4869	13
14	3.3417	0.2992	0.03843	26.019	0.12843	7.7861	14
15	3.6424	0.2745	0.03406	29.360	0.12406	8.0607	15
16	3.9703	0.2519	0.03030	33.003	0.12030	8.3125	16
17	4.3276	0.2311	0.02705	36.973	0.11705	8.5436	17
18	4.7171	0.2120	0.02421	41.301	0.11421	8.7556	18
19	5.1416	0.1945	0.02173	46.018	0.11173	8.9501	19
20	5.6943	0.1784	0.01955	51.159	0.10955	9.1285	20
22	6.6585	0.1502	0.01591	62.872	0.10591	9.4424	22
24	7.9109	0.1264	0.01302	76.788	0.10302	9.7066	24
25	8.6229	0.1160	0.01181	84.699	0.10121	9.8226	25
26	9.3990	0.1064	0.01072	93.322	0.10072	9.9290	26
28	11.1669	0.0896	0.00885	112.966	0.09885	10.1161	28
30	13.2674	0.0754	0.00734	136.304	0.09734	10.2736	30
32	15.7630	0.0634	0.00610	164.033	0.09610	10.4062	32
34	18.7279	0.0534	0.00508	196.977	0.09508	10.5178	34
35	20.4134	0.0490	0.00464	215.705	0.09464	10.5668	35
36	22.2506	0.0449	0.00424	236.118	0.09424	10.6118	36
38	26.4359	0.0378	0.00354	282.621	0.09354	10.6908	38
40	31.4085	0.0318	0.00296	337.872	0.09296	10.7574	40
45	48.3257	0.0207	0.00190	525.841	0.09190	10.8812	45
50	73.3548	0.0134	0.00123	815.053	0.09123	10.9617	50
55	114.404	0.0087	0.00079	1260.041	0.09079	11.0140	55
60	176.024	0.0057	0.00051	1944.707	0.09051	11.0480	60
65	270.833	0.0037	0.00033	2998.146	0.09033	11.0701	65
70	416.708	0.0024	0.00022	4618.984	0.09022	11.0845	70
75	641.156	0.0016	0.00014	7112.840	0.09014	11.0938	75
80	986.494	0.0010	0.00009	10949.930	0.09009	11.0999	80
85	1517.837	0.0007	0.00006	16853.750	0.09006	11.1038	85
90	2335.372	0.0004	0.00004	25937.470	0.09004	11.1064	90
95	3593.246	0.0003	0.00003	39913.870	0.09002	11.1080	95
100	5528.633	0.0002	0.00002	61418.200	0.09002	11.1091	100

表 1-10　10.00%复利系数

	单次支付		均一数列支付				
n	复利终值 F/P	复利现值 P/F	偿债基金 A/F	年金终值 F/A	资本回收 A/P	年金现值 P/A	n
1	1.1000	0.9091	1.00000	1.0001	0.90910	0.9091	
2	1.2100	0.8264	0.47619	2.100	0.57619	1.7355	2
3	1.3310	0.7513	0.30212	3.310	0.40212	2.4868	3
4	1.4641	0.6830	0.21547	4.641	0.31547	3.1698	4
5	1.6105	0.6209	0.16380	6.105	0.26380	3.7908	5
6	1.7716	0.5645	0.12961	7.716	0.22961	4.3552	6
7	1.9487	0.5132	0.10541	9.487	0.20541	4.8684	7
8	2.1436	0.4665	0.08744	11.436	0.18744	5.3349	8
9	2.3579	0.4241	0.07364	13.579	0.17364	5.7590	9
10	2.5937	0.3855	0.06275	15.937	0.16275	6.1445	10
11	2.8531	0.3505	0.05396	18.531	0.15396	6.4950	11
12	3.1384	0.3186	0.04676	21.384	0.14676	6.8137	12
13	3.4522	0.2897	0.04078	24.522	0.14078	7.1033	13
14	3.7975	0.2633	0.03575	27.975	0.13575	7.3667	14
15	4.1772	0.2394	0.03147	31.772	0.13147	7.6061	15
16	4.5949	0.2176	0.02782	35.949	0.12782	7.8237	16
17	5.0544	0.1978	0.02466	40.544	0.12466	8.0215	17
18	5.5599	0.1799	0.02193	45.599	0.12193	8.2014	18
19	6.1158	0.1635	0.01955	51.159	0.11955	8.3649	19
20	6.7274	0.1486	0.01746	57.274	0.11746	8.5136	20
22	8.1402	0.1228	0.01401	71.402	0.11401	8.7715	22
24	9.8496	0.1015	0.01130	88.496	0.11130	8.9847	24
25	10.8346	0.0923	0.01017	98.346	0.11017	9.0770	25
26	11.9180	0.0839	0.00916	109.180	0.10916	9.1609	26
28	14.4208	0.0693	0.00745	134.208	0.10745	9.3066	28
30	17.4491	0.0573	0.00608	164.491	0.10608	9.4269	30
32	21.1134	0.0474	0.00497	201.134	0.10497	9.5264	32
34	25.5472	0.0391	0.00407	245.472	0.10407	9.6086	34
35	28.1019	0.0356	0.00369	271.019	0.10369	9.6442	35
36	30.9121	0.0323	0.00334	299.121	0.10334	9.6765	36
38	37.4036	0.0267	0.00275	364.036	0.10275	9.7327	38
40	45.2583	0.0221	0.00226	442.583	0.10226	9.7791	40
45	72.8888	0.0137	0.00139	718.888	0.10139	9.8628	45
50	117.388	0.0085	0.00086	1163.878	0.10086	9.9148	50
55	189.054	0.0053	0.00053	1880.538	0.10053	9.9471	55
60	304.472	0.0033	0.00033	3034.720	0.10033	9.9672	60
65	490.354	0.0020	0.00020	4893.539	0.10020	9.9796	65
70	789.718	0.0013	0.00013	7887.180	0.10013	9.9873	70
75	1271.846	0.0008	0.00008	12708.460	0.10008	9.9921	75
80	2048.315	0.0005	0.00005	20473.160	0.10005	9.9951	80
85	3298.823	0.0003	0.00003	32978.240	0.10003	9.9970	85
90	5312.773	0.0002	0.00002	53117.770	0.10002	9.9981	90
95	8556.250	0.0001	0.00001	85552.500	0.10001	9.9988	95

表1-11 15.00%复利系数

n	单次支付		均一数列支付				n
	复利 终值 F/P	复利 现值 P/F	偿债 基金 A/F	年金 终值 F/A	资本 回收 A/P	年金 现值 P/A	
1	1.1500	0.8696	1.00000	1.000	1.15000	0.8696	1
2	1.3225	0.7561	0.46512	2.150	0.61512	1.6257	2
3	1.5209	0.6575	0.28798	3.472	0.43798	2.2832	3
4	1.7490	0.5718	0.20027	4.993	0.35027	2.8550	4
5	2.0114	0.4972	0.14832	6.742	0.29832	3.3522	5
6	2.3131	0.4323	0.14424	8.754	0.26424	3.7845	6
7	2.6600	0.3759	0.09036	11.067	0.24036	4.1604	7
8	3.0590	0.3269	0.07285	13.727	0.22285	4.4873	8
9	3.5179	0.2843	0.05957	16.786	0.20957	4.7716	9
10	4.0455	0.2472	0.04925	20.304	0.19925	5.0188	10
11	4.6524	0.2149	0.04107	24.349	0.19107	5.2337	11
12	5.3502	0.1869	0.03448	29.002	0.18448	5.4206	12
13	6.1528	0.1625	0.02911	34.352	0.17911	5.5831	13
14	7.0757	0.1413	0.02469	40.505	0.17469	5.7245	14
15	8.1370	0.1229	0.02102	47.580	0.17102	5.8474	15
16	9.3576	0.1069	0.01795	55.717	0.16795	5.9542	16
17	10.7612	0.0929	0.01537	65.075	0.16587	6.0472	17
18	12.3754	0.0808	0.01319	75.836	0.16319	6.1280	18
19	14.2317	0.0703	0.01134	88.211	0.16134	6.1982	19
20	16.3664	0.0611	0.00976	102.443	0.15976	6.2593	20
22	21.6446	0.0462	0.00727	137.631	0.15727	6.3987	22
24	28.6249	0.0349	0.00543	184.166	0.15543	6.4338	24
25	32.9187	0.0304	0.00470	212.791	0.15470	6.4642	25
26	37.8565	0.0264	0.00407	245.710	0.15407	6.4906	26
28	50.0651	0.0200	0.00306	327.101	0.15306	6.5335	28
30	66.2111	0.0151	0.00230	434.741	0.15230	6.5660	30
32	87.5641	0.0114	0.00173	577.094	0.15173	6.5905	32
34	115.803	0.0086	0.00131	765.357	0.15131	6.6091	34
35	133.174	0.0075	0.00113	881.160	0.15113	6.6166	35
36	153.150	0.0065	0.00099	1014.334	0.15099	6.6231	36
38	202.541	0.0049	0.00074	1343.606	0.15074	6.6338	38
40	267.860	0.0037	0.00056	1779.067	0.15056	6.6418	40
45	538.761	0.0019	0.00028	3585.076	0.15028	6.6543	45
50	1083.639	0.0009	0.00014	7217.593	0.15014	6.6605	50

表 1-12   20.00%复利系数

	单次支付		均一数列支付				
n	复利 终值 F/P	复利 现值 P/F	偿债 基金 A/F	年金 终值 F/A	资本 回收 A/P	年金 现值 P/A	n
1	1.2000	0.8333	1.00000	1.000	1.20000	0.8333	1
2	1.4400	0.6944	0.45455	2.200	0.65455	1.5278	2
3	1.7280	0.5787	0.27473	3.640	0.47473	2.1065	3
4	2.0736	0.4823	0.18629	5.368	0.38620	2.5887	4
5	2.4883	0.4019	0.13438	7.442	0.33438	2.9906	5
6	2.9860	0.3349	0.10071	9.930	0.30071	3.3255	6
7	3.5832	0.2791	0.07742	12.916	0.27742	3.6046	7
8	4.2998	0.2326	0.06061	16.499	0.26061	3.8372	8
9	5.1598	0.1938	0.04808	20.799	0.24808	4.0310	9
10	6.1917	0.1615	0.03852	25.959	0.23852	4.1925	10
11	7.4301	0.1346	0.03110	32.150	0.23110	4.3271	11
12	8.9161	0.1122	0.02527	39.580	0.22526	4.4392	12
13	10.6993	0.0935	0.02062	48.497	0.22062	4.5327	13
14	12.8392	0.0779	0.01689	59.196	0.21689	4.6106	14
15	15.4070	0.0649	0.01388	72.035	0.21388	4.6755	15
16	18.4884	0.0541	0.01144	87.442	0.21144	4.7296	16
17	22.1861	0.0451	0.00944	105.930	0.20944	4.7746	17
18	26.6232	0.0376	0.00781	128.116	0.20781	4.8122	18
19	31.9479	0.0313	0.00646	154.740	0.20646	4.8435	19
20	38.3375	0.0261	0.00536	186.687	0.20536	4.8696	20
22	55.2059	0.0181	0.00369	271.030	0.20369	4.9094	22
24	79.4965	0.0126	0.00255	392.483	0.20255	4.9371	24
25	95.3958	0.0105	0.00212	471.979	0.20212	4.9476	25
26	114.4750	0.0087	0.00176	567.375	0.20176	4.9563	26
28	164.8439	0.0061	0.00122	819.220	0.20122	4.9697	28
30	237.3752	0.0042	0.00085	1181.877	0.20085	4.9789	30
32	341.8201	0.0029	0.00059	1704.102	0.20059	4.9854	32
34	492.2207	0.0020	0.00041	2456.105	0.20041	4.9898	34
35	590.6648	0.0017	0.00034	2948.327	0.20034	4.9915	35
36	708.7976	0.0014	0.00028	3538.992	0.20028	4.9929	36
38	1020.668	0.0010	0.00020	5098.344	0.20020	4.9951	38
40	1469.762	0.0007	0.00014	7343.816	0.20014	4.9966	40
45	3657.236	0.0003	0.00005	18281.190	0.20005	4.9986	45
50	9100.363	0.0001	0.00002	45496.870	0.20002	4.9995	50

参 考 文 献

[1] 贾春霖.技术经济学,长沙:中南工业大学出版社,1987

[2] 仲长荣、杨李炼.工业技术经济学,福州:福建人民出版社,1987

[3] 傅家骥、吴贵生.技术经济学,北京:中国经济出版社,1987

[4] 胡铁林、林孝军.技术经济学,北京:中国展望出版社,1987

[5] 孔国强.技术经济学,北京:北京邮电学院出版社,1989

[6] 王志孟.实用技术经济学,北京:中国金融出版社,1989

[7] 万威武、张东胜.项目经济评价理论与方法,西安:西安交通大学出版社,1992

[8] [日]千住镇雄.经济工程学,中国有色金属学会冶金技术经济学术委员会,1983

[9] 郑悦.资金决策,昆明:云南人民出版社,1988

[10] [美]彼得·克·内维特.项目筹资,北京:中信出版社,1989

[11] [美]罗·拉克林.投资回收,北京:中信出版社,1989

[12] 甘华鸣、罗锐韧.证券投资,北京:中国经济出版社,1990

[13] 章钢柱.股份公司,北京:中国经济出版社,1988

[14] [日]津村英文.证券市场学,北京:中国经济出版社,1988

[15] 柳卸林.技术经济学重建,数量经济技术经济研究,1993(9)

[16] 许质武.技术经济学内容体系及发展趋势探析,数量经济技术经济研究,1993(1)

[17] 王春麟.建设项目财务基准收益率确定方法的探讨,冶金经济分析,1993(4)

[18] 欧阳令南.资金短缺时的投资选择,财经科学,1993(2)

[19] 张先冶.试论利润决策,财经问题研究,1989(4)

[20] 姜彦福.决策类型及其评价方法,技术经济,1990(5)

[21] [日]千住镇雄.资金预算分配的追加利润率法,技术经济,1990(4)

[22] 肖笃甡.工程投资经济分析,北京:机械工业出版社,1989

[23] 王焕.评价项目的几种折现方法,技术经济,1986(12)

[24] 杨青.再论投资收益率与追加投资收益率之间关系及其应用,技术经济,1986(1)

[25] 杨青.三论多方案选优问题,技术经济,1987(6)

[26] 赵国杰.也谈多方案选优问题,技术经济,1987(7)

[27] 周宜.投资决策贴现现金流模型与股东,数量经济技术经济研究,1989(3)

[28] 王泰昌等.财务评价中几个重要指标的概念和判断,数量经济技术经济研究,1991(1)

[29] 蔡华兴.内部收益率的经济蕴涵,数量经济技术经济研究,1988(3)

[30] 沈景明等.技术经济分析,北京:机械工业出版社,1987

[31] 俞宗.长期投资决策中风险的衡量与计算,技术经济,1987(3-4)

[32] 陈学圣等.论企业投资决策系统策略的风险可比原则和动态决策树法,技术经济,1989(3-4)

[33] 王法德.企业投资的风险价值分析,数量经济技术经济研究,1991(5)

[34] 胡兆星.损益平衡线分析方法的应用,数量经济技术经济研究,1991(5)

[35] [英]Stephen Lumby.投资风险问题的解决方法(一)(二),投资管理与研究,1988(2),(3)

[36] 熊罴等.工业技术经济学,武汉:华中工学院出版社,1985

[37] ［加拿大］约翰·C·赫尔.关于资本投资项目风险的三种观点,投资理论与研究,1987(6)

[38] 周宝林.风险机制研究：深化企业改革的新课题,经济科学,1989(5)

[39] 黄正毓、张建国.租赁筹资及其评价,冶金经济分析,1990(6)

[40] ［美］伯纳德·杜森伯里.工厂设备租赁的评价,［美］工厂管理,1983(1)

[41] 盛扬、王勇鑫.融资租赁利率的评价方法,投资理论与实践,1988(11)

[42] 王中译.融资租赁——技术改造的捷径,投资与信用研究,1993(7)

[43] 盛海滨.浅淡融资租赁利率业务,投资与信用研究,1993(4)

[44] 张文祥、解冰.中外合资租赁业务的现状及对策探讨,国际金融研究,1993(9)

[45] 费微波、黄中英.融资租赁项目评价中的处理问题,冶金经济分析,1990(3)

[46] 张开平.企业资本结构理论述要,财经研究,1991(2)

[47] 邓小洋.西方企业资本结构理论及其借鉴意义,财经理论与实践,1993(1)

[48] 冯均科.资金结构理论初探,当代经济科学,1993(5)

[49] 余绪缨.对股份制企业的资金结构,资本成本与财务杠杆问题的探讨,中国经济问题,1993(3)

[50] 周焕.上市公司资本结构分析及对策,财经研究,1993(10)

[51] 林世怡.论股份制企业的财务结构和杠杆作用,财经研究,1992(10)

[52] 陈英毅.浅论负债与财务杠杆,财会研究,1993(10)

[53] 王紫金.做好举债决策减少企业风险,财会研究,1993(11)

[54] 傅家骥等.工程师经济分析与决策,北京：中国科技出版社,1990

[55] 王仁祥.股份公司筹资结构的优化方法,投资理论与实践,1993(10)

[56] 陈浪南、李保民.各类资本成本的结算,财会研究,1993(5)

[57] 刘骏.资金结构与经济效益初探,当代财经,1992(10)

[58] 陈浪南、李保民.资本成本及其影响因素,财会研究,1993(4)

[59] ［英］菲尔·荷马期.投资评价,北京：机械工业出版社,1999

[60] 王超.项目决策与管理,北京：中国对外经济贸易出版社,1999

[61] 卢有杰,卢家仪.项目风险管理,北京：清华大学出版社,2000